父親の心理学

尾形和男 編著

北大路書房

序　文

　父親に関する研究が徐々に増えているが，それでも母親に関する研究に比較すればその数は少ない。

　その少なさの意味するところは，数そのものの少なさもあるが，それよりも，現代社会において，平均寿命の伸びとそれに伴う女性の生き方の変化に伴って男性の対応が求められているにもかかわらず，関連する研究が少ないことである。

　父親・母親の役割の軸が緩くなり，お互いにその軸を共有することが求められている現在，男性の対応が鈍いと感じる。これは，単に現象としての結果であるが，その中は男性として，父親として努力はしているものの，報いられない社会的な問題が阻んでいるということも指摘できるであろうし，さらには，男性の意識そのものが現状認識にズレがあり，行動が伴っていないことも問題として存在すると思われる。

　しかし，父親としてどのように努力し，どのような方向へ向かい進んだらよいのか，ということについては解答がない。つまり，選択肢が多く存在するのである。それは，女性として，男性としての生き方が多様化しているからである。

　このような価値観，生き方が多様化していく生活の場で，何を頼りにしたらよいだろうか。

　今回，このような現実的問題について考える機会を設けたいと思った。特に，父親の抱える最大の問題として考えられる子育てについて焦点を絞った。父親の子育てに関する問題については，すでに40年かけて蓄積されてきているが，それでも母親研究に比較して遙かに及ばない。

　これから，父親はどのような方向に進んだらよいのであろうか。この問いに答えるために，本書は現在にいたるまでの父親の研究を概観し，その中で父親の問題点を探り，さらにこれから求められる父親について考えるという，発展的視点に基づいて構成することにした。

　執筆にあたり，母子関係，父子関係，家族関係などの各領域において最新の視点に基づいて研究を重ねている研究者に執筆を依頼した。

　各章の構成について，内容が部分的に重複している箇所があるものの，執筆内容は筆者の姿勢に基づいて記載されており，全体を通してこれから求められる父親の方向性について多くの示唆を与えていると考える。また，各章の内容は執筆者の視点に基

づいて構成されているので，内容を最大限尊重し，活かすことに配慮した。したがって，読者にとっては，どの章から読まれても独立した内容であり，全体を読み終わるときには，1つのテーマについて幅広い知識と見方が得られるものと考える。

　これから，どのような父親が求められるのか，必要とされるのか。本書は，このような重要な問いに対する方向性を思索するためのヒントとなる役割を得られれば幸いである。

　揺れ動くジェンダー観について，特に父親としての役割を新たに考えるきっかけになることができれば幸いである。

　本書の構成と執筆を進めるにあたり，大変貴重なご意見をいただきました，編集部の薄木敏之氏に心から感謝いたします。また，お忙しい中，常にこれからの父親のあるべき姿について，最新の資料に基づいて考え，執筆頂いた先生方に感謝申し上げます。

2011年8月
尾　形　和　男

目 次

序文　i

第1章　はじめに …………………………………………………………… 1
　　1節　子どもの発達・適応の諸問題　1
　　2節　子育てをめぐる諸問題　3
　　3節　社会構造と養育環境の変化　8

■ 第I部　父親研究の「これまで」

第2章　現代社会と父親 ……………………………………………………… 17
　　1節　父親の役割の再発見　17
　　2節　父親研究の動向　20
　　　1．父性の発達　20
　　　2．父親の影響力　21

第3章　父親の存在意義 ……………………………………………………… 32
　　1節　父親は必要か　32
　　2節　父性と母性　36
　　　1．厳格さ，権威を特色とする父性　37
　　　2．協調性，民主的なかかわりを特色とする父性　38
　　　3．親性　39
　　3節　日本の父親の弱点　40
　　　1．子どもは父親をどのように見ているか　41
　　　2．親子の共同行動　43
　　　3．父親の自己評価による父親らしさの国際比較　44
　　　4．夫婦関係についての夫の意識　46

第4章　理想と現実の父親 …………………………………………………… 48
　　1節　育児を取り巻く現代的課題と父親　48
　　　1．母親1人に親役割が負荷されることによる弊害　48
　　　2．父親の物理的不在と機能的不在：家庭とのかかわりが希薄になる父親　51
　　2節　現代の"理想の父親像"とは？　52
　　　1．強く，厳しい父親―権威ある父親　52
　　　2．仕事だけでなく育児や家事にも積極的にかかわる父親　54
　　3節　理想通りにならない現実とその背景　57
　　　1．子どもとかかわる時間　57
　　　2．子どもや家庭への父親としてのかかわり方　58

■第Ⅱ部　父親に関する諸問題

第5章　男性が父親になるプロセス……………………………………… 63

1節　父性の芽ばえ　63
　1．日本経済と父性の芽ばえ　63
　2．少子化社会と父性の芽ばえ　64
　3．ジェンダー観・結婚観と父性の芽ばえ　65
　4．認知的発達と父性の芽ばえ　66
2節　父性の発達　69
　1．結婚と父性の発達　69
　2．妻の妊娠・出産と父性の発達　71
　3．育児と父性の発達　73
　4．子どもの自立と父性の発達　74
　5．社会の期待と父性の発達　75
　6．父性の発達促進モデル　77

第6章　父親と家族 ……………………………………………………… 78

1節　家族の発達段階　78
　1．個人の発達段階と父親　78
　2．家族ライフサイクルの諸所説　82
　3．家族システムの変化と父親　85
2節　家族の抱える問題　86
　1．家族の病理と危機管理　86

第7章　子どもの発達段階と父親の役割 ……………………………… 94

1節　乳幼児期　94
　1．その現状　94
　2．問題点　97
2節　児童期　98
　1．その現状　98
　2．問題点　102
3節　青年期　103
　1．その現状　103
　2．問題点　108

第8章　子どもから見た父親 …………………………………………… 109

1節　子どもが抱く父親像　109
2節　子どもの父親イメージや評価に影響するもの　114
　1．父親との接触時間や父親の家族へのかかわり　114
　2．子どもの性別　116
　3．社会で求められる父親像　117
　4．母親による父親の評価　117

目次

第9章　父子家庭 …………………………………………………………… 120
  1節　父子家庭の実態　121
    1．父子家庭（父子世帯）とは　121
    2．父子家庭の直面する困難　122
  2節　父子家庭に関する研究　124
    1．父子家庭の父親の特徴　124
    2．子どもの問題との関連　125
  3節　今後の課題　129

■ **第Ⅲ部　父親研究の「これから」** ■

第10章　未来志向の父親 …………………………………………………… 133
  1節　父親に求められる役割の構造的変化　133
  2節　父親と親性　135
  3節　夫婦のコミュニケーション　140
  4節　夫婦の家事・育児分担と夫婦関係満足　143
  5節　父親と家族　144
    1．発達精神病理学的アプローチ　144
    2．父親の家庭関与と家族機能　145
    3．家族成員の精神的発達　146
    4．家庭関与と父親（専業主夫）の人格的発達　147

第11章　新しい父親の出現 ………………………………………………… 150
  1節　新しい夫婦関係　150
  2節　父親・母親のワーク・ライフ・バランスと家族　153
    1．ワーク・ライフ・バランスとは　153
    2．子どもとワーク・ライフ・バランス　154
    3．家庭生活とワーク・ライフ・バランス　155
  3節　ワーク・ライフ・バランスの現状　156
    1．ワーク・ライフ・バランスの現状　156
    2．職場環境とワーク・ライフ・バランス　157
    3．家事・育児とワーク・ライフ・バランス　159
    4．就学・職場復帰とワーク・ライフ・バランス　161
  4節　父親と地域ぐるみの子育て　162
  5節　父親のこれから　163

引用文献　167
人名索引　181
事項索引　183

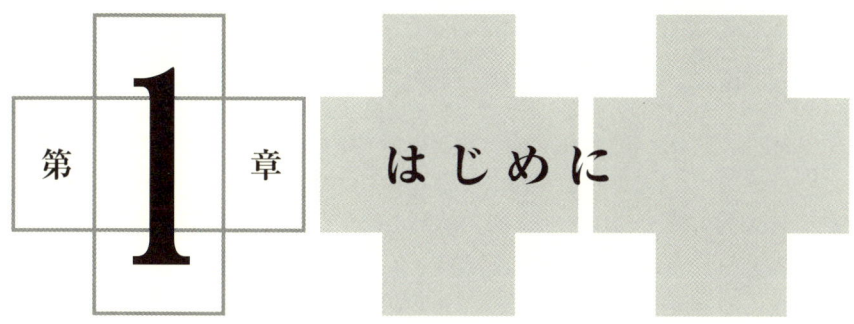

第1章 はじめに

1節　子どもの発達・適応の諸問題

　平成22年6月17日厚生労働省から,「イクメンプロジェクト」という新しいことばが発表された。イクメンは「育メン」と表記するが,このことばの意味は子育てに楽しんで参画し自身も成長する男性を指しているとのことである。このことばが誕生した背景には,時代の流れとともに,男性も育児に参画する必要性があるということが認識されるようになってきたためであり,現在プロジェクトに参加する男性が少しずつ増えているのである。その後,イクメンサミットが開催され,育児期の子どもを抱えている家庭の男性が参加し,子育てについてのいろいろな企画を行なっている。
　「イクメンプロジェクト」ということばそのものは新しいのであるが,ことばのもつ本来の意味は,子育ては母親1人でなく夫婦による共同作業であるということである。そのことが現在になってようやく国としての取り組みとしての必要性が認識され,全国的な活動へと発展していこうとしているのである。現象としてはたいへん好ましいことではあるが,もっと早い時期から取り組みがなされていてもおかしなことではない。
　子育てに関する最近の動きとして「イクメンプロジェクト」のような活動が進行しているのであるが,その一方で子どもの発達・適応に関していくつかの問題が指摘されるようになっている。テレビや新聞などのマスメディアで取りあげられているように,学校や家庭で暴力を振るう子どもが目立つようになり,このような子どもたちに共通していることとして「自分の感情のコントロールができない」「コミュニケーションがとれない」などの問題点が指摘されている。

1

文部科学省（2008）の調査によると，2007年度の教育機関での暴力行為の発生件数は約5万3千件であり，小・中・高の学校で調査以来過去最高の件数に達しているとのことである。学校別の内訳は，小学校5,214件（前年度比1,411件増），中学校36,803件（前年度比6,239件増），高等学校10,739件（前年度比485件増）となっている。また，加害児童の数も増加しており，小学校74人（前年度比8人増），中学校1,612人（前年度比265人増），高等学校10,975人（前年度比680人増）であり，顕著な増加を示している。この調査は毎年行なわれており，年によっては若干の増減はあるものの，平成2年度以降校内暴力発生件数は増加し現在にいたっている。教育機関を通したこの数字を見る限り，子どもの発達に何らかの変化と問題が生じているといわざるを得ない。

　また，最近「小1プロブレム」といわれる問題も指摘されている。小学校入学間もない1年生が，授業中に立ち歩く，「～しよう」と先生が指示しても「いやだー」と言う，先生が授業で黒板に板書するといっしょに書き始める，同じ席の子どもどうしがことばでのやりとりがないまま，いきなり相手を蹴飛ばしたりするなどの現象が生じ，授業運営に支障をきたしているのである。自分の現在置かれている状況に沿った行動をせず自分の思うままに行動し，自己統制の効かない子どもが増えていることを示す例として，従来では想像できなかったものではないだろうか。

　こういった問題への対処について教育の場においてもいくつかの試みが行なわれているが，横浜市では通学地域別に仮クラスをつくり子どもどうしお互いに慣れるまでの間の1か月間いっしょに活動させる方法をとっている。その結果，子どもが顔見知りの同級生と仲よくなったり，親どうしのつきあいが生まれたりして子どもの人間関係が広がると同時に親どうしの関係も広がり，子どもの教育環境の変化に伴って新入生児童の学校適応へと改善が図られているとのことである（日本教育新聞，2010）。

　これらの問題行動は比較的最近指摘されているものであり，小学校1年生の問題としては就学間もない発達的に見て比較的幼い時期の行動であるため許容してもよいものとして感じられなくもないが，問題の内容そのものが生活に密着しており，内容から見て深刻な状況にあるとも考えられる。それは，生徒が自分の感情をコントロールできない，相手のことを考えることができない，自分中心の思考の世界に入り込んでいるといったコミュニケーション能力が欠如している現象がみられ，対人行動の基本的な能力や基本的な生活の技術が欠如していると考えざるを得ないからである。

　本来の子どもの発達は幼稚園・保育園等の集団活動が始まるまでは，家庭での養育が大きな役割を担うことになり，たとえ小学校などの新しい集団活動が開始されたとしても，最初は子どもにも戸惑い，不慣れなどの適応までの準備段階としての自然な

行動の流れが存在すると考えられる。ここで指揮されている小1プロブレムもこれに類する問題行動ではあるものの，自然な行動の流れとは若干様相が異なるようである。

「自分の感情のコントロールができない」「コミュニケーションがとれない」「相手の気持ちが理解できない」などの問題行動は就学前の養育環境に問題があるのであろうか。家庭教育力の低下，脆弱化が指摘されるようになってだいぶ経つのであるが，問題行動の原因の一端に関して家庭教育の問題は避けては通れない課題ではないのか。

最近の子どもの発達に関する問題行動は上記のような一例を見てもわかるように，今まで考えもつかないような様相を呈しており，その原因に関しては子どもを取り囲む各種の要因が潜み，家庭環境を始めとして子どもの成長発達をくり返す養育環境に何らかの問題が潜んでいるようにも考えられる。

2節　子育てをめぐる諸問題

子どもの発達・適応について家庭での養育との関連で原因論を論じると，かなり多くの重要な問題が浮上してくることが指摘できる。

最近特に家庭の教育力，養育機能の低下，脆弱化などのことばがあるように，家庭での子育てが十分に行なわれない状況が多くなっている。本来，家庭はこの世に誕生した家族の一員としての子どもが，一人前の大人として成長発達を遂げていくための重要な環境として存在するものであり，なおかつ，子育てにあたる母親・父親も子育ての中で自分自身も成長していくことになり，人間の成長・発達になくてはならない重要な環境である。

しかし，最近子どもが育つべき環境である家庭環境に関していくつかの問題が生じている。この家庭環境にかかわる問題を取りあげみてみよう。

まず，その1つの典型例として児童虐待といわれる行為が指摘できる。児童虐待は「逃れがたい支配・管理・強制関係のもとで，親・家族あるいは大人による子どもの人権や身体的・精神的安全を脅かす行為である」（浅井，2002）といえる。児童虐待の数は年々増加しており（厚生労働省大臣官房統計情報部，2002，2005，2008），親の養育能力の低下が浮き彫りになっている（図1-1）。また，児童虐待の種類は，①身体的虐待，②放任（ネグレクト・養育放棄），③精神的虐待，④性的虐待に分けられるが，中でも身体的虐待が1番多く，次いで放任となっている。また，虐待された子どもの受ける精神的障害は大きく，身体的発達，対人関係上の問題，感情や感覚の調整障害，自己イメージ・他者イメージの問題など種々のことが指摘されているが，

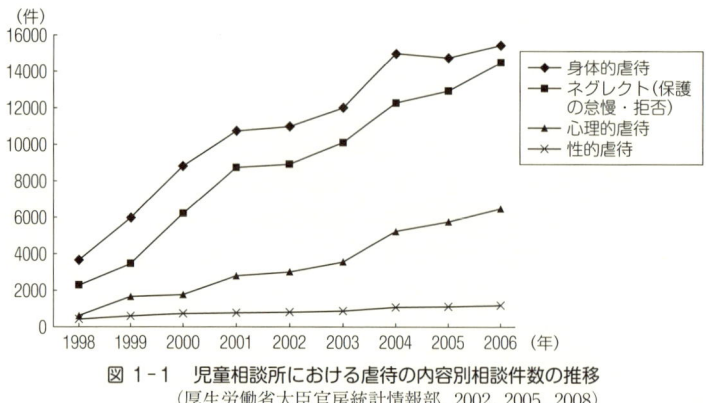
図1-1 児童相談所における虐待の内容別相談件数の推移
（厚生労働省大臣官房統計情報部，2002, 2005, 2008）

とりわけ性的虐待による障害は複雑であるといわれており，身体的影響としては性器の裂傷，性行為感染症，妊娠などがある。また情緒的影響としては，心的外傷後ストレス障害（PTSD），持続性不機嫌，自殺への誘惑，自傷，恥辱感，自己非難，孤立無援感，孤立とひきこもり，希望喪失と絶望感などが指摘される。さらに行動面では性的早熟，誘惑的な態度，子どもとの性行為などが指摘されている（浅井，2002）。このように，児童虐待の犠牲になった子どもは発達上大きな問題を背負わされることとなり，思春期，青年期と後の精神発達にまで深刻な問題を引きずることになる。

　虐待はなぜ生じるのであろうか。母親の場合いくつかのことが指摘されているのであるが，その中でもストレスが大きな要因の1つとされている。

　児童虐待の原因として母親のストレスが関係することを多くの研究が指摘しており（たとえば，Mash et al., 1983; Whipple, 1991; Chan, 1994; Casanova et al., 1992; 大日向，2002），この報告を見る限りでは母親の抱えるストレスは子育てにかかわる状況において生じることが多いようである。また，養育期を控えたころに，家庭の経済状態や地域との交流，夫婦関係のありようが家族にきしみを生じさせ，ストレスという形で児童虐待を引き起こしているようである。しかし，このような種々の負の要因が家族に影響を与えるにしても，ストレスを抱える母親（妻）にとって父親（夫）は群を抜く精神的援助者である（菅原，1999）とされている。子育てにあたるのは現実的には母親が中心であり，直接子どもにかかわる中で種々のストレスを抱えやすいようである。また，家族形態との関連で見ると，共働き家庭よりも専業主婦家庭で多いことが指摘されている（横浜市教育委員会・預かり保育推進委員会，2001）（図1-2）。専業主婦家庭では母親は毎日のように子育ての中で子どもと長時間向き合い，身辺の世話などの身近なかかわりなどを中心とした育児行動をくり返し行なっているのである。

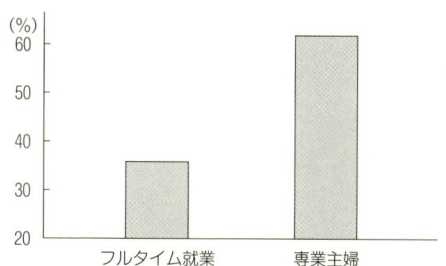
図 1-2　母親の就業と育児不安を抱く割合（横浜市教育委員会・預かり保育推進委員会，2001）

しかも，子育てについては，相談する人もなく，育児不安を抱えていることも多い。また，泣きやすい，ぐずりやすいといった子どものもつ気質的な性格や，子どもの自我の発達に伴って徐々に親の言う通りには動かなくなっていくなどの行動が生じてくることもあり，そのことでさえも母親にとってはたいへんイライラすることである。しかも，専業主婦家庭の場合，妻の生活は夫に比較して家庭内での生活が中心になり，夫は仕事が主であり，自然と役割分担の中で生活することが多い。また，夫との会話が少ない，子育てに関する悩みや心配事をあまり聞いてくれないなどのことが妻のストレスを徐々に増加させることになる。俗に言う夫婦のコミュニケーション欠如の問題も内在する。つまり，子育てにあたっている母親への精神的サポートやコミュニケーションを軸とした夫婦関係のあり方に歪みが生じる場合に妻のストレスを生じさせ，そのことが養育行動に影響をもたらすのである。

さらに母親のストレス発生について見ていくと，家庭環境を取り巻く環境要因との関係にその原因があるとする指摘があり，ストレス発祥の因果モデルが示されている（庄司，1998）。それによると，子育てという行為に影響をもたらすのは，家庭を取り囲む環境が大きく影響しているのであり，家庭環境はエクソシステムレベル（地域），マクロシステムレベル（文化）の各層に囲まれて存在しており，それぞれが影響をもたらしていると考えられる。このような考えに基づいて示されたのが図1-3であるが，それによると，虐待行為そのものは家庭を囲む文化社会環境の中に位置づけられ，親自身の問題と並んで夫婦関係のあり方が家庭状況とストレスフルな状況を生み出し，虐待行動に関連していることが示されていることがわかる。少なくとも，夫婦関係のあり方が重要な要因として存在しているのであり，夫婦関係の基本は夫と妻のコミュニケーションということを考えれば，子育てに負担のかかる時期に育児と家事の多重役割を担っている妻への精神的支えが不可欠であることは自明の理である。

以上述べた内容は，夫婦関係の中にその原因を探求した視点であり，とりわけ父親

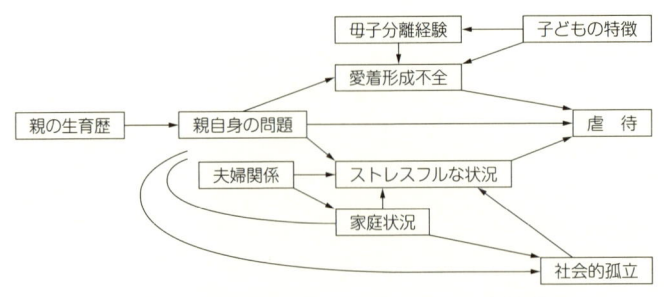

図 1-3　虐待の発生要因 (庄司, 1992を一部修正)

の夫婦関係における立場がたいへん重要であることを示しているといえる。母親として子育てにあたることそのものは多くの精神的・肉体的疲労を重ねているのであり，パートナーである父親のコミュニケーションを主体としたかかわりがきわめて重要である。

　その一方で，児童虐待は母親のストレスもさることながら，親として子どもへの対応の仕方，子どものとらえ方そのものに問題があるとする指摘がある。ミルナー (Milner, 2000) による社会的情報処理モデルとよばれるものがある。これは，親の子どもと養育についての信念・価値体系の不正確さと歪みが児童虐待の原因となると考えるのである。不正確さ・歪みは，子どもの行動や状況についての気づきの欠如，感情表出の読み取りの困難さ，子どもの行動を不服従と見る傾向，子どもの行動への否定的評価，状況への適切な対応の欠如などの一連の行動傾向を指している。このような傾向は，自分の子どもの養育を実際に行ない，いろいろと悩むことにより子どもの実際のようすを知ることができるようになり，徐々に不正確さ・歪みは減少するものとされている。つまり，子育てに積極的にかかわることが子どもを正しく理解できることになり，子育てという行為そのものが良好な方向に回転をすると考えるのである。しかし，この考え方の背景には，子育てにあたる母親が精神的に落ち着いて子育てにあたるゆとりがある状況が前提条件であり，良好な状況を形成するためには夫婦関係の良好性が不可欠である。つまり，子育てという時期の夫のかかわりがどうしても問われることになる。子育てに追われ，子育てに息つく暇もなく取り組み負担を感じている場合には精神的ゆとりがなく，自分のことで精一杯になり，子どもを，ゆとりをもって見ることもかかわることもできなくなる可能性が秘められているからである。

　最近いわれる家族の子育て機能の脆弱化の一要因は，母親の問題だけを指しているのでなく，母親の養育行動に影響を与える父親の家庭関与の問題も含んでいるのである。

上記のことに関する家族の中の問題は，母子関係のあり方に影響をもたらす夫婦関係の問題を取りあげたのであるが，家族の中は実際のところ父親，母親，夫婦，子どものそれぞれの家族成員から成っており，相互に影響し合い家族としてのまとまりも微妙に影響を受けながら変化を遂げているのである。家族のこのような動きは家族システムといわれており，現代社会においてはごく自然なとらえ方である。父親が母親に子育てのことで援助をする，あるいは父親もともに子育てに参画することは，その行動が母親に影響をもたらし，母親の行動が父親に逆に影響をもたらし，それにより夫婦としてのまとまりが何らかの影響を受け，そのことがさらに子育てに影響をもたらし，子どもの変化が父親あるいは母親の行動や考えに変化をもたらすのである。このように家族のあり方により，父親，母親ともに影響を受けており，子育てから多くのことを学ぶと同時に人格的な発達を遂げることも十分にあり得る。このような，家族成員相互に影響し合い，最終的には発達的に幼い子どもが多くの影響を受ける確率が高くなると考えられる。

　子育てや家事への関与など，いわゆる親になることによる父親の人格的発達に関して，柏木（1993）を始めとして最近多くの研究者が扱っている（牧野，1996；尾形・宮下，1999；氏家，1996，1999；森下，2006）。これらの研究は一貫して，子育てや家事への関与が父親自身の人格的発達を促進するということであり，とりわけ，柔軟性，忍耐・自己抑制，視野の広がり，伝統の受容，運命・信仰，生き甲斐・自己の存在感，自己の強さなどの発達が親に生じることを示している（柏木・若松，1994）。特に，牧野（1996）は，育児へのかかわりにより父親の親としての自覚や人間的な成熟に大きな変化をもたらすことを示しているのである。親としての成長・発達を遂げる場合は，父親としての視点が子ども，家庭，夫婦関係に向いていると思われるが，そのような父親であればあるほど，人間的成長・発達を遂げ，そのことが母親の精神的ストレスを軽減し，子育てのための条件を整え，子どもの発達にも大きな影響をもたらすことになる。現代社会はこのような父親が徐々に出現しているものの，その数とかかわり方の質的な面についてはまだこれから改善が求められる。

　家族の養育機能の脆弱化を防ぐためには，このような，親としての人格的成長・発達を遂げた親が少しでも多く出現することにより解決の方向に向かっていくものと考えられる。そのためにはどのようなことが解決されていかなければならないのであろうか。父親として子育てを中心とする家庭関与を積極的に行なうこと，また積極的にかかわれる職場などの環境づくりなども必要と考えられる。

3節　社会構造と養育環境の変化

　子育てのための環境が最近とみに変化を遂げていると考えられるが，その環境に少なくとも間接的な影響をもたらす要因として，平均寿命の伸びに伴うライフスタイルについての女性の意識の変化，女性の社会進出，少子化などの重要な事柄が関連していることが指摘できる。

　まず，女性のライフコースの変化について見ると，大きな変化が生じている。平均寿命の伸びによって男性も女性も人生そのものをより長く過ごすこととなった。しかし，図1-4に示すように，最近の女性の生き方として，結婚時期が遅くなる一方，産む子どもの数が減少し，そのために末子を独立させるまでの時間が短くなり，老後の時間が長くなっているのである。つまり，老後の時間まで含めてみると，今まで以上に長くなった人生の過ごし方をいろいろと計画的に過ごすことが可能になると同時に，計画的に過ごす必要性が生じているのである。ことばを換えるならば，自己の人生を主体的に考え，計画的に考えて過ごすことがより不可欠になってきているのである。これは，男性に限らず女性にも十分いえることであり，結婚も含めて出産をどのように自分の人生に位置づけるかという視点にまで行き着くことになる。

　また，女性自身の生き方の変化と同時に社会の変化の影響も指摘できる。現代社会において，ジェンダーの基本的な考え方が変化してきており，女性でも社会進出し職業を優先する人が多くなっている。また，国も女性の社会進出を促進するための取り組みを行ない始めていることも事実である。そのために，男女の区別なく女性も男性

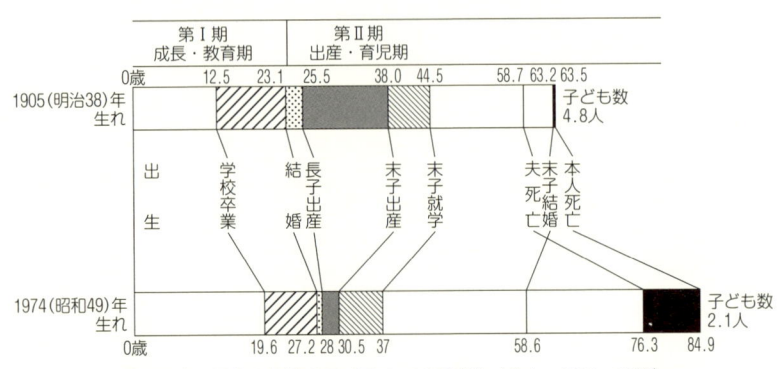

図1-4　日本の女性のライフコースの変化（井上・江原，2005）

と同じように能力に応じて自己の能力を発揮して生きることがあたり前になってきており，場合によっては結婚よりも仕事を優先させる女性も多くなってきている。自己の人生の中に結婚と出産を分けて受け入れることが多くなってきているのでないだろうか。

さらには女性の社会進出の増加と関連づけて，結婚生活の1つの出来事としての「出産」に関して見ると，結婚に際して夫婦でもちたいと希望する子どもの数と，結婚生活を送るようになってから実際に産む子どもの数にズレが生じていることが指摘されている。特に，1977年以降最近にいたるまでの調査によると，理想とする子どもの数と現存の子どもの数は漸減傾向にある。結婚当時は2人〜3人程度の子どもをもちたいとする夫婦が多いのであるが，実際には1人〜2人にとどまっている（国立社会保障・人口問題研究所，2005）（図1-5）。この現象は結婚前の希望に沿わない現実があることを示しているのであり，特に25〜29歳の若い母親の場合その現実の背景にある理由として，①子育てや教育にお金がかかるから，②自分の仕事（勤めや家業）に差し支えるから，③夫の家事・育児への協力が得られないから，④これ以上，育児の心理的，肉体的負担に耐えられないから，⑤家が狭いから，などの理由が上位を占めている（国立社会保障・人口問題研究所，2005）（表1-1）。

これらの図，表を見る限りでは，少子化の原因の1つとして，「自分の仕事（勤めや家業）に差し支えがあるから」にも示されているように，自分の仕事をまず第1に優先していることが窺え，女性としてのキャリア志向の色彩が強く出ているようである。一方，「夫の家事・育児への協力が得られないから」出産を控えるという女性の場合，子育てにかかる負担を自分1人では耐えられないという気持ちと同時に自分の時間や能力的資産を子育てだけに投入することに抵抗を感じているようにも考えられ，

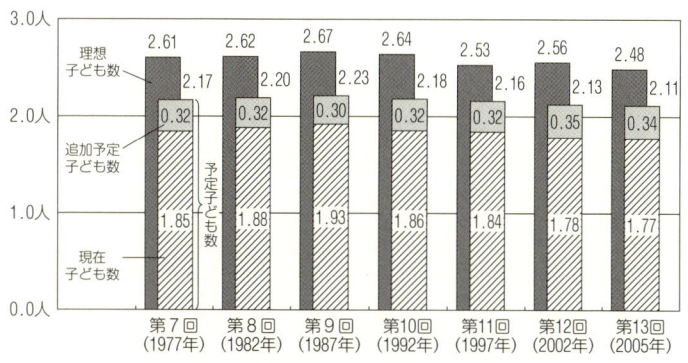

図1-5 調査別にみた，平均理想子ども数と予定子ども数の推移（国立社会保障・人口問題研究所，2005）

表1-1 妻の年齢別にみた，理想の子ども数を持たない理由―予定子ども数が理想子ども数を下回る夫婦について―（国立社会保障・人口問題研究所，2005）　（複数回答）

妻の年齢	標本数	子育てや教育にお金がかかりすぎるから	高年齢で生むのはいやだから	これ以上，育児の心理的，肉体的負担に耐えられないから	自分の仕事（勤めや家業）に差し支えるから	健康上の理由から	欲しいけれどもできないから	家が狭いから	夫の家事・育児への協力が得られないから	子どもがのびのび育つ社会環境ではないから	一番末の子が夫の定年退職までに成人してほしいから	夫が望まないから	自分や夫婦の生活を大切にしたいから
25〜29歳	(115)	83.5	6.1	20.0	27.8	4.3	7.8	20.0	20.0	16.5	5.2	13.0	13.0
30〜34歳	(329)	78.7	18.2	24.6	21.9	12.5	10.6	19.8	19.1	18.2	7.0	12.5	11.9
35〜39歳	(464)	75.0	40.1	26.5	17.9	16.4	16.8	17.9	17.0	16.2	8.0	9.7	8.6
40〜49歳	(897)	54.0	49.2	18.2	14.3	20.8	19.5	11.1	9.1	10.5	9.9	5.5	5.7
総数	(1,825)	65.9	38.0	21.6	17.5	16.9	16.3	15.0	13.8	13.6	8.5	8.3	8.1
第12回総数	(2,134)	62.9	33.2	21.8	17.1	19.7	15.7	14.6	12.1	20.4	9.6	7.2	11.5

(注) 予定子ども数が理想子ども数を下回る夫婦の割合は不詳を除くそれらの夫婦の35.3%である。25歳未満（20件）については掲載を省略。ただし総数にはこれを含む。

子育てにかかる負担の重さとそれに対する夫の支えが不足している現状がうかがえるのである。つまり，キャリア志向と同時に子育てへの夫の関与を強く求めている姿が浮かぶのであり，仕事と育児の両立を目指し苦悩する女性像が浮き彫りになる。女性にとっての仕事は自分の生きがいの1つであり，この仕事を基本的な人生の軸として生きている姿が明確になってくる。女性のキャリア志向は最近特に目立つようになっており，政治の重要ポストで活躍する女性も徐々に増加している。またそれのみならず，会社の社長としても活躍する女性の数は着実に増加している。このようなキャリア志向の女性の数は着実に増加しており，今後とも女性の活躍する場は広がると思われる。

　男性が育児や家事へあまりかかわらないことについて改めて目を転じてみよう。このことに関しては単に男性の意識が低いという指摘だけでなく，実際に職場の労働時間が長いという指摘もある（松田，2002）。父親の帰宅時間が17時〜20時台までの人の育児へのかかわりはほぼ一定の水準を保つのであるが，帰宅時間が21時以降になると急激に低下するというものである。確かに，わが国の労働者は勤勉で，世界の労働者と比較しても労働時間が長いことをあわせて見ると（図1-6）物理的な側面が影響しているともいえる。しかし，それと同時にわが国の場合には，特に男性に，伝統的な「女性は家事・育児，男性は仕事」という考えが根強く存在し，女性の生き方を左右していることも否定できない。

　現代社会のこれらの諸要因により形成される養育環境はけっしてよい環境とはいえ

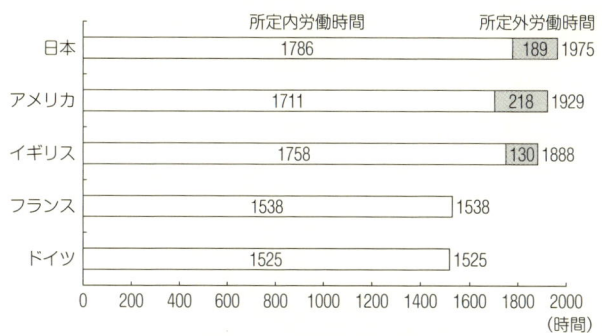

図1-6　年間総労働時間の国際比較（製造業生産労働者，2003年）（厚生労働省，2004）
(注) フランス及びドイツは総労働時間である。

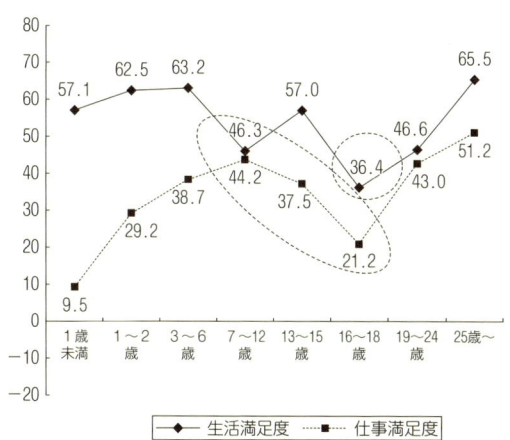

図1-7　末子年齢別生活及び仕事の満足度—女性就業者—
（労働政策研究・研修機構，2010）

ない。子育ては母親のみならず父親もともに行なうのが理想である。
　また，労働政策研究・研修機構（2010）によると，20歳以上65歳以下の5,092人の職業に関する意識調査の結果，就業している女性のワーク・ライフ・バランス（詳しくは第11章2節を参照）に関して，末子の子どもが7～12歳と16～18歳の「育児・子育て期」（学校を卒業し，配偶者と子どものいる59歳までの人）で生活満足感が最も低くなっている（図1-7）。この現象は「育児・子育て期」において就労男性が週間労働時間を短くしたいと思っていてもなかなかそうはならないという事実から判断する限り（労働政策研究・研修機構，2010），子育てへの夫のかかわりが少なく

なり妻にまかせっきりになることが原因のようである。つまり，子育てには母親が1人でかかわることが多くなり，母親として妻として女性としての生き方が狭められていることによる現象とも受け取れる。

その一方で，子育てにあたる家族にとって，女性として母親として子どもを育てることはたいへん労力のいる仕事であるが，女性の子育ての労力を軽減し仕事を続けるための保育施策も万全ではなく，女性の職場進出の妨げになっていることも問題となっている。本来，保育所は労働に携わっている女性の子育てを援助するための機関ではあるものの，待機児童についての調査によれば待機児童として保育所に入所できずにいる子どもが2009年には全国で46,058人いるのである（厚生労働省，2010）（表1-2）。子どもをもちたい，子育てをしながら仕事を継続したいと望む声はあるももの，子育てそのものがむずかしくなっている状況が見て取れる。

以上のような種々の条件を総合してみると，子育てをしにくい環境の存在は合計特殊出生率との因果関係を避けて通れないのではないだろうか。ちなみに，2009年のわが国の合計特殊出生率は1.37（厚生労働省，2009）であり，世界の中でもきわめて低い数字である。

これらの状況から推察する限り，女性にとっては自己の生き方への志向と同時に，子どもを生みにくく育てにくい環境がそこに待っている。しかも，子育てという現実的な取り組みに関して，わが国では男性の育児参加が依然として諸外国と比較して低い水準にとどまっており，家庭の協力を得にくく，子育ての基盤に支障をきたしている現実も待ちかまえているのである。

子どもをもちたくてももてないというむずかしい状況が続いているが，このような状況は子育てにどのような意味をもつのであろうか。

まず，少子化の現象という子どもをもちたくてももてない状況の中では，産んだ子どもを大事に育てることとなるであろう。子どもの養育に多くの労力を惜しむあまり，子どもの主体性よりも親の気持ちを優先させて，過保護に養育する状況が出現している可能性がある。「先回り育児」（柏木，2001）にも指摘されているように子どもが自ら考える以前に親が子どものことを心配するあまり，配慮しすぎる状況を指しているのであり，子どもの自主性，社会性など心の成長を妨げかねないのである。

表1-2　保育所待機児童の状況（厚生労働省，2010）

	4月	10月	4月から10月の比較
平成19年	17,926人	36,860人	2.1倍
平成20年	19,550人	40,184人	2.1倍
平成21年	25,384人	46,058人	1.8倍

また，既述のように児童虐待の原因にも指摘された父親の子育て参加がさらに求められるわが国では，母親1人にかかる精神的・肉体的負担が大きく，母親のストレス発生源として家庭が位置づけられる。ストレスの多い場合には養育環境が劣悪となり，虐待行為も多くなることは多くの研究結果からも指摘されているのである。
　そして，夫婦の役割分担意識が強いわが国では夫婦共同による子育てが十分に進行せず，子育てそのものの母親にかかる比重が大きくなり，本来の養育環境確保がむずかしいのが現代社会の大きな問題として指摘できる。
　これらの問題は，女性が子育てしにくい社会を生み出すと同時に，わが国の男女の出産願望の低下を生み出しているとも考えられるのである。それは，英カーディフ大学やドイツ製薬会社メルクセローノ社による男女約1万人（日本は481名が参加）に対する出産願望に関する調査の結果，日本はフランス，インド，中国，米国，英国，ロシアなどを含む18カ国の中で最低であることが報告されている（朝日新聞，2011）。この調査の対象は子どもをもつ意思があり，パートナーと暮らす男女であり，「幸福には子どもをもつことが必要」「人生において子どもをもつことが重要」という出産への願望と必要性について質問している。しかも，日本は妊娠についての正しい知識が乏しいことも指摘されている。
　出産することについての願望が低いことは既述のように夫の育児参加の低さ，女性の生き方の変化あるいは不況などが反映された結果とも考えられるものの，わが国の男女の生き方が自己の生き方を満足させるためだけの生き方へと変化しているのであろうか。わが国において，子育てや出産に対するネガティブな意識のスパイラルが進行しているようにも考えられると同時に，子育てや出産とは乖離した意識構造が存在しているようである。
　以上のような家庭環境をめぐる多くの問題が存在し，とりわけ，夫婦関係のあり方に及ぼす父親の影響力は否定できないものである。子どもの成長発達する家庭環境の基本的なあり方に，父親としての男性の存在意義は大きい。

第Ⅰ部
父親研究の「これまで」

第2章 現代社会と父親

1節 父親の役割の再発見

　最近でこそ父親はたいへん重要な存在であり，夫婦関係や子どもの発達・適応にも大きな影響をもたらすことが改めて認識されるようになった。それでは，父親がどのような経過を経て現在のような認識にいたったのか，父親に関する研究の歴史を中心にその流れと，父親にまつわるテーマについて概観してみよう。

　父親の重要性は，子育てにおいて確認されるようになった。その発端は，17，18世紀に工場生産が導入されるようになったイギリスを始めとして，ベルギー，フランス，アメリカ，ドイツなどの諸国において起こった産業革命にあったとされる（Lamb, 1975）。今まで拡大家族による共同経済体制的な農業や牧畜を中心とする家庭から，一家の稼ぎ手で家計維持者である父親，育児を主とした母のいる核家族的体制へと徐々に変化していったのである。従来の家族形態は，家族全員が朝起きてから寝るまでともに生活し，子育てを始め家族内の出来事や決まりごとは父親を中心とする組織形態で行なわれていた。しかし，産業革命により，父親は家庭の外へ出かけて行き，夕方帰宅し家族とともに過ごすことが多くなった。産業革命以前には子どもたちは親の経済活動に参加し，父親の一日の生活のようすをみることができた。これは父親の仕事が労働者階級であっても商人であっても同様に可能であった。しかし，その後種々の労働法が制定されることによって子どもたちは工場から締めだされると同時に，女性の労働時間の短縮化に伴い，徐々に父親だけが外に出て働くという家庭が形成されることとなったのである。

　これは，今までの家庭生活のあり方と子育ての方法を大幅に変化させたのであるが，

それとともに家庭内の子育ては家庭での生活時間が長い母親にまかされることとなる。したがって，父親の家庭内での影響力はしだいに弱くなっていくこととなった。

そのような中で，ボウルビィ（Bowlby, 1951）は子どもの精神的発達にとって母子間に形成される愛着関係（attachement：アタッチメント）が重要であることを主張し，時代の流れの中で母親の役割の重要性がことさら取りあげられるようになった。しかも，ボウルビは，孤児院で育つ子どもたちの中に，身体的遅れのみならず，知的発達，情緒的発達，社会性の発達，ことばの発達などの遅れが生じた現象について，その原因は母性剥奪（Maternal deprivation：マターナル・ディプリベーション）があるとして，子どもの発達における母親の重要性を示したのである。これに関連して，精神分析学的視点からの主張もあった。特にフロイト（Freud, 1905）は，生後18か月までの乳幼児は，口唇や口腔周辺に快感を得，主として母親の乳房を吸ったり噛んだりすることにより快感を得るとされる。これは授乳により外界との交流を行なうことになるが，この行為による感情的満足が十分で，その後の性格を支配する場合は楽天的な性格になり，不十分な場合には寂しがりや，取り越し苦労が多い性格になるともいわれている。つまり，子どもの発達には母親が必要であるとの立場をとったのである。さらに，クラウスとケンネル（Klaus & Kennell, 1976）は母子関係の原点を探る中で，分娩直後に母親を新生児と対面，接触させることが母子関係の情緒的結合を強めることを主張した。

このような背景の中で，母子関係の重要性が主流を占めるようになっていった。しかし，その反面，父親の存在とは何か，父親の役割は家族にとってどのような意味をもっているのか，など現代社会において疑問が提起されるようになっていった。当時の社会情勢の中，父親の存在感がしだいに薄れていくのに伴い父親の存在そのものについて改めて問われるようになった。ミチャーリヒ（Mitscherlich, 1963）は「父親なき社会」と題する本の中で父親の必要性について論じている。そのような気運の中で，ラム（Lamb, 1975）は父親の存在感を確認することを目的として，父子間に形成される愛着関係を検討していった。そこで得られたことは，乳幼児の家庭での自然観察を通して，12か月の時点で乳幼児は一方の親のみに対する選択をせず，父親に対しても母親と同じように愛着行動を形成しており，子どもは2年後に父親・母親どちらにも偏りを示さなかったということである。これは，子どもは生後間もなくから父親あるいは母親のどちらかとの間だけに結びつきを形成するのではなく，対象を限定せず，かかわり方によっては幅広い対人関係を形成することを指摘し，発達の基本的で重要な問題を取りあげたのである。これは，その後の父親についての視点を180度転換させ，父親研究に拍車をかけるうえできわめて画期的な研究成果であった。ま

た，父親と子どもとの間の愛着関係形成の重要性をさらに支持する結果が報告された。それは，2か月の時点で形成される父子間の愛着関係の質が7か月半目の愛着関係の安定性に強く影響することを縦断的研究の中で指摘しているものである（Chibucos & Kail, 1981）。このように，具体的な実証結果を基として，子どもの発達に及ぼす父親の影響について少しずつ研究が始まっていったのである。特に，1970年代後半から1980年代にかけてそのきざしがみられる。その中でも，パーク（Parke, 1978），ペダーセン（Pedersen, 1980），ラムとセイジ（Lamb & Sagi, 1983）は父親研究の歴史的変遷や父親の役割についての報告の中で，父親の役割に関して，子どもの知的発達，性役割，パーソナリティの発達などとの関連性について論じている。また，コーエンら（Cohen et al., 1984），バーマンとペダーセン（Berman & Pedersen, 1987）は父親の存在と役割について母親と同等であるとしており，さらに20か月の乳児の適応行動は父親の態度，感受性の質的な特性から影響を受ける（Easterbrooks & Goldberg, 1984）とするなどの報告が出現した。また，リン（Lynn, 1974）やペダーセン（1980）は父親に関する研究をまとめて紹介している。

　このように，父親の影響力について研究が積み重ねられてくるにつれて父親の役割の重要性について再確認が行なわれると同時に，一方では母子関係を重視しすぎる立場に疑問を投げかける研究も報告されるようになった（Lewis & Feiring, 1979; Lewis, 1984）。それは，乳幼児は愛着の対象として母親だけに愛着を示し形成するのではなく，両親やきょうだいなどの生活環境内の複数の人びととの間で分化した愛着を形成するというものであった。

　父親と子どもの間に形成される愛着関係に端を発した研究成果から，徐々に父親を知るための実験や調査研究，不明な点を解明するための調査研究が行なわれてきており，父親についての理解が深まってきてはいる。

　しかし，現在，父親の役割が見直され，研究も徐々に蓄積されてきているものの，母親の研究と比較すると少ない。わが国においては1990年代に父親研究が行なわれるようになってきたが，少ない状態である。このことは，父親の影響力は母親と比較して弱いという認識によるものであるのか，あるいは父親の役割の重要性がいまだに認識されていないために生じているのであろうか。

　以下，わが国の父親の家庭関与や夫婦関係での状況を知るために，父親に関する研究について概観することにする。

2節　父親研究の動向

ラム（1975）の父子間の愛着形成に関する研究が始まってから，父親に関する研究は徐々に開始されてきている。

わが国でも1980年代になってから父親の影響力についての関心が高まり，その後研究成果がみられるようになってきている。その流れについて諸外国の動きも入れて概略的に見てみよう。

1. 父性の発達

まず，男性が父親としての意識をいつごろどのようにして形成するのかということについていくつかの研究が行なわれてきた。ロビンソンとバレット（Robinson & Barret, 1986）によると，妻の妊娠を知った時が父親としての意識が生じる機会となるとしている。父親としての意識を形成する過程については，妻の妊娠を知った時に興奮状態となり，しばらくしてから妻に対して共感的になり，3か月以降6か月までの間は妻に対して何もできない自分に対する無力感，そして，それによる孤立感が生じる。6か月目から出産までの間は不安が少しずつ高まり，妻の出産の時には高揚し，その後抑うつの状況から少しずつ正常になるとしている。つまり，妻の妊娠を知った時に生じる情緒・感情を伴った激しい反応が進行しているのである。これに関して，クリントン（Clinton, 1986）やストリクランド（Strickland, 1987）は，男性の中には妻と同じように悪阻の症状を示す者がいることを指摘しており，妻の妊娠がきっかけであるという同様の結果を示しているのである。

また，原田ら（1984）は，第1子を妊娠中か，産後1年以内の男性137名についての調査から，男性は妻の妊娠を知ることにより役割意識としての父性意識を獲得していくが，感情面を含めての子どもへの愛着は生後しばらくして，子どもとの実際の相互作用によって得られるとしており，少なくとも妻の妊娠をきっかけとして父親としての意識が芽ばえるようである。同様に，岡野ら（2005）は妻が妊娠中あるいは3歳未満の第1子をもつ夫婦169組による調査から，父親は子どもの出生前や0歳時よりも，むしろ子どもが歩き出したり，ことばを出し始めたりなどの，我が子が日々成長していく姿に接することにより，感情的部分が父性としてうながされるとしている。

また，生まれてきた子どもに対する男性としてのかかわりが好ましいものであるかどうかということに関して，小野寺ら（1998）は「親になる意識」の中でも「制約

感」が高い男性は親になってからも子どもといっしょに遊ぶのが苦手であり，子どもの気持ちを理解するのが苦手であると感じていることが多く，父親としての自信も弱かったとしている。また，親和性と自律性が高い男性は「父親になる実感・心の準備」「父親になる自信」が高い一方で「制約感」が低く，父親になることに肯定的な傾向がみられたこともあわせて報告している。グロスマンら（Grossmann et al., 1988）も同様に，父親として親和性と自律性をもつことが家事・育児への参画を促進する上で重要な要素であることを述べている。

　上記の諸結果から，父親の父性は少なくとも妻が妊娠した時に生じるものであることは共通したことであり，子どもとの感情面の愛着は少なくとも子どもの成長に伴う親子の相互のやりとりの中で親が感じ取るものであることが示されている。妊婦である妻に対する共感的な思いやりや子どもへのかかわりを十分なものとするためには，親和性と自律性の要素が父親にとって不可欠な基盤であるとすると，子どもが誕生する以前からの親としての心の準備が必要であることはまちがいなく指摘できるであろう。このことは，小野寺ら（1998）の指摘する親準備教育の必要性に連結することにもなる。父性の発達についてはⅡ部第5章において詳しく触れる。

2．父親の影響力

　父親の影響力については，ラム（1975）による研究の影響を受けているものと考えられるが，比較的最近まで父親が子どもの発達にどのような影響力をもつのか，という視点からの研究に焦点が集まっていた（小野寺ら，1998）。それでも母親に関する研究数から比較すると依然として少ないのが現状である。そしてごく最近になり，女性の社会進出などに伴う家族の変化に伴い，父親の影響力については家族，特に夫婦のあり方に影響を及ぼし，そのことが家族成員の発達・適応に影響を及ぼし，さらには家族成員の変化が父親・母親に影響を及ぼすという家族システム論の考え方に視点が置かれるようになってきている。

　ここでは，まず父親が子どもの発達に及ぼす影響について父子関係中心の研究成果について述べ，次に家族全体に及ぼす影響について述べることにする。

(1) 子どもと父親

　父親が子どもの発達・適応に及ぼす直接的影響力に関連する問題について見てみよう。厳密には子どもの年齢，子育ての状況などによって，父親による直接的なかかわりとそうでない部分もあり，すべてが父親による直接的な養育とはいえないであろう。しかし，ここでは，できる限り父親と子どもが接することを前提にして話を進める。

　父親に関する研究の幕開けとなったのは，父親の養育が子どもの発達・適応にもた

らす影響について究明することであった。当初の研究では、多くの研究が、父親は母親と同等かそれ以上の影響力をもつことを証明している。それは、ラム（1975），シブコスとカイル（Chibucos & Kail, 1981）による、子どもの愛着関係の形成と発達は父子間で十分に形成されるということを示した研究から出発している。

愛着関係についてはその後も研究は継続されており、コックスら（Cox et al., 1992）は縦断的な研究から、3か月の時点での母親と父親それぞれへの乳児のかかわりが12か月時点での愛着関係形成に影響を及ぼし、父親母親ともに愛着関係には質的な面での差異はみられなかったということを指摘している。また同様に、リーバーマンら（Lieberman et al., 1999）は、児童期（274名）と青年期（267名）に追跡調査を実施し、両親との間に形成される愛着関係が、友人間の善し悪しを左右することを指摘している。つまり、父親との間に形成される愛着関係は最良の友人関係を形成する上で重要な役割を果たしていることを示した。これらの研究を通して見て、父親との間に形成される愛着関係は母親と同じか、それ以上のものが形成され、その後の子どもの精神的発達や友人関係の発達にたいへん重要な影響をもたらすことが示されている。

愛着関係については母子間の問題が出発点であり、また愛着関係にも発達段階があり、順調に愛着関係が形成されることによって子どもの社会性の発達が良好となることは指摘されてきていることである。この結果と重複して、父子関係においても同様の結果が得られているのであり、子どもの幼い時期からの父親の影響力が明確に示されているのである。

子どもとの間の愛着関係の形成に関する研究以外にも、バウムリンドとブラック（Baumrind & Black, 1967）は、父親の子育て関与が子どもの自立性の発達に影響をもつことを報告している。また、父親との「遊び」は子どもの社会的行動に影響をもたらし（Kotelchuk, 1976; Pedersen & Robson, 1969; Zelazo et al., 1977）、しかも、父親との「遊び」は男児の認知、動機づけを促進するとの報告もある。これに類して、中野（1996）も父親との「遊び」が3歳児の精神発達に影響していることを示している。それによると、発達を「大人の介入がなくても仲間で自分を保って行動でき、みたて行動やつもり行動が明確な形で表現できる言語的・操作的な能力をもつこと」と定義し、子どもと父親について検討したところ、発達の度合いが高い子どもは、父親とよく遊ぶ傾向があること、さらに自分のことより世話を優先し、してはいけないことを教える、子どもの言いなりにならない、してはいけないことを「しつけ」として教える父親では子どもの発達に積極的な影響があることを示している。尾形（1995）も3歳から6歳までの子どもを対象とした研究から、父親の「しつけ」が子どもの社

会性の発達と関連していることを指摘している。また，中野（1992）は3歳児と父親との関係から，父親になったことへの負担感・否定感をもたず肯定的に受け止めている場合には子どもの発達は促進されると同時に，父子関係のあり方には父親が子どもへの関心や子どもへ接近しようとする父親としての意識が大きく影響することを述べている。牧野ら（1996）によると，父親の子どもとのかかわりは，夫婦の会話，家族との夕食の回数，父親になってよかったと思う肯定感と関連すること，しかもこのような父親であればあるほど子どもと遊び，また子どもの反応も良好であり，良好な父子関係をつくりやすいことを指摘している。

さらに，子どもの社会性の発達との関係について，父親が温かくて養護的な場合には子どもは友達から受容され，友人関係が良好である（Lynn, 1974）とする指摘や，父親が子どもの幼い時期から多くのかかわりをもった場合に，子どもが年齢とともに柔軟性をもった性役割行動をとる（Williams et al., 1992）とする報告もある。

これらの報告を見る限りでは，父親が幼い子どもとのかかわりをもつという条件設定のもとでは，父子関係における父親のかかわりは子どもの発達・適応にプラスの影響をもたらすことが示されている。しかし，それは父親となる意識に肯定的な感情をもち，家族とのかかわりを大事にする父親としての前提が必要であることが示唆される。

上述の諸研究は昔から確かめられてきた貴重な結果を示したものであり，父親が子どもの発達・適応にきわめて重要な影響力をもつことを明らかにしている。したがって，現代社会において忘れ去られている父親としての姿勢に警鐘を鳴らすと同時に，これからの父親のあるべき姿に重要な方向性を示しているのである。

(2) 家族と父親

家族は家族成員相互の関係から成り立っていると考える家族システムとしての変化に焦点をあてて父親の影響力を検討する立場であるが，最近は少子高齢化，女性の就業，平均寿命の延びなどが女性の生き方そのものを変化させ，そのことが従来の家族のあり方にも影響をもたらしているという状況が出現している。これに関して，柏木（1999）は次のような指摘をしている。女性が労働にかかわることは女性自身の能力・心理を変化させる。つまり仕事をすることにより，多様な人的・知的な刺激，社会評価，経済力，達成感，充実感など多種の有益な価値を得ることとなり，家庭での家事・育児の遂行とは大きく異なりその魅力は大きい。したがって，結婚しても子どもがいても仕事を続けたいと思う女性が出現しているとしている。

女性の生き方，価値観の変容は家庭生活にも大きな影響をもたらすことになる。それは女性のキャリア志向への進行に伴って，育児・家事に対する価値観の比重の取り

方に大きな変化を生じさせることになる。つまり女性は，男性が仕事，女性は家事・育児という役割分担意識をもたなくなり，家事・育児は分担ではなく共同で行なうものとの意識が高くなっているのである。これは，夫婦ともに仕事に就く家庭では，子育てを母親1人にまかせることは困難である，という明らかな事実に基づく新しい方向性の検討が求められたためでもあり，アメリカにおいてはその動きが早くからあった。そのために，最近は家事・育児に父親が直接かかわるという現象に照らして，そのような取り組みが夫婦関係，母親と父親間の子育てと，子どもの発達にどのように影響をもたらすのか，という視点から研究が行なわれるようになった。しかし，この種の研究は，子育て時期にあり乳幼児の子育てにあたっている家庭での研究に焦点が集中しているのである。

　以上の視点に基づいて父親の家族へ及ぼす影響について見てみる。

①父親のかかわりと夫婦関係

　父親が家族にかかわることによりどのような夫婦関係が形成されるのであろうか。

　夫の妻に対するかかわりに関しては妻に対するサポートを中心とする報告が多かった。夫から妻に投げかけられるサポートはたいへん重要なものであるが，夫からのサポートを妻がどのように受け取るのか，妻として夫のかかわりを好意的に受け止めているか，精神的安らぎとなる支えとして受け止めているか，といった妻の側からの視点が重要なこととなる。

　このことに関して，夫の家事・育児参加，妻の就労，妻の社会参加などについての夫の理解に満足しているか否かが重要な鍵であるとする指摘がある（Crokenberg, 1981；牧野・中西, 1985；Belsky et al., 1995；諏訪ら, 1997；原ら, 1998）。夫から妻に対して向けられるサポートを妻がいかに認知し受け取るか，ということが重要なことであるが，基本的には，妻の状況を理解し精神的な支えとしてかかわることが必要であろう。このことに関して尾形・宮下（2002）は幼児の子育てにあたっている家庭415世帯を対象とした調査で，父親の育児への協力的かかわりについて，夫婦の認識のズレがある場合には妻のストレスが高く養育行動にも支障が出ることを示している。また，同様に尾形（2004）は138世帯の幼児の子育てにあたっている家庭を対象とした調査から，夫のコミュニケーションを中心とするかかわりについて夫婦そろって低い評価をしている場合，また，夫が高く評価していても妻の評価が低い場合には好ましい夫婦関係が形成されず，また，夫が自分の行動に対して低い評価をしていても妻の評価が高い場合に良好な夫婦関係であることが示された。このことは，基本的には夫のかかわりの高低にかかわらず夫のかかわりが妻から好意的に受け止められていることが不可欠であることを示すものであり，妻の受け取り方の重要性が示されて

いる。つまり，妻が夫から精神的な支えを受けているという意識が基本的には重要になる。

以上の結果ともあわせて見ると，岡本（1996）の指摘にもあるように，夫婦関係において，母親のアイデンティティ形成の視点から女性として母親としての統合を遂げるためには，夫が家事・育児に実際に協力するということも重要であるが，それ以上に重要なのは夫が妻の生き方を理解し，心理的に支えていくことである。このような視点から見ても夫の精神的な支えが女性の生き方にも大きな影響力をもつことは明らかであろう。

妻の夫からのサポートの受け取り方がその後の夫婦関係に大きな影響をもたらすことは容易に想像できることであるが，先行研究を概観すると，夫のサポートは夫婦関係を良好な方向へ導くとする報告が多くみられる。このことは，裏返してみると子育てそのものが孤独なストレスのたまるたいへんな営みであり，何よりも夫の精神的な支えが重要であることを物語っている。

②父親の家庭関与と母親の養育行動

夫の家庭関与について妻の受け入れがあることがたいへん重要な要素となることは既述の通りであるが，それではそのような夫のかかわりによってどのようなことが親子間にもたらされるのであろうかということについて考えてみたい。

まず第1にあげられるのは，母親の養育行動との関係についてである。

母親の育児ストレスを取りあげた研究によると，ストレスは母親の育児行動に負の影響を与えることが多く示されている。たとえば，結婚生活に多くの葛藤を感じている女性は，子どもとの関係で疲労感や怒りを抑えることができないと感じており（Engfer, 1988），結婚生活に苦痛を感じている母親は父親以上に子どもに対して指示的である（Mash et al., 1983）とされている。また，尾形・宮下（2003）は幼児を育てている家庭660世帯を対象とした調査から，父親が「家事への援助」「家族とのコミュニケーション」にかかわる援助が少ない場合に母親のストレスが高くなり，加虐的養育行動が出現することを指摘している。これらの結果を要約すると，母親がストレスをためている場合は，自分のストレスを取り除くことに視点が奪われ，子どもの状況を細やかに理解し，子どもとのコミュニケーションをとるだけの余裕がないのである。これに関しては第1章ですでに触れたように，母親のストレスは加虐的な養育行動を引き起こしやすく，人間の意志のコントロールを妨げ，予測のつかない行動を引き起こし重大な結果をもたらすことがある。

加虐的な養育行動にいたらずとも母親は子どもに対して愛情に満ちた養育行動を十分に取ることができず，子どもの発達・適応に何らかの問題が生じやすくなることは

③父親の家庭関与に基づく夫婦関係，親子関係と子どもの発達・適応

次に，父親の家庭関与によって形成される夫婦関係，親子関係が子どもの発達・適応にどのような影響をもたらすのであろうか。先ほどの父子関係の中でみたような直接的な影響ではなく，父親の家庭関与が夫婦関係を媒介として子どもの発達・適応にどのような影響をもたらすのか，という家族システム論の立場に基づいた見方である。このことについてはすでに研究が行なわれており，結果もある程度報告されている。これらを概観すると，父親の家庭関与を母親が受容している場合には母親の精神的状況が良好であり，子どもの発達・適応もそれに応じて良好であるとする報告がみられる。その中でも，ゴールドバーグとイースターブロックス（Goldberg & Easterbrooks, 1984）の75名の幼児とその両親についての調査から，父親が育児に積極的に関与している場合には母子間の愛着関係は良好であり，子どもの社会性の発達も良好であるとする報告や，母親が父親の情緒的援助を受け，受容されていると認知する度合いが高いほど母子関係が良好であり，子どもの発達も良好である（Crokenberg, 1981; Weiraub & Wolf, 1983）とする報告，そして，父親が葛藤，否認，引きこもりなどの否定的な態度で母親に接することにより，母親が苦痛を抱く場合には子どもの向社会的な行動が減少し，情動的関心が低くなるとする報告（Lindahl et al., 1988）などがみられる。これら一連の報告は，夫のかかわりによる夫婦関係を軸として子どもの発達・適応を論じているのであるが，現実的な視点からいえば子育ては母親1人の取り組みではなく，父親との夫婦共同によるものであることを考えると，これはきわめて重要な事実である。実際，夫婦の関係のあり方に基づく子どもの発達・適応に関する研究も多くなってきており，現実的な視点からの追求が徐々に始まり現在にいたっている。

さらに，このような夫婦関係の良好さと子どもの発達・適応を論じた研究をみると，9歳～10歳の児童の日常のストレスに対する対処能力に関して，夫婦関係が良好な家庭では，そうでない家庭の子どもに比較して，攻撃的行動をあまり取らないことを示した報告（Hardy et al., 1993）や，幼児をもつ専業主婦家庭（424世帯）への調査から，父親が「子ども・妻とのコミュニケーション」や「家事への援助」にかかわりをもつ場合に，母親の「母親役割達成感」と「妻役割達成感」が高くなり，幼児の攻撃性が低くなることを指摘した報告（尾形ら, 2005）などがみられる。また，夫婦間に葛藤があってもよく統制されており相互に理解し合っている家庭の子どもは，他人との葛藤を伴う人間関係において建設的な問題解決方法や方略を取ることができるが（Cummings, 1994; Grych & Fincham, 1990），家族内が統制されず相互理解の少ない

家庭では，他人との葛藤状況において行動面と情緒面に問題を抱えることが多いことが報告されている（Buehler et al., 1997; Emery, 1982; Grych & Fincham, 1990）。さらに，夫婦間で口論をした後では父親は息子に対する支持的な態度や息子を勇気づける態度が低く，民主的な態度も低くなること，一方では，夫婦間の否定的態度は家族の否定的態度と関連するとする報告（Kitzmann, 2000）や，幼児期の研究から夫婦間に内在する葛藤や攻撃的態度は子どもの適応行動に影響を及ぼすとする報告（Jenkins & Smith, 1993）もみられる。さらに，低学年児童の子育てにあたっている夫婦において，夫が妻や子どもとコミュニケーションを多くとり，妻のストレスが低い家庭の子どもは社会性の発達が良好である（尾形・宮下，1999）とする報告，小学校低学年児童の家庭では，父親がコミュニケーションを中心とするかかわりをもつ場合に子どもの共感性が高くなる（尾形・宮下，2000b）とする報告もある。

　これらの諸報告からいえるのは，子育てという子どもの発達上重要な時期において，夫のかかわりが妻との間の夫婦関係を左右し，子どもの発達・適応に影響を及ぼすということである。子どもの発達・適応には夫の妻に対するかかわり方に基づく夫婦関係のあり方が左右する，ということを指摘している一連の研究成果は，父親の役割の重要性はきわめて大きいということを鮮明に浮き彫りにしている。

　その一方で，子どもの精神病理的問題についても研究が行なわれてきている。海外ではその研究の多くが子どもの内在化した問題行動である抑うつ症状に関する家庭要因として，夫婦関係に，特に葛藤がその要因として存在することを検討してきた。わが国においてはこのような研究はきわめて少ない（氏家ら，2010）。しかしその中でも，菅原ら（2002）は313世帯の児童を対象とする調査から夫婦関係は直接的に子どものうつ傾向に影響を与えないが，夫婦間の愛情の強固さと家族機能の良好さが関連しており，家族機能（家族機能とは，民主性，凝集性，社交性などのように，何かあるときに家族として行動する傾向を示すものである）の良好さと子どものうつ傾向が関連していることを示している。これは，夫婦のありようが家族全体の状況を形成し，それが家族成員の発達・適応に影響を及ぼすことを示したものである。また，高橋（1998）は中学生259名とその父親と母親を対象とした調査から，問題解決状況の際に両親の仲が好ましいと認知したときには中学生の精神的健康は良好であった。また，その傾向は中学3年生においてより明確にみられ，しかも男子生徒よりも女子生徒の場合に両親間の仲と親子関係の状況が精神的健康に影響をもたらすことを報告している。一方，平山（2001）は中学生1～3年生とその家族161組を対象とした調査から，父親の家庭関与について夫婦間の認知のズレが少ないことが子どもの精神的健康に重要であることを指摘している（詳しくは第7章3節を参照）。

これらの諸研究を概観していえることは，夫婦関係の良好性は子育てのための環境を整え，特に母親の子育てに大きな影響をもたらすこと，また夫婦関係が良好であるかどうかは夫のかかわりを妻が好意的に受け止めていることが重要な要因として存在するということである。しかも，このような条件のもとでは子どもの発達・適応が良好な場合が多いということが理解できる。子育ては夫婦によって行なうものであるとの指摘はまさに上記の諸研究の内容から推察できるであろう。

④父親としての成長

　子育てにかかわる父親は年々増加しているのであるが，子育てや家事にかかわることが父親の人格的発達にどのような意味をもつのかということについて徐々に明らかにされてきている。

　それは生涯発達心理学的視点からの検討になるのであるが，従来父親の人間としての発達はどちらかというと仕事との関連で述べられていたようである。少なくとも父親の変化は母親あるいは子どもに対して間接的に影響することになり，その影響を受けた子どもや母親はさらに変化を遂げ，その変化した行動が父親に向けられて，さらに父親が変化することになる。家族内の人間関係はつねにこのような循環的な影響を受け続ける。父親もその中で影響を受けることとなる。このような視点から見れば家族にかかわることが多い父親ほど影響を受けることになると考えられる。しかし，家事・育児にかかわることによって父親の成長・発達が促進されるのであればそれはたいへん喜ばしいことであり，これからの父親としての人間的な成長にも新たな視点が加えられることになる。

　父親・母親が子育てにかかわることにより親自身が成長・発達することに関する研究は柏木（1993）によれば，最近米国の家族社会学者（Bronstein & Cowan, 1988; Robinson & Barret, 1986）を中心に始められているものの，わが国では研究数自体少ない。しかし，最近時代の流れの変化に伴い新しい父親の意識も徐々に変化しており，未就学児をもつ父親の51.6%が仕事と育児を重視したいとしており（UFJ総合研究所，2003），ヒースとヒース（Heath & Heath, 1991）らの研究によると，子育てにあたることそのものは父親の人格的発達に重要な役割をもち，父親の自己理解，他者への共感的理解，感情統合能力などの面での発達に影響しているとしている。また，ホーキンスら（Hawkins et al., 1995）によると子どもが誕生して父親となり，子育てにあたることは父親としての自己確立の形成と発達にたいへん重要な意味をもつとするなど，子育ては少なくとも父親の人格的発達に影響を与えるとする報告が多い。

　わが国でも最近になり父親の人格的発達に関心が広まり徐々に研究が広まっている。その先駆的な研究として柏木・若松（1994）のものがある。柏木らは3〜5歳の子ど

もの養育にあたっている356組の両親を対象に調査を行なったが、そこから親としての人格的発達について6因子を抽出している。それは、①「柔軟さ」(「角がとれて丸くなった」「考え方が柔軟になった」)、②自己抑制(「他人の迷惑にならないように心がけるようになった」「自分の欲しいものなどが我慢できるようになった」)、③運命・信仰・伝統の受容(「ものごとを運命だと受け入れるようになった」「運や巡り合わせを考えるようになった」)、④視野の広がり(「日本や世界の将来について関心が増した」「環境問題に関心が増した」)、⑤生き甲斐・存在感(「生きている張りが増した」「長生きしなければと思うようになった」)、⑥自己の強さ(「多少他の人と摩擦があっても自分の主張は通すようになった」「自分の立場や考えはちゃんと主張しなければと思うようになった」)である。この変化は父親にも母親にも生じているのであるが、母親の方が父親よりも高いことも示されている。また、親の育児に対する肯定感が高いほど父親、母親ともに自己の変化を高く評価しており、子育てに制約感をもっている母親の場合には「柔軟さ」と「生き甲斐感」がもちにくいということも示されている。尾形・宮下(1999, 2000a)は柏木・若松(1994)の質問項目を使用して、小学校1, 2年生の父親を対象に、次年度には幼稚園児の父親を対象に調査を行ない類似した結果を得ている。それは、「家事への援助」「子ども・妻とのコミュニケーション」にかかわる父親ほど自身の成長発達が高いという結果を報告している。中でも、母親への援助やかかわりが父親の成長・発達と関係していることを指摘している。

　目良(2001)は、幼児の子育てにあたっている親と中学生をもつ親の人格的発達について検討しているが、柏木・若松(1994)の得た結果に加えて、「妥協することなく自分の意見をきちんと主張するようになった」「ものごとに積極的になった」などの項目からなる「自己主張」の因子を抽出している。また、幼児と中学生の母親について比較したところ、中学生をもつ母親の方がより柔軟になったと感じていることを報告している。

　また、鯨岡(2002)は、親になることを「育てられる者」から「育てる者」への転換としてとらえ、親としての発達は「育てる者」としての生き方や心理・社会的な構えを身につけることが親としての成長・発達であるとしている。さらに、無藤・安藤(2008)は親としての発達は、「視野が広がる」「曖昧な形態・不完全な状態に耐えられるようになる」「自己へのこだわりを超え、他者への温かいまなざしを得る」ことであるとしている。

　上記の一連の結果を見る限り、父親が子育てに精一杯かかわることは父親自身の人格的発達にプラスの効果をもたらすことが示されている。少なくとも、生きて変化しつつある子どもにかかわるのであり、子どもの意志とぶつかったり、本気で子どもの

ことを考えたり心配したり，叱ったり，父親のもつ気持ちを本気で子どもに向けることが父親の内面からの変化をよび起こすことになるであろう。

父親の必要性が叫ばれている昨今，父親として育児・家事にかかわることは父親自身の精神的・肉体的労力を費やすことになり，相当の負担であることは事実である。しかし，従来のような母親が1人で子育てにあたることは母親にかかる負担があまりに大き過ぎて，ストレスなどの発生から子育てそのものがけっしてうまくいかないことは明白である。父親としてどのようにかかわるのがよいかはそれぞれの家庭の事情によるが，少なくとも，共働き家庭が徐々に増加していることを考えれば，夫婦平等の原理に基づく子育てが不可欠である。父親として，1人の人間として生き生活することは家族とともに生活することにほかならない。

⑤父親の育児ストレス

育児に父親がかかわることの必要性については異論のないことであるが，実際に育児・家事にかかわる父親が増加している中で，その父親たちが抱えるストレスは確実に増加していることになると考えられる。子育てに慣れていない父親が1人で子育てにかかわることに対する不安や，実際の育児から生じるストレスなどについて考えておく必要がある。

しかし，父親の抱えるストレスについての研究報告は少なく（柏木，1999），今後とも検討されるべき問題である。その中でもいくつかの研究が行なわれているので紹介する。それによると，育児に積極的に参加している父親は自己を犠牲にしていろいろな悩みや不安に耐えながら子育てをしており，専業主婦家庭で母親に育児をまかせている父親は時間的余裕をもち楽しみながら子育てに参加しており（長津，1993），父親の仕事と家庭の役割葛藤に関しては，アンドロジニアス（両性具有性）の規範を内面化しているにもかかわらず，行動がそれに伴わない「適応不全型」の父親が最も役割葛藤を感じている（冬木，1997）ことが指摘されている。また，都市部に住んでいる父親についての調査から，「育児が思うようにいかない」「父親としての自信がない」「配偶者とのコミュニケーションが不足している」などの悩みがあることが指摘されている（矢澤ら，2003）。また矢澤ら（2003）は子育て期の父親の育児と仕事のバランス意識について調べている。具体的には，育児と仕事のバランス意識を軸にして，①父親も母親も「育児と仕事に同じようにかかわる」（平等両立型），②父親は同等で母親は育児優先（二重基準型），③父親は「仕事優先」で母親は「育児優先」（性別役割型）の3つに分類し，育児ストレスとの関係を調べている。その結果，「性別役割型」の父親は「仕事のストレス」が高く「家事の負担感」はほとんどない。「二重規準型」では「仕事のストレス」が高く「時間的な余裕のなさ」を感じるものの

「父親としての自信」があり,「妻とのコミュニケーションもとれている」と感じている。「平等両立型」は「仕事のストレス」が最も低く,悩みは「仕事と家庭の両立」「家事の負担感」「妻とのコミュニケーション不足」であることを示している。

また,冬木(2008)は家事・育児をあまりしていない父親ほど「仕事と育児の葛藤」「育児意欲の低下」を強く感じていること,父親の年齢が若いほど「育児疎外感」(自分は子どもから好かれていないと思う気持ち)を強く感じ,子どもの数が少なく,分業意識の高い父親ほど「父子関係不安」(妻なしで子どもと2人になるのを不安に思う)を抱えることを指摘している。

このように,父親の育児ストレスについては,父親の育児への関与から生じる負担感がおもに扱われてきている。また仕事に多くの時間を費やすことから生じる育児と仕事の両立についてのストレスなどが扱われているが,わが国は,企業などの職場で仕事をする男性の就業時間が長いといわれており,仕事と家庭関与との両立は男性にとってより現実的な問題として解決していかなければならないものである。

第3章 父親の存在意義

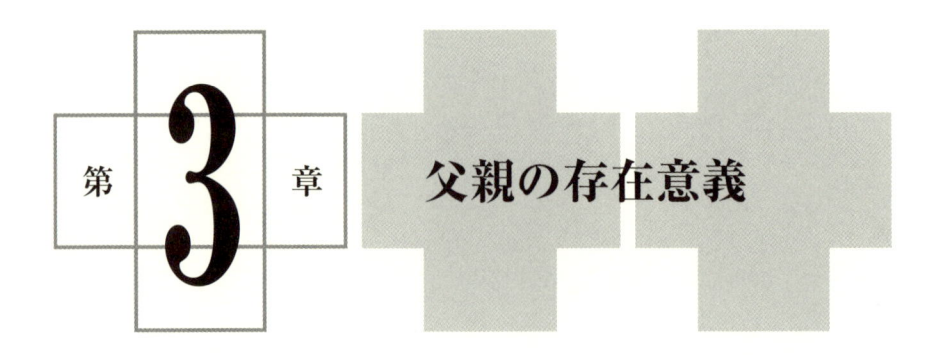

1節 父親は必要か

「父親不在」「家庭では影が薄い」などと,父親としての存在意義について否定的なことばが使われるようになってから久しいが,父親の家庭での存在意義はどのようなものであるのだろうか。いくつかの調査結果を対比させながら現在の父親観について考えてみよう。

わが国では,平成9年共働き家庭の世帯数が専業主婦家庭数を上回って以来,その数は増加の一途をたどっている（図3-1）。

共働き家庭は夫婦揃っての就業であるために,専業主婦家庭以上にお互いが仕事と

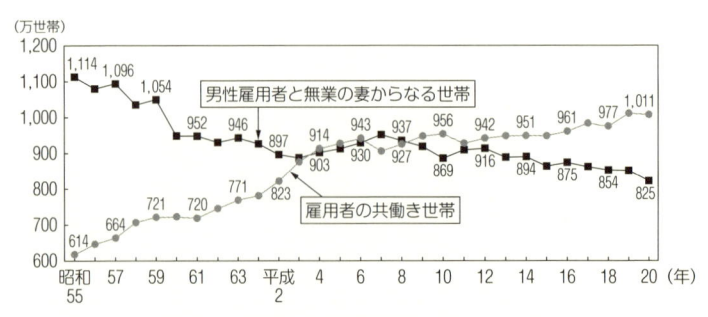

図3-1　共働き世帯数の推移（内閣府, 2010）

（備考）1.　昭和55年から平成13年は総務省「労働力調査特別調査」（各年2月。ただし,昭和55年から57年は各年3月）,14年以降は「労働力調査（詳細集計）」（年平均）より作成。
　　　　2.　「男性雇用者と無業の妻からなる世帯」とは,夫が非農林業雇用者で,妻が非就業者（非労働力人口及び完全失業者）の世帯。
　　　　3.　「雇用者の共働き世帯」とは,夫婦ともに非農林業雇用者の世帯。

第3章　父親の存在意義

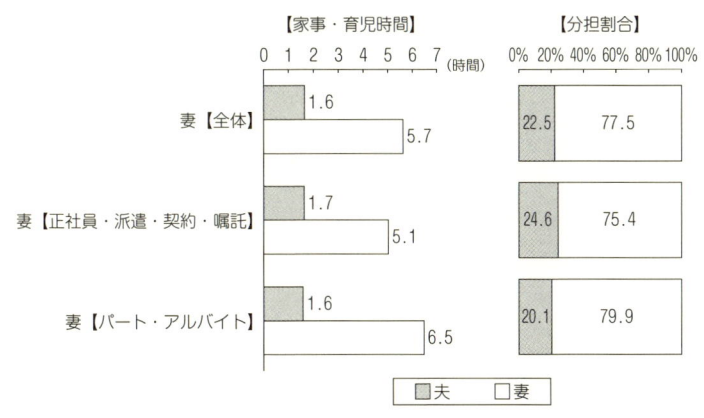

図3-2　平日の夫婦の家事・育児時間（第一生命経済研究所，2005）

妻【全体】：家事・育児時間　夫1.6時間、妻5.7時間／分担割合　夫22.5％、妻77.5％
妻【正社員・派遣・契約・嘱託】：夫1.7時間、妻5.1時間／夫24.6％、妻75.4％
妻【パート・アルバイト】：夫1.6時間、妻6.5時間／夫20.1％、妻79.9％

家庭へのかかわりを行なっていかなければならず，特に父親の家庭関与がより多く求められる。夫婦の家庭内役割の分担が，夫は仕事，妻は家事・育児といった分担意識では夫婦としてやっていけなくなる恐れがあるからである。しかし，これに関する東京都と千葉県の13の保育園に子どもを預けている共働き夫婦1,571世帯についての調査（図3-2）によれば，平日の夫の家事・育児時間は1.6時間，妻は5.7時間であり，分担割合は夫22.5％，妻77.5％となり妻が圧倒的に多いことが示されている。この現状をどのように考えるかということであるが，夫婦関係にきわめて不合理な条件が存在するといわざるを得ない。女性の場合には，「妻」「母親」「職業人」としての多重役割を満遍なくこなさなければならないのに対して，男性の場合には，「夫」「父親」「職業人」の中でも特に「職業人」としてのかかわりが中心になり「夫」「父親」としての役割へのかかわりが低くなる傾向があり，女性の多重役割とは比較できないであろう。このような状況下にあっては，つねに女性にかかる精神的・肉体的負担は想像以上である。

　元来家庭生活は夫婦によって成り立っているものである。その夫婦の役割関係については文化，国，時代によって異なることは知られている。文明先進国といわれる諸外国，特にヨーロッパ，アメリカの父親は少なくともわが国の父親以上の家庭関与を行なっているのである。父親が子どもといっしょに過ごす時間の長さについて，日本，韓国，タイ，アメリカ，フランス，スウェーデンの比較を行なうと日本は韓国に次いで2番目に短い時間になっているのである（表3-1）。しかも，父親として家事・育児にかかわる時間についての調査（図3-3）によると，日本は，アメリカ，イギリス，フランス，ドイツ，スウェーデン，ノルウェーよりも低く，母親の家事・育児に

第Ⅰ部 父親研究の「これまで」

表 3-1　子どもと一緒に過ごす時間（平均時間）
（独立行政法人国立女性教育会館，2006）

	父親	母親	母親と父親の差
日　本	3.08	7.57	4.49
韓　国	2.78	7.13	4.35
タ　イ	5.89	7.09	1.21
アメリカ	4.60	7.10	2.50
フランス	3.79	5.71	1.92
スウェーデン	4.61	5.81	1.20

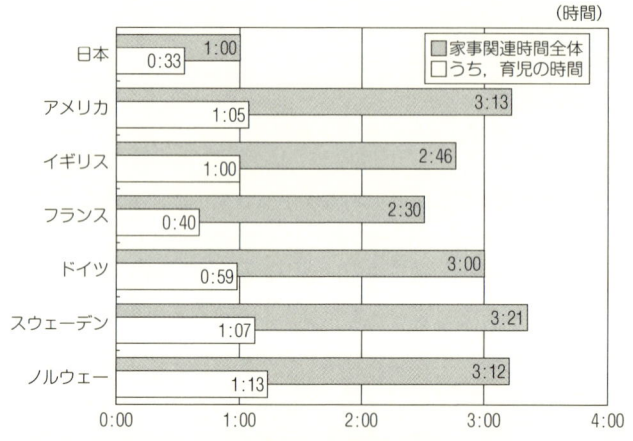

図 3-3　6歳未満児のいる夫の育児・家事関連時間（一日あたり）（Eurostat, 2004：Bureau of Labor Statistics of the U.S., 2006：総務省，2006 より作成）

国	家事関連時間全体	うち，育児の時間
日本	1:00	0:33
アメリカ	3:13	1:05
イギリス	2:46	1:00
フランス	2:30	0:40
ドイツ	3:00	0:59
スウェーデン	3:21	1:07
ノルウェー	3:12	1:13

かかわる時間は逆にこれらの諸国の中でもいちばん長くなっている。

　また，これに関連するもう1つの調査結果を紹介する。舩橋（2004）は子育てを，「社会的な取り組み」「子育てに対する男性の役割変化」の2つの視点に基づいて，国全体としての取り組みと夫の子育てへのかかわりの次元からとらえている。そこで，育児の社会化の程度を総合的・客観的にとらえるために，①保育の充実度，②児童給付の水準，③育児休業の有給度の3指標を設け，さらに男性の役割変化の程度を多角的・客観的にとらえるために，④女性に対する男性の家事・育児時間割合，⑤父親による育児休暇の取得率，⑥男性保育者の割合，の3指標を国としての具体的な指標として取りあげ，スウェーデン，フランス，日本各国の①～⑥の取り組みの状況に基づいてそれぞれ点数化し3国間の状況を比較している（図3-4）。それによると，スウェーデンは「社会的な取り組み」「子育てに対する男性の役割変化」の2領域が高い水準で実施されており，フランスは「社会的な取り組み」が高い水準で実施されているものの「子

第3章 父親の存在意義

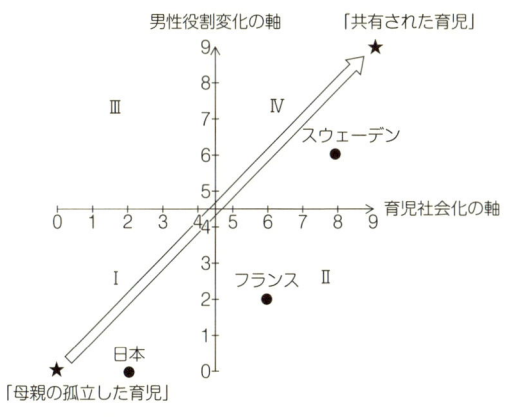

```
         男性役割変化の軸        「共有された育児」
                    9              ★
                    8
              Ⅲ     7       Ⅳ
                    6        ● スウェーデン
                    5
                    4                        育児社会化の軸
   0  1  2  3       4   5   6  7  8  9
                    3
              Ⅰ     2       ● フランス    Ⅱ
                    1
       ★            0  ● 日本
  「母親の孤立した育児」
```

図 3-4 三社会の位置（舩橋，2004）

育てに対する男性の役割変化」は低いことが示されている。しかし，日本はこの2つの領域がともにいちばん低く，「母親の孤立した育児」が進行している国であることが示されている。この結果は，単に父親の育児行動の量を問題にしたのではなく，生活の基盤である国家の体制にまで言及し，国をあげてどのような姿勢で子育てを考え，取り組んでいるのかという視点まで含めた点できわめて示唆に富む調査結果である。

これらのデータから見る限りでは，日本の父親は子育てへの取り組みについて諸外国と比較して立ち遅れているといわざるを得ない。また，それのみならず，国としての子育てへの体制にも問題があることがわかる。「父親不在」「父親の影が薄い」といわれる現象はわが国においてはまさにその通りである。

最近わが国の子育てに対する男性の意識が年々高まりつつあり，それに伴い，実際に家事・育児に関与するようになってきているとはいえ，家事・育児にかかわる時間の長さを基準にした国際比較から見て，その水準は世界の父親と比較してもまだ低いのである。

今後共働き家庭の増加に伴い，今以上に父親の家事・育児参与が必然的に求められる。子育てのためのより良好な環境を形成することは子どもの発達・適応のためには重要な課題である。このような環境形成は国の取り組みであると同時に子育てにあたる両親の責任であろう。子育ては夫婦の共同作業であり，両者の工夫に基づくかかわりが必要であり，そのためには，父親自身の意識改革がまず第1に不可欠である。従来のようなわが国の伝統的な役割分担意識をもつ限り子育ては機能を発揮し得ないであろう。このことは，それにかかわる種々の問題を派生させることとなる。それと同時に，会社などの勤務体制の大胆な改革が必要不可欠である。

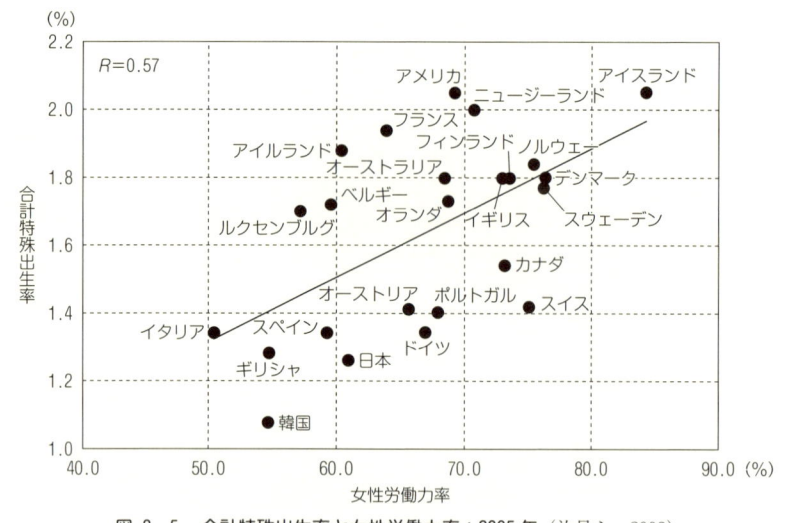

図 3-5　合計特殊出生率と女性労働力率：2005 年（汐見ら，2008）
（注）女性労働力率　イギリス：16～59 歳，アイスランド・ノルウェイ・スウェーデン・スペイン・アメリカ：16～64 歳，ベルギー・アイスランドは 2006 年データ。

　夫が子育てにかかわることは子育てのための基盤づくりにはなくてはならないことではあるが，妻の子育てへの影響のみならず，最近注目されている合計特殊出生率との関係も注目されることである。最近のわが国の合計特殊出生率の低下は世界の中でもかなり目立つものであり，このままで進行すると人口は確実に減少を続け，後には生産力の低下など深刻な問題を生じさせることが指摘されている。このことに関連して，女性の労働力率と合計特殊出生率との関係についての国際調査の結果がある（図3-5）。この結果を見る限りでは，女性の労働力率が高い国ほど合計特殊出生率が高いことが示されている。女性が仕事にかかわれる環境がある国ほど子育てのための環境が整っていることを示している。

2節　父性と母性

　子育ては，母親と父親が何らかの形でかかわるものであり，子どもの発達・適応を促進するための重要な営みである。母親として，父親としてかかわる際に，母親・父親それぞれの特色をもちながら子どもとの相互作用が進行していくのであるが，母親・父親としての特性とはどのようなものであるのだろうか。

第3章 父親の存在意義

　父性については，世界各国をみてもヨーロッパと日本では文化や宗教，歴史的な違いからかその立場が大きく異なる。しかし，わが国では時代の流れの中で少しずつ変化しているようにも受け取れる。明治時代から第二次世界大戦終了前までは，父親は家庭内ではしっかりとした実権をもっており，存在感は強かった。また，江戸時代では子育てを父親もいっしょにやっていたようである。男児が後継者としての立場にあるために，父親を中心として子育てを行なっていたということである。
　しかし，時代の流れはあるにしても，父親・母親としてのあるべき姿についてはいくつかの理論が存在している。それについて紹介する。

1. 厳格さ，権威を特色とする父性

　基本的には「権力」「力」を主体とする考え方である。パーソン（Parson, 1954）は「シンボルとしての父親の機能」を取りあげている。これは，①母親に対する初期の愛着とそれに伴う依存要求を断念させる。②母子関係という下位システムからいっそう上位のシステムに子どもを引きあげる。③社会の中の一定の役割構造を自分にあてはめて性別による一定の役割を担当するようにうながす，という権威と強さを示す者としての位置づけを考えている。彼はこのような基本的な考え方を基として「道具的（Instrumental）」「表出的（Expressive）」という2つの概念を考えている。「道具的」というのは新しい目標を設定し，みんなを駆り立てようとする立場を示す立場であり，父親としてのあり方（父性）を示している。「表出的」とは，目標に向かって活動している時に，全員が意気投合し，進んでいけるようにグループ内で生じる葛藤，問題に対してグループ内のメンバーの意見を聞いたり，調整したりなど，各メンバー間の調整をきめこまかく心配りする母親としての立場（母性）を示す。
　一方，河合（1976）は，母性を「包含する」，父性を「切断する」と表現している。母性はすべての子どもを無条件で愛し，限りなく受け入れ，包み込むものであり，父性は善悪や優劣のけじめをはっきりとつけ，劣った子を切り捨てて優れた子どもを抜てきするとしている。父性はまさに権威そのものである。
　上述の考え方は，お父さんが叱る立場で，お母さんは慰めてあげる役がよいとする考え（牧野ら，1996）に共通するものと考えられる。
　これらに共通する考え方は，父親は厳しさを教え母親は優しさ・温かさを教えるという二元論であり（大野，1998），父親・母親の役割についての1つの基本的なモデルとして存在している。これに関連して，正高（2002）は，最近の子どもは発達の中で，欲求不満などの耐性を求められる場面に遭遇した際，その問題を直視し解決する力に欠けているとしている。このことは，父親の権威や指導力が不足している結果で

37

あるとしている。結局，父性として，リーダー的な指導性と，善悪の善し悪しについての社会的な常識をしっかりと教えるべきであるとしている。

最近の父親の子どもへの影響力が弱まっているとする指摘にもあるように，まさに現代社会の父親の影響力を改めて求める立場であろう。

2. 協調性，民主的なかかわりを特色とする父性

協調的・民主的な父親は最近の家庭事情とのつながりが強いと考えられる。このタイプの父親は，厳格・権威を中心とした父親とは対照的であり，家族内への協調的なかかわりを主としている。

最近共働き家庭が増加しているが，夫婦揃って仕事にあたる場合は妻に多くの負担がかかることになる。特に，基本的には母親に課せられる子育てや家事そのものを母親だけにまかせておくことは子育てのための条件が不利になるという指摘（樋口，1984; Langan-Fox & Poole, 1995）がある。特にランガン・フォックスとポール（Langan-Fox & Poole, 1995）は，女性管理職163人についての調査から，子どもがいる女性は子どもがいない女性に比較して，主観的な身体的健康度が低いことを指摘している。同様に，土肥ら（1990）は20～40歳の女性267人の調査から，働く女性は独身女性や専業主婦と比較して生活満足度が高いものの役割負担が高いことを明らかにしている。しかも，仕事のうえで質的に高い役割をもつ場合には抑うつや不安が高く，精神的に問題をもつ場合が多いことも指摘されている（Barnett & Baruch, 1985）。このように，共働き家庭においての母親の状況については精神的・肉体的負担が多くかかっているとする報告が多い。しかし，男性については研究そのものが少なくそのような報告があまりなされていない。

一方，専業主婦家庭について見た場合には共働き家庭とは異なった状況がある。

専業主婦の場合は，夫婦の役割分担が比較的進行しているために，妻にかかる負担はそれほど多くないように感じられるのであるが，実際には共働き家庭とは異なった負担がかかっている。

一般的に指摘されているのは，母親は家庭内の家事・育児に専念することにより，家庭の中での生活が多くなるためにストレスを感じているということである。牧野（1983）によれば，専業主婦は「子育てのことでどうしたらよいのかわからなくなることがある」「毎日同じことしかくり返していないと思う」と感じていることが多く，生活の単調さと孤独感が育児に対する自信の喪失につながることがあるとしている。また，専業主婦の場合は共働き家庭よりも役割分担が明瞭であり，主婦として家庭内のことをしっかりやらなければならないと考える場合が多いためか，永久（1995）は，

自らの効力感や有能感を求めて子育てにあたるほど責任の重さに耐えかねて子育てが楽しくなくなっていくということを指摘している。

このような報告を見る限り，専業主婦家庭では孤独な環境の中で孤軍奮闘しながら子育てに埋没しているようすが伺える。2000年代に入ってもこの傾向は続いているようである。基本的には，専業主婦家庭であっても子育ては妻1人の仕事とはいえないであろう。特に，夫が帰宅してからも妻の子育ての苦労については十分な理解が得られていないようである。これに関して，大日向（1999）は，子育てにかかわる妻が夫に対して望むことは，①たまには子育ての愚痴を聞いてほしい，②たまには「1日中子どもの世話でたいへんだったね」といたわってほしい，③今日あったことを互いに話し合う時間がほしい，の3点であるとしている。妻の子育てのたいへんさについての夫の気づきが欲しいということであり，それだけ子育てはたいへんな労働である。子育てそのものの営みは，女性として自分の時間と労力を子どもの成長・発達のために投資していることになり，その分自己の自由がそがれることになるのである。特に，最近の女性の意識の変化と社会進出に伴って，出産を計画的に行ない，自己の生き方を優先する傾向があると考えられ，育児に対して夫をはじめとして周囲の人々の援助が不可欠である。

このように考えると，厳格さと権威を中心とする父親のかかわり方だけでは夫婦関係を成立させることはむずかしい。先行研究の結果からも伺えるように，妻に対する理解と行動，より具体的にいえば子育てに対する妻の取り組みを理解し，その苦労を共有できることが必要である。それは，妻の状況の理解に努め，ともに行なえることは行ない，話し合いを継続していくという，まさに協調的・民主的な父親ということであろう。尾形・宮下（1999）は小学校1，2年生の子育てにあたっている235組の夫婦を対象とした調査から，夫が「夫婦間のコミュニケーション」をとる場合には，「集中力の欠如」「孤立感」「自己閉塞感」などの妻の精神的ストレスが，また，夫が「子どもとの交流」を図る場合には「自己閉塞感」が軽減されることを報告しているが，これは，妻が子育てでストレスフルになっているときに，夫がその場を引き受け，妻の気分転換を図ることが重要であることを示唆している。

なお，父性と母性については，第4章2節でさらに触れる。

3．親性

協調的・民主的な父親は上記の説明にあるように，妻の良き理解者であるとともに協同者であるといえよう。

ただ，現実問題として妻に対する理解があるにしてもどの程度まで踏み込んで夫と

してかかわることが必要であろうか。この点については十分な検討がなされてこなかった，というよりも，これからの検討課題である。

現在この点に関しては議論されておりいろいろな試みがなされているといえるが，舩橋（2004）によれば，今までの母性，父性という視点から脱却することが必要であるとしている。それは，母性，父性は本来母親としてあるいは父親としての子育てに関して用いられていることばであり，性別役割分業に根ざしたことばである。子育ては父親や母親が役割をもってかかわるものとしてとらえるものではなく，両者の区別なくかかわるものであろう。父親と母親との間に本来的な差異を立てるべきではなく，親としての共通した役割を見いだすべきであるとしている。それは，「母性」「父性」とは言わずに「親性」あるいは「育児性」（大日向，1991）としている。この親性は親としての子育てへの必要なかかわりを中心にとらえており，次の4つの基本的な要素を含んでいるとされている。順に，①扶養（子どもの生活費を稼ぐ，供給する），②社会化（しつけや教育），③交流（遊び相手や相談相手になる），④世話（食事，沐浴などの身のまわりの世話）である。この①〜④の中で，性別役割分業による育児の考え方に基づくと①と②が父親としての役割であり，③と④が母の役割としてされているのであるが，実際には①②③において父親のかかわりは高いものの，④ではまだ低いことが指摘されている（舩橋，2004）。しかし，本来的には①〜④は父親・母親を問わずかかわっていかなければならない養育行動である。

親性を突き詰めていくと，父親・母親の性別による役割はなく，性差ではなく個性の差であるということになるのであろう。また，父親・母親として区別された役割ではなく，親としての子育てを考える立場である。この立場については，「親性」そのものについてのとらえ方も多岐にわたる面もあるが，比較的最近，親性は重要なものとして考えられてきており，親性をいかにして育成すべきかという検討が始まってきている。これについてはⅢ部において触れることにする。

3 節　日本の父親の弱点

子育てを考えるうえで，父親の存在が見直されてきているのであるが，現在，わが国の父親はどのような状況にあるのだろうか。父親として，どのように認識されているのだろうか。このことを明らかにするために子どもは父親をどのように見ているのか，また父親自身は自分のことをどのような存在として見ているのか，そして夫婦関係における自分をどのような存在として見ているのか，今までに明らかにされている

ことを取りあげ，検討してみることにする．

1．子どもは父親をどのように見ているか

　小学生は自分の父親をどのように見ているのであろうか．今まで，父親の存在が改めて問われるようになってから，父親は子どもの発達・適応にどのような影響力をもつのか，という一方向からの視点に基づいて検討されてきた．しかし，実際問題として父親から影響を受ける子どもにとって，父親がどのように映っているのか，どのように感じているのかという，子どもが実際に感じている視点からの検討が少なかった．子どもが認識する父親とはどのような存在であるのかを明らかにすることは子どもの心を知るうえでたいへん重要なことである．

　このことに関連して深谷（1996）は，父親が家事・育児にかかわることが子どもにどのように認識されているのかということを調査している．それによると，家事・育児にかかわる父親は子どもから「顔やスタイルがいい」「人の上に立つ仕事をしている」「お金をたくさんもうけている」「スポーツが得意」「いろいろなことを知っている」「やさしい」「仕事をがんばっている」などの項目において高く評価されていることが示されている．この結果は，父親が子どもとよくかかわり家庭関与も高いという家庭の場合であるが，①父親自身の容姿，②人をリードする能力，③仕事にがんばって取り組み家庭を経済的に支えているという認識，④人間的な優しさ，という各種の能力において魅力をもつと感じていることを示すものである．家事・育児という限られた条件ではあるが，父親が家事に取り組む姿は子どもにどのように映っているのであろうか．おそらくは，母親の支えとして取り組み，家族の大事な団らんの時に語らいにかかわっている姿と重複して父親が家族を大事にしているという力強い感覚を子どもはもつにちがいない．同時に，育児についても母親の精神的疲労を軽減し，妻として母親として生き生きと役割を演じられる環境を形成し，家族の中でも家族を取り囲む環境づくりに父親はなくてはならない人と子どもは感じているかもしれない．さらには，このような父親は母親との良好な関係を形成し，そのような父親を子どもはたいへん頼もしく思い，また父親との親和性を強くもち，父親が自分の尊敬できる理想のモデルとして強く存在し得ることは十分に推測できることである．

　上記の深谷（1996）の報告の中に示されている子どもの認知に与える影響については，たいへん重要な2つの基盤が含まれていると考えられる．それは，①父親がの家事・援助による母親へのかかわりによって，好ましい夫婦関係が形成され，それが家族としてのあり方（民主性・結合性などの家族の状況を示す家族機能といわれるもの）を形成し，その家族機能が家族としての特色を形成しその中で生活しているメン

バーは知らず知らずのうちにその影響を受けて行動傾向を形成していくという視点，次に②父親が家事・育児に積極的にかかわることにより父親の良好な行動と良好な夫婦関係が形成されることになる。子どもは，父親の行動と夫婦関係の良好性を認識する，という2つのメカニズムである。どちらがより影響力が強いのかということについては，子どもの年齢，性別などいろいろな要件がかかわってくると考えられるのでより具体的に調べる必要があるが，いずれにしてもきわめて重要な視点と考えられる。

また，湯（2011）は中学生のいる家庭で，中学生の男女が父親の家庭関与と養育態度から父親をどのように見ているのか日本と中国の比較をしている（表3-2）。対象は中学2年生で日本250名（男子130名，女子120名），中国180名（男子95名，女子85名）である。家庭関与としては「子どもや家族とのコミュニケーション」と「家事への援助」の2領域，養育態度は「厳格」「制約」（①友達と悪い遊びをしないように言う，②ああしてはいけないなどと言う），「子ども中心」（①ほしいものは高くても買ってくれる，②子どもの機嫌をとる，③宿題に目を通したり手伝う，④ちょっとしたけがや病気でも心配する）の3領域である。その結果，「家事への援助」では男女あわせてみると中国の父親が高い関与をしていることが示された。また養育態度の「厳格」では中国の父親が有意に高く，特に男子は中国の方が有意に高かった。また，「制約」と「子ども中心」の養育態度では逆に日本の父親の方が有意に高く，特に「制約」では男女ともに日本の父親の方が高いことが示された。

この結果からいえることは，中国の父親は中学生の視点からみて「家事への援助」による家庭関与が日本以上に高いこと，また養育態度では「厳格」が日本の父親以上に高く，しかも男子生徒においてそのように見ていることが示されている。その反面，養育態度の「制約」「子ども中心」では日本の父親の方が高く，しかも「制約」では男子生徒も女子生徒も中国よりも高いことになる。つまり，中国の中学生は自分の父親は厳しい父親であるけれども，「家事への援助」による家庭関与を高くもち，頼り

表3-2　日本と中国の中学生の父親の家庭関与と養育行動の比較
（湯，2011）

	日本		中国
（家庭関与）			
・子どもや家族とのコミュニケーション	3.05（.67）		3.12（.60）
・家事への援助	2.65（091）	<	3.06（.83）**
（養育行動）			
・厳格	2.65（.63）	<	3.02（.63）**
・制約	2.88（.81）	>	2.34（.93）**
・子ども中心	1.90（.51）	>	1.65（.58）**

（注）数字左は平均値，（　）内は標準偏差値　　**$P < .01$

になる父親と見ている。しかし，日本の父親は子どもに対する干渉的な態度が強く，しかも子どもには甘いと受け止められているようである。

中学生は客観的に事実をとらえるだけに，たいへん考えさせられる結果である。これに関しては，II部第8章においてさらに詳しく触れることにする。

2．親子の共同行動

父親が子どもと直接かかわることは子どもの発達・適応に影響をもつことは十分に理解できることである。

それでは，日本の父親は小学生の子どもとどのような生活をしているのであろうか。日ごろの生活のようすを時間と行動の内容について，韓国，アメリカ，日本の3国間の比較を通してみた結果があるので紹介する（表3-3）。

表からは日本が3か国の中でも接触時間がいちばん短く，30分〜1時間が約50%を占めているということがわかる。それに対して，韓国では1時間〜2時間が日本と同じく約半数にのぼっており，アメリカでは3時間〜5時間が多く約半数以上を占めており，しかも6時間以上が約4分の1を占めており，日本の父親の子どもとの接触時間の少なさが際立っている。これは子育ての上できわめて不利な環境を形成しているということになるであろう。

また，親子でどのような行動をいっしょに行なうのかということについて見たのが図3-6である。図3-6を見る限り，アメリカの父親は「睡眠」「入浴」以外はすべての行動において子どもと共有する時間が長いことがわかる。日本は逆に「睡眠」「入浴」が3国の中でいちばん長い共有時間となっており，親子で積極的に行動することについては比較的共有時間が短く，休憩する場合には共有時間が長くなっているのが特色といえるのではないだろうか。特に，アメリカの親子は「スポーツ」「散歩・公園」「買い物」「室内ゲーム」「テレビ・音楽」「勉強・読書」「家事」「衣服の世話」「食事」などにおいて3国の中でもいちばん多くかかわっており，コミュニケーションを中心とする共同行動が豊富に行なわれているのであるが，日本の小学生の親

表 3-3　日・米・韓の小学生とその親の接触時間（総務庁青少年対策本部，1996）

国　名	調査対象者数(人)	ほとんどない	約15分	約30分	約1時間	約2時間	約3時間	約4時間	約5時間	6時間以上
日　本	447	10.1	11.6	25.1	23.3	16.3	6.7	3.8	1.8	0.9
アメリカ	345	0.9	0.6	3.2	6.4	13.9	19.1	15.7	17.7	24.5
韓　国	373	5.9	5.1	15.0	24.7	22.3	11.5	5.1	6.4	4.1

（注）表中の数値は%。

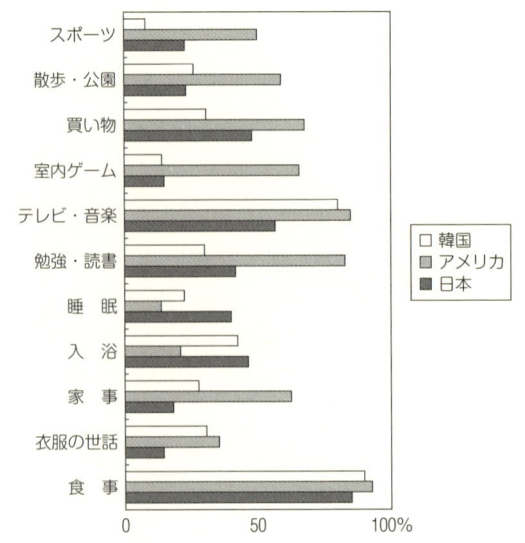

図 3-6　親子の共同行動の日・米・韓 3 ヵ国比較（総務庁青少年対策本部，1996）

はアメリカに比べて，かかわる量も少なく「睡眠」「入浴」「食事」などが中心で，親子の積極的なかかわりが行なわれているとはいえない。結局，このことから指摘できることは，アメリカの父親は生活全般にわたり子どもと心身ともに本音で接触する時間帯が長く，子どもは父親とのダイナミックなかかわりを通して父親として，あるいは 1 人の人間として多くのことを吸収する機会に恵まれているということである。したがって，父親の存在感は日本とは異なるものであると推測される。

3．父親の自己評価による父親らしさの国際比較

　父親は，子どもに接する自分を父親としてどのように見ているのであろうか。
　これは，父親としての父親らしさについて自己概念に関する問題であるが，子育ての内容に関する調査では，父親自身に子育てについてのアンケートを行なった結果がある（表 3-4）。一部を紹介すると，「自分はどのような父親か」ということに関して，東京，ソウル，台北，青島，フフホト（内モンゴル自治区の省都）それぞれの小学生をもつ父親の父親らしさに関して質問したところ，「頼りになる」については，フフホト・青島・台北・ソウル・東京，「優しい」については，フフホト・青島・ソウル・東京・台北，「尊敬されている」では，フフホト・青島・台北・ソウル・東京，「何でも話せる」では，フフホト・青島・ソウル・台北・東京，「しつけに厳しい」に

表 3-4　自分はどういう父親か×都市（％）（深谷，2007）

	頼りになる	やさしい	尊敬されている	何でも話せる	しつけに厳しい
東　京	<u>13.7</u>	22.6	<u>8.8</u>	<u>15.6</u>	16.5
ソウル	21.5	25.9	17.4	26.0	**27.8**
台　北	41.7	<u>22.5</u>	17.4	22.8	<u>12.7</u>
青　島	**64.0**	39.6	**40.9**	**38.7**	18.0
フフホト	62.3	**41.2**	41.1	36.0	17.4

（注）**太文字**：最大値　<u>下線</u>：最小値　「とてもそう」の割合。

おいては，ソウル・青島・フフホト・東京・台北の順に高くなっている。

　また，同年齢の父親の自分についての評価の比較をしたところ，「仕事熱心」「家庭的」「社会的に活躍している」「経済力がある」「教育熱心」すべてにおいて青島・フフホトが高く，東京はいちばん低い値が示されている。さらに，「家事に協力的」に関しても青島とフフホトがいちばん高く東京は下から2番目であった。

　上記の比較については，文化の差，父親の置かれている職場環境の差などの影響も勘案しなければならないものであり，いちがいに差に注目して比較し性急に結論を導き出すことには慎重でなければならないが，これらの結果から見る限り，まず東京の父親は「頼りになる」「優しい」「尊敬されている」「何でも話せる」「しつけに厳しい」が低いことが示されており，家庭では子どもから頼りにされておらず，尊敬される程度も低く，子どもとの会話が少なくコミュニケーションがとれていないということが指摘できる。家庭での子どもとのかかわりが少なく，子どもに対する影響力が薄いという印象が生じやすいといえる。さらに，「仕事熱心」「家庭的」「社会的に活躍している」「経済力がある」「教育熱心」においても相対的に低く，子どもにとって社会に向けた憧れの対象にはなっていないようである。

　この国際比較は日本の父親が生き生きと仕事に取り組み，活躍しているという対外的な活動が閉塞的に縮小しているような印象を与えている。しかも，家庭でも生き生きとした父親としてのようすを子どもに与えられない状況を示しており，子どものモデルとしての父親のあり方が非常に大きな問題として浮かびあがってくる。

　この結果について，いちがいに結論を出すのは早計ではあるものの，調査の結果として事実を反映している部分もあることも受け止めることが必要である。結論からいえば，東京の父親は子どもとの関係において影が薄いのである。このように見るとわが国の父親は子育てにおいて影響力をもち得るのかという疑問が生じてくる。

　さらに，上記の結果から問題として浮上してくることとして指摘しておかなければならないのは，日本の父親は対子どもに関して自己に対する基本的な自信の欠如が顕著であり，父親としての意識が曖昧であるということである。このことは父親として

の自己概念（self-concept）に直結する問題と考えられる。自己概念とは経験の中から蓄積されて形成される自分に対するイメージ，自分に対する見方を指しているのであり，自己の行動傾向を左右する重要な要として存在する。自己概念そのものは各種の経験を積み重ねる中で形成されていくものであり，さまざまな領域から成り，それらが統合されて機能していると考えられる。岡・上田（2002）は父親の自己概念として，「仕事」「社会性」「家庭管理」「運動能力」「養育」「容姿」「道徳性」「親しい関係」「知性」「ユーモア」「援助」「子どもとの関係」の13領域を取りあげ，これらが父親の自己概念を構成していると考えている。上記のように諸外国との比較において，13領域の中でも「仕事」「家庭管理」「養育」「子どもとの関係」に関連する領域が低くなっていることは，父親としての自己概念形成に何らかの問題が生じているとも考えられる。一般的には肯定的な自己概念者は積極性，対人関係の良好性，計画性などが良好であり，それに対して否定的な自己概念者は消極性，対人関係に問題をもつなどの行動がみられるとされている。したがって，父親としての自己概念が弱い場合には，父子関係をはじめとして家庭全般へのかかわりが消極的であり，家族としてのあり方をはじめとして家族成員の発達・適応にも影響を与え得ることは十分に推測できる。

4．夫婦関係についての夫の意識

　ベネッセ次世代育成研究所（2011）は，2009年に首都圏と地方の0歳～6歳の乳幼児の子育てにあたっている父親5,103人を対象に調査を実施し，2005年当時との比較を行ない，父親の意識の変化について追跡している（図3-7）。その中で，「自分は妻に必要とされている」についての質問では，2005年では，とてもあてはまるが35.3％，まああてはまるが55.9％で肯定的な回答が89.2％であったが，2009年では，とてもあてはまるが21.1％，まああてはまるが60.4％で肯定的な回答が81.5％に減少している。また，「妻と自分は互いに心の支えになっている」については，2005年では，とてもあてはまるが23.7％，まああてはまるが57.6％で肯定的な回答が81.3％であり，2009年では，とてもあてはまるが22.9％，まああてはまるが57.1％で肯定的な回答が80.0％と進展がみられない。特に「自分は妻に必要とされている」ということについての自己評価が低くなっていることは，夫として，男性として家庭での存在感が低くなっていることを示すものであり，夫としての夫妻のつながりの意識の低さが進行しているようにも受け取れるのである。この結果は，最近の女性の自分の人生の過ごし方に対する変化の表われとも考えられる。というのは，女性は徐々に自分のライフコースを歩むようになってきている事実があり，夫といっしょの人生も考えるがその反面自己の生き方を歩んでいるとも考えられる。そのために家庭

第3章 父親の存在意義

●自分は妻に必要とされている (%)
| 2005年 | 35.3 | 55.9 | 8.0 | 0.8 |
| 2009年 | 21.1 | 60.4 | 15.2 | 3.3 |

●妻と自分は, 互いに心の支えになっている (%)
| 2005年 | 23.7 | 57.6 | 16.2 | 2.4 |
| 2009年 | 22.9 | 57.1 | 17.1 | 2.9 |

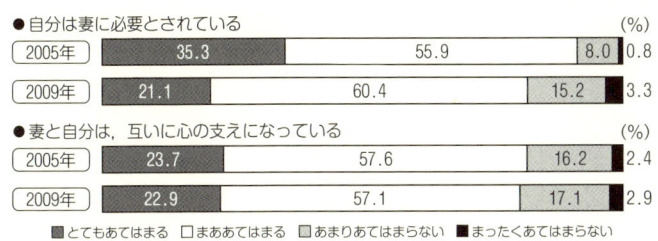

■とてもあてはまる　□まああてはまる　□あまりあてはまらない　■まったくあてはまらない

図 3-7　夫婦関係についての夫の意識 (ベネッセ次世代育成研究所, 2011)

関与の少ない夫に対する一種のあきらめ，あるいは自分とは異なる歩みをする人として受け止めている結果の反映であろうか。あるいは，「育児や家事に今まで以上にかかわりたい」と思っている父親は 2005 年当時に比較して 6.3% 増加しているにもかかわらず，現実には父親のかかわっている家事・育児の程度はほとんど変わっていないのであり，このこととあわせてみると，夫の立場として，家事・育児にかかわりたいという気持ちをもっているものの十分にかかわれていないという自責の念により自分を低く評価しているのであろうか。さらには，夫婦のコミュニケーション，子育てに対する相互の意識のもち方など多くの問題が存在するようにも思われる。

上述の事実は，父親の気持ちが現実に結びついていないことを示すものであるが，背景にはしっかりした父親として意識が示されていないこと，また，子育てにかかわりたくてもできない会社の環境などが存在するのであろう。

以上のように，最近にいたるまでの間に夫婦関係のあり方や家族そのもののあり方，子どもの発達・適応への影響に関して父親の存在感は確認されてきているのである。その一方で，わが国の父親については，夫婦の役割分担意識の根強い固定化から抜け出せていない現状が示されており，今後に向けて改革改善が強く求められている。

また，父親自身の意識の問題として自己に対する評価に関して諸外国の父親との比較において明確な特色がみられていないのであり，父親としての意識のあり方について考えるべき問題が存在するようにも思われる。

さらには，日本という国そのものの特色として，子育てにあたる女性のためや子育てにあたろうとする男性のための環境にも多くの問題が存在することも明らかにされてきている。

このような現実的な問題が山積していることが，父親に関する報告を集めるたびに重く感じられるのである。現在にいたるまでの父親研究に関する成果をまとめ，問題として位置づけられる内容を整理して，今後の問題として具体的な方向性とそれに基づく取り組みが求められる。

47

第4章 理想と現実の父親

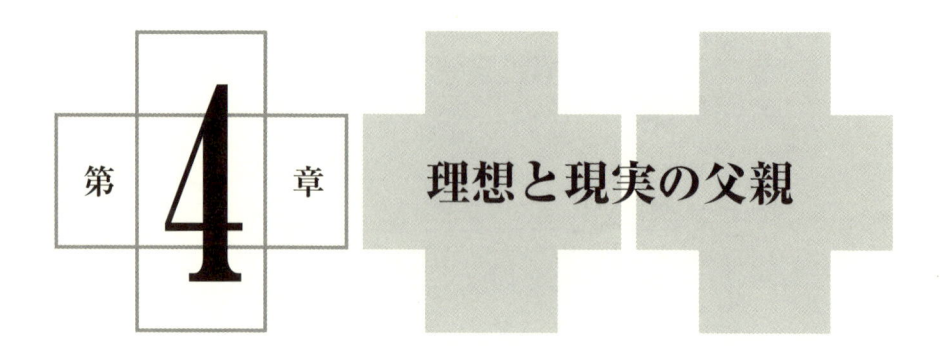

1節 育児を取り巻く現代的課題と父親

1．母親1人に親役割が負荷されることによる弊害

(1) 育児ストレスや育児不安

　近年，子どもを産むことの理由として「自分の経験のため」「子どもを育てる条件が整った」が上位を占める傾向があり，現代の女性たちが，出産や育児の価値を家系の存続や「子どもを産んでこそ社会的に一人前の女性とみなされる」といった社会的価値ではなく，「育ててみたかった」「妊娠や出産を経験してみたかった」といった個人的価値に置く傾向があることが指摘されている（柏木，2000）。けれども，自ら選択し，条件を整えたうえで子どもをもうけたとしても，いつでも楽しく育児を遂行できるわけではない。誕生した子どもを連れて病院や実家から我が家へ帰ったその時から，昼夜を問わず，身体的にも精神的にも子どもに注力していかなければならない。この時，おもに子どもの世話にあたるのは多くの家庭では母親である。日中，夫が仕事へ行っている間，母親は子どもと2人きりで過ごさなければならない。外部とのつながりが乏しく，親子だけで過ごす育児が続くと，社会からの孤立感や母親としての自信の喪失，意欲低下を引き起こす。育児に伴う不安感や辛さを訴える母親たちの声が育児雑誌や新聞に掲載されるようになったのは1980年代後半からである（大豆生田，2006）。それ以降，「育児不安」ということばとともに周知されるようになり，社会現象となった。近くに住む親戚や友人と会うことや，家庭支援センター等の子育て支援施設に通い他の親子や職員とかかわることができれば，そこで育児情報を交換し

たり，他の子どものようすを見たりすることができる。しかし，それすらままならない状況におかれている母親もいる。

こども未来財団（2000）が行なった「子育てに関する意識調査」では，母親と父親の子育てや子どもに対する意識について尋ねている。そこでは，母親，父親ともに「①子どもが生まれてよかった」「③子どもは本当にかわいい」について「時々感じる」「よく感じる」とほぼ全員が回答している（図4−1，図4−2）。その一方で，「④子どもが言うことを聞かないときなどに憎たらしく思う」「⑤思わず子どもに手をあげたくなるときがある」と否定的な感情について同様の回答をした者は，母親・父親ともに6割近くいる。いずれも母親の方が多い。

また，第1子が就学前の母親を対象にした調査では，「子どものことがわずらわしくてイライラする」「子どものことでどうしたらいいのかわからなくなることがある」「自分1人で子どもを育てているのだという圧迫感がある」「毎日毎日同じことの

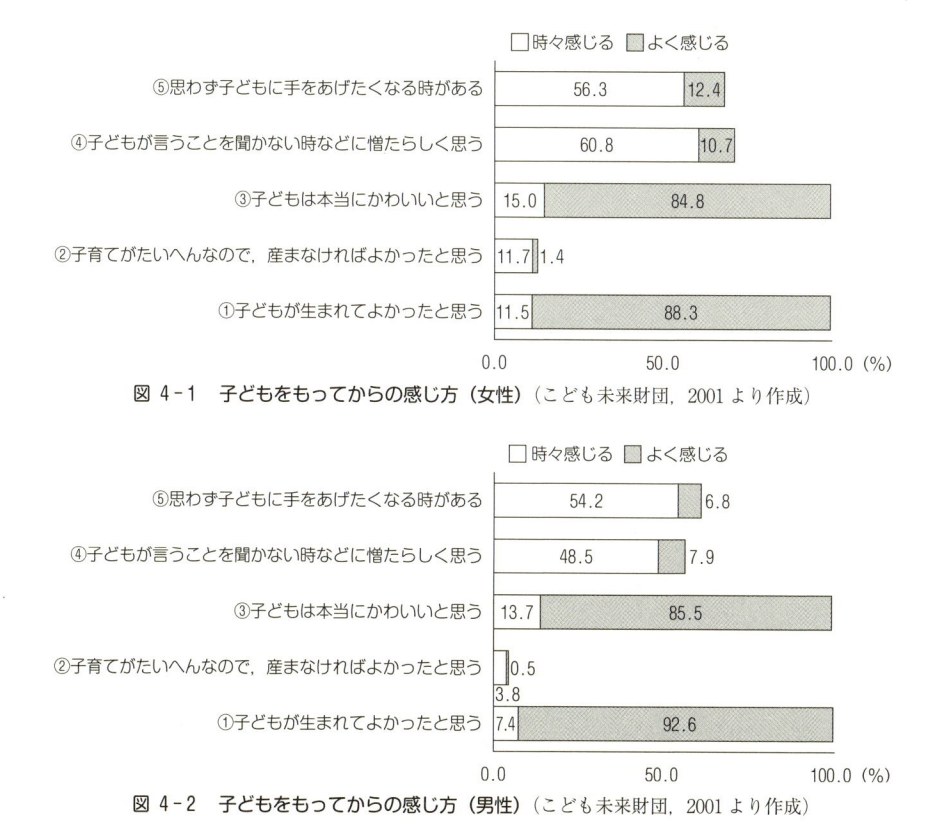

	時々感じる	よく感じる
⑤思わず子どもに手をあげたくなる時がある	56.3	12.4
④子どもが言うことを聞かない時などに憎たらしく思う	60.8	10.7
③子どもは本当にかわいいと思う	15.0	84.8
②子育てがたいへんなので，産まなければよかったと思う	11.7	1.4
①子どもが生まれてよかったと思う	11.5	88.3

図4−1　子どもをもってからの感じ方（女性）（こども未来財団，2001より作成）

	時々感じる	よく感じる
⑤思わず子どもに手をあげたくなる時がある	54.2	6.8
④子どもが言うことを聞かない時などに憎たらしく思う	48.5	7.9
③子どもは本当にかわいいと思う	13.7	85.5
②子育てがたいへんなので，産まなければよかったと思う	3.8	0.5
①子どもが生まれてよかったと思う	7.4	92.6

図4−2　子どもをもってからの感じ方（男性）（こども未来財団，2001より作成）

くり返ししかしていないと思う」の育児不安を示す項目について，「よくある」「時々ある」と回答した割合は，幼稚園児の母親の方が，保育園児の母親よりも多かったことが報告されている（汐見，2009）。保育園に子どもを預けている母親の多くは仕事を通じて社会とのつながりをもっている。当然，仕事と家庭生活とを両立するうえで新たな困難やストレスを抱えることになるだろう。しかし，育児による閉塞感や孤立感の面では，専業主婦であることが多い幼稚園児の母親ほどではないだろう。

　母親の育児不安やストレスに関する研究では，それらが子どもとの関係を悪化させ，ひいては，子どもの心身の発達に悪影響を及ぼす危険性もはらんでいることが示唆されている。たとえば，長谷川（2008）では，育児ストレスの高い母親は子どもへの応答性が低く，子どもの逸脱行動の放任や子どもの行動の統制が多いこと，さらに，育児ストレスの高い母親は子どもから大切な存在と評価されない傾向があることが示されている。また，3～4歳の子どもの母親を対象に調査研究を行なった中谷・中谷（2006）は，日常的な育児ストレスの高さが，子どもの反抗的な行動に直面した際の被害者的な認知の要因となり，そうした被害者意識の高さが虐待的行為を助長することを明らかにしている。

（2）母子密着

　母親1人に親役割が過重負担となることのもう1つの弊害は，過保護，過干渉，母子密着といわれるものである。この状況を「母子癒着」と表現した柏木（1993）は，母子密着に陥る背景を以下のように分析している。

　「夫は外で働き，子育ては妻・母の責任と全面的に任されてしまうとき，子育てに失敗したら母として妻として失格，だめな母親だとされる。父親・夫が外で仕事に骨身をけずって働いているほど，母親は後顧の憂いのないよう夫の分まで子育てにがんばることになる。そして学歴社会のなかで，子どもの学業成績を上げ，よい学校へ入れることが母親にとっても最大の目標となる。(p.54)」

　育児は，時間，体力，精神力を長期にわたって費やすものだが，他の仕事のように金銭的に評価されないアンペイドワークである。また，すぐに結果が示されるものではなく，いちがいに評価できるものでもない。だからこそ，目に見える子どもの学業や活動の成績，就職先を自分の育児の評価に反映させてしまう。夫婦間で明確な役割分業がなされ，子どもの教育を一任されていれば，その責任が重くなることは当然である。母親は夫や周囲からの無言の圧力を感じながら，子どもの一挙手一投足に目を光らせなければならない。そうした母親の強い監視下に置かれた子どもは，誰のためでもない母親のためにがんばらなければならない。母親の期待に応えることが1つの基準になり，自分で基準を確立し判断していくことができなくなってしまう。親は最

終的に子どもを自立させ社会へ適応させなければならないが、我が子の成長に自己投入すればするほど、子の自立を遅らせる皮肉な結果を招くのである。

2．父親の物理的不在と機能的不在：家庭とのかかわりが希薄になる父親

なぜ、育児はこんなにも困難になってしまったのだろうか。菅原 (1999) は、その社会的要因に、産業構造の変化、少子化、住居の郊外化、父親の家庭不在があるとしている。1950年代以降の産業構造の変化に伴い、働き方は大きく変わった。職場と住居が分離し、郊外の家から都心の職場までの遠距離通勤者が増え、大家族が減り核家族化が進行した。家庭での役割が「父親は仕事、母親は家事と育児」と分業化したことにより、父親たちは一日の大半を労働に費やし、家族と過ごす時間が減った。一方で、母親たちは孤独な育児を余儀なくされたのである。特に、最も身近なパートナーである父親が育児に関与できない、しなくなったことによって、母親の孤独感はいっそう強いものとなった。

こうした父親不在は、1970年代のわが国では、母子密着（癒着）とともに子どもや親子関係の抱える諸問題の要因として議論されてきた。ここで問題とされる「父親不在」とは、単身赴任などによる物理的不在だけではなく、心理的・機能的不在も含んでいる。父親が単身赴任をしている家庭と父親の転勤に家族で帯同している家庭とで、母親のストレスと養育不安、子どもの問題行動との関連を検討した田中ら (1996) は、単身赴任家庭の場合の方が、母親の養育不安が高いことを明らかにしている。特に、単身赴任家庭の母親において、「子どもの養育に自分だけが責任をもたなければならない」とする"単独責任感"がストレスに及ぼす影響が大きかった。また、単身赴任家庭では、父子の会話が頻繁に行なわれていることや、夫が育児にかかわっていることが、子どもの非行行動を抑制する働きが示された。父親が不在であっても、電話などで子どもと頻繁に対話し、育児に積極的に関与している場合、つまり家庭の中で父親として機能している場合は、母親の養育不安の要因となる子どもの問題行動が起こりにくく、結果的に母親の精神的健康が保たれるといえる。これらの結果から、田中ら (1996) は、考察の中で、父親の物理的な不在は、「一般的に考えられているほど大きな有害な影響とは必ずしもいえなかった」とし、それよりも育児家庭において父親が機能的に不在であることの問題点を指摘している。また、父親、母親、高校生の子どもを対象に父親と家族の情緒的結びつきについて尋ねた大野 (1997) の調査では、父親、母親、子どもがともに父親の情緒的結びつきが高いと評価している群は、全員が低い評価をしている群や父親のみ評価が異なる群よりも、各自が家族としてのまとまりを志向する傾向があることを示唆している。

家族における父親の存在感については，父親自身も，かつての日本の父親に比べて薄くなっていると感じている。特に，子どもが成長するにつれてコミュニケーションがうまくとれず，子どもとの距離が遠のいていると感じていることが報告されている（高橋，1987）。また同調査では，父親抜きに母親と子どもだけで家族内の相談事を決定する家庭が全体の16.9％であった。対象の半数が「みんなで話し合う」，3割が「たいてい父親」と回答していることを考えると，母子のみで決定する割合は多くはない。しかし，母親と子ども中心に家庭生活が営まれている中で，その16.9％に該当する父親は自身の存在意義をどこに見いだせばよいのだろうか。母親を介してしか子どものことや家族の状況を知ることができない。夫婦関係が崩壊していればそれすらも危ういだろう。働き盛りの時期はまだ「稼ぎ手」としての役割によって支えられる。しかし定年後はどうなるのか。家族の一員として余生を送らなければならなくなったとき，家庭での居場所を探さなくてはならない。定年後に妻の傍から離れられず，いわゆる「ぬれ落ち葉」の状態になり，妻からも子どもからも疎ましがられる存在になりかねない。家庭における存在が希薄化することは父親自身にとっても危機的な状況なのである。

2節　現代の"理想の父親像"とは？

Ⅰ部3章において，父性について概略的な説明をしたが，ここではさらに踏み込んだ視点から触れることにする。

1．強く，厳しい父親―権威ある父親

育児を取り巻く現代的課題は，長い歴史における社会構造の変動に基づいている（柏木，1993；舩橋，1999）。少子・高齢化，男女共同参画の推進といった社会状況を反映して，わが国の父親役割は今，稼ぎ手，社会化の担い手をおもな役割とする「家長としての父親」が求められた時代から，稼ぎ手のみの役割が期待される父親不在の時期を経て，稼ぎ手（provider），社会化の担い手（socializer），世話の担い手（carer）の3役を担う「新しい父親像」の時代へと移り変わっている（舩橋，1999）。つまり，子どもと生活や遊びをともにし，母親である妻の声に耳を傾け，育児について話し合う生身の父親が求められているのである（これについては，第10章1節でさらに触れる）。

表4-1は，18歳から35歳の独身女性が結婚相手に望むことについて尋ねた全国

郵便はがき

6038789

料金受取人払郵便

京都北支店承認
4002

差出有効期間
平成26年1月
26日まで

切手は不要です。
このままポストへ
お入れ下さい。

028
京都市北区紫野
十二坊町十二―八

北大路書房　編集部　行

（今後出版してほしい本などのご意見がありましたら，ご記入下さい。）

《愛読者カード》

書 名	

購入日　　年　　月　　日

おところ	(〒　　　－　　　)

(tel　　－　　－　　)

お名前（フリガナ）	

男・女　　歳

あなたのご職業は？　○印をおつけ下さい
(ア)会社員　(イ)公務員　(ウ)教員　(エ)主婦　(オ)学生　(カ)研究者　(キ)その他

お買い上げ書店名	都道府県名(　　　　　)

書店

本書をお知りになったのは？　○印をおつけ下さい
(ア)新聞・雑誌名(　　　　　)　(イ)書店　(ウ)人から聞いて
(エ)献本されて　(オ)図書目録　(カ)DM　(キ)当社HP　(ク)インターネット
(ケ)これから出る本　(コ)書店から紹介　(サ)他の本を読んで　(シ)その他

本書をご購入いただいた理由は？　○印をおつけ下さい
(ア)教材　(イ)研究用　(ウ)テーマに関心　(エ)著者に関心
(オ)タイトルが良かった　(カ)装丁が良かった　(キ)書評を見て
(ク)広告を見て　(ケ)その他

本書についてのご意見（表面もご利用下さい）

このカードは今後の出版の参考にさせていただきます。ご記入いただいたご意見は無記名で新聞・ホームページ上で掲載させていただく場合がございます。
お送りいただいた方には当社の出版案内をお送りいたします。

※ご記入いただいた個人情報は、当社が取り扱う商品のご案内、サービス等のご案内および社内資料の作成にのみ利用させていただきます。

表 4-1 独身女性が結婚相手に望む条件 (国立社会保障・人口問題研究所, 2002より作成)

結婚相手の条件		全体	両立コース	再就職コース	専業主婦コース
学 歴	重視する	5.9	6.4	5.7	3.5
	考慮する	38.5	43.0	36.8	38.8
	あまり関係ない	55.6	50.6	57.6	57.7
職 業	重視する	22.8	23.6	21.6	21.7
	考慮する	57.2	56.7	59.0	59.7
	あまり関係ない	20.0	19.6	19.4	18.5
経済力	重視する	34.3	31.3	32.6	37.2
	考慮する	57.8	59.7	60.6	56.1
	あまり関係ない	7.9	9.0	6.8	6.7
人 柄	重視する	91.0	92.1	91.7	90.9
	考慮する	8.1	7.3	7.2	8.8
	あまり関係ない	0.9	0.6	1.1	0.3
容 姿	重視する	14.2	12.2	15.3	13.6
	考慮する	59.8	59.9	61.4	59.0
	あまり関係ない	26.0	27.9	23.3	27.4
共通の趣味	重視する	28.5	30.0	28.2	24.8
	考慮する	53.7	51.8	55.9	54.5
	あまり関係ない	17.8	18.2	15.9	20.8
仕事への理解	重視する	51.7	63.9	50.5	33.7
	考慮する	41.6	33.4	44.1	52.9
	あまり関係ない	6.7	2.7	5.4	13.4
家事・育児	重視する	59.3	62.5	59.8	56.5
	考慮する	36.7	35.1	37.0	38.5
	あまり関係ない	4.0	2.4	3.2	5.0

(注) 回答者は全国の18歳以上35歳未満の独身女性3085名である。
表中の数値は3085名から不詳回答数を除いた人数を全体としたときの割合 (%) を示す。

調査の結果である (国立社会保障・人口問題研究所, 2002)。「重視する」「考慮する」と回答した者の割合を条件ごとに見ると,「相手の人柄」に次いで,「家事・育児に対する能力や姿勢」が重要視されていることがわかる。「自分の仕事に対する理解と協力」が3番目,「経済力」は4番目に多い。こうした条件は, 女性たちが描く理想のライフコースによって異なることが予測される。しかし, 理想のライフコース別にみても, 割合に多少の違いはあるが, いずれにしても9割以上の女性が, 結婚相手に「家事や育児に対する能力や姿勢」を求めているのである。

こうした傾向は, 雑誌やインターネット, テレビ等メディアを媒介して発信される「父親像」からもうかがえる。2000年代の終わりには,"イクメン"ということばが誕生し, 2010年には新語・流行語大賞のトップテンに並んだ。この造語は, 厚生労働省雇用均等・児童家庭局の委託事業として2010年6月に発足したプロジェクト名にも使用されている。"イクメン"という造語が表わす「家族との時間を大切にし,

第Ⅰ部 父親研究の「これまで」

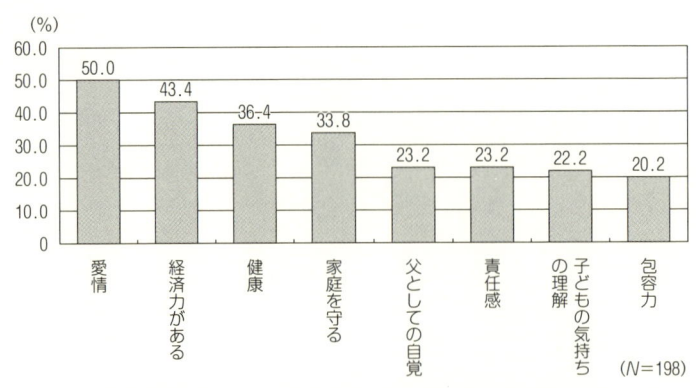

図4-3 父親が認知する「父親が備えていなければならない条件」(桑名・桑名,2006より作成)

グラフ数値:
- 愛情 50.0
- 経済力がある 43.4
- 健康 36.4
- 家庭を守る 33.8
- 父としての自覚 23.2
- 責任感 23.2
- 子どもの気持ちの理解 22.2
- 包容力 20.2

(N=198)

育児や家事にかかわることを楽しむ父親」は、まさに、現代のわが国が育児期の男性に求める理想的な姿の1つである。

では、父親たちは、父親役割をどのようにとらえているのだろうか。桑名・桑名(2006)は、1歳6か月児の父親に対して「父親が備えていなければならない大切な条件」を尋ね、46項目の条件から5項目を選択するよう求めた。その結果、全回答者の半数が「愛情」を「父親の大切な条件」として選択していた。次いで「経済力がある(43.4%)」「健康(36.4%)」「家庭を守る(33.8%)」「父としての自覚(23.2%)」「責任感(23.2%)」「子どもの気持ちの理解(22.2%)」「包容力(20.2%)」と続いた(図4-3)。

同研究では、「母親が備えていなければならない大切な条件」についても同様に父親に尋ねている。「愛情」が最も多い点は、父親に求める条件と一致していたが、それ以降は「健康」「子どもの気持ちの理解」「明るい」「笑顔」「やさしい」「母としての自覚」「しつけ」と続いている。父親たちが自らの役割と母親の役割とを区別し、自らの役割として家計を維持し家庭を守ること、そして愛情と責任をもって子どもの養育にあたることととらえていることが推測される。

2．仕事だけでなく育児や家事にも積極的にかかわる父親

育児に積極的に関与する父親、子どもといっしょに遊ぶ父親など「ケアラー」としての役割が求められる一方で、家長としてリーダーシップをとり、強く、厳しい父親の必要性を述べる声が1990年代半ばから現われた。「父性の復権」の著者である林(1996)は、一家の司令塔、価値のシンボルとして、父親が家庭に存在することが子

どもの健全な発達には重要であると説いている。

しかし，かつての日本の父親たちは林（1996）の述べるような立派な父親ばかりだったのだろうか。岡田（1998）は，明治期の家父長制度のもと教育を受けた父親をタイプ別に表4-2のように分類している。この分類を見ると，その時代のすべての父親が家長として権威をもって家庭に存在していたわけではないことがわかる。ここで言われている父親の権威は，「制度においても，職業的・社会的地位においても，人格においても，家族の中で価値的に優越していることが承認され，そのことによって子どもに尊敬の念を抱かせたり，自発的な服従をうながすことのできる影響力」と定義されている（岡田，1998）。この意味での権威をもっていたのは第1類型の「子どもに尊敬される父親」と第2類型の「子どもに信頼される父親」だけであり，こうした父親はその当時ごく一部であった。その他大勢の父親たちは，家父長制度のもと与えられた権威にしがみついていたにすぎないと岡田（1998）は指摘している。この指摘は，日本は元来，母性原理に基づいた社会であり，欧米社会のような父性は存在していなかったという河合（2004）の論を補うものである。

では，現代のわが国の家庭において父性原理に基づき，家庭内で秩序を示し，秩序や規範に則って子どもと社会をつなぐ存在が不要かというと，そうではない。子どもの社会化は，家族の果たす機能の1つである（Parsons & Bales, 1955/ 1981）。家族は子どもが最初に出会う社会的構造をもった集団である。その小集団における他の成員との相互作用の中で自分を出し，また，受容されることを経験しながら，その小さな社会に位置づいていく。それと同時に，子どもをこれから生きていく社会へ歩み出せるように社会とつなぐ機能を果たさなければならない。パーソンズ（Parsons & Bales, 1955/ 1981）は前者の機能を「表出的役割」，後者を「道具的役割」と名づけた。道具的役割は職業を通して社会と深いかかわりをもつ父親がおもに担うとされていた。しかし，こうした性別に基づいた分業の考えは，核家族化が進み，職場と生活の場が分離した当時のアメリカ社会を反映したものであり，女性の社会進出がいちじるしい現代に置き換えると，父親のみが道具的役割を担うと考えることは必ずしも適切とはいえない。母親もまた道具的役割を果たし得るのである。

ところで，現代の父親たちには「世話の担い手」としての役割が強く求められてい

表 4-2　明治期の家父長制度下の父親の7類型 （岡田，1998 より作成）

第1類型	子どもに尊敬される父親	第5類型	気ままで遊び心をもつ父親
第2類型	子どもに信頼される父親	第6類型	退廃的な父親
第3類型	専制的な父親	第7類型	存在の薄い父親
第4類型	子どもにとって物足りない／疎ましい父親		

ることは前項で述べた通りであるが，そればかりが強調されることによって，「社会化の担い手」としての役割（すなわち道具的役割）が父親からも母親からも離れてしまうことが懸念される。たとえば，桑名・桑名（2006）では，父親の条件を「愛する親（例：愛情，やさしい）」「ステレオタイプ的親（例：男らしい，献身的，経済力がある，家庭を守る）」「健康的な親（例：明るさ，つよさ，健康）」「養育的親（例：父としての自覚，子への関心，責任感）」「開かれた親（例：教養，広い視野に立つ，社会参加）」の5つの上位カテゴリーで構成していた。このうち「開かれた親」カテゴリーに該当する条件は，子どもと社会をつなぐ内容である。しかし，選択者数が多かった上位8条件の中には，この「開かれた親」カテゴリーに属する項目は含まれていなかった。このことからも，「社会化の担い手」としての役割を父親自身もほとんど認識していない現状が推察される。

　青少年の非行や引きこもり，不登校をはじめとする子どもを取り巻く問題を考えると，われわれが生きていくうえで必要な社会的規範や秩序，文化や価値観を教える存在が子どもの身近にあることが重要であることは明らかである。当然，それは父親だけが担う役割ではない。父親，母親ともに子どもへのしつけを通してこれらを子どもに伝えていくものである。

　「権威ある父親の不在」という指摘によって，その解決策として，権威を保つために家族の他のメンバーと心理的にも物理的にも距離を置くことや積極的に子どもと遊び，かかわることを通して権威を示すこと等，多様な父親のあり方についての議論が展開された（小玉，2010）。その議論は今もなお続いている。優しく家族を包み込み，家族に奉仕する父親ではなく，「的確な判断力と強力な決断力，不要なものはどんどん切り捨てていくくらいの実行力をもった父親（河合，2004）」というのもその1つである。何よりも，当の父親たちが模索しているだろう。新しい父親像を創り出す必要があるのではないだろうか。

　ところで，本節で述べてきた「理想の父親像」は，現代の社会状況を踏まえて大人が考える理想である。子どもが理想とする父親はどのようなものだろうか。また，彼らは父親の役割をどのようにとらえているのだろうか。それについては第8章で改めて述べることとする。

3 節　理想通りにならない現実とその背景

1．子どもとかかわる時間

　「もっと子どもと過ごす時間が欲しい」「育児をしたい」と願う父親は年々増加しているという報告（ベネッセ次世代研究所，2010）や，実際の育児時間は漸増傾向にあるという報告がされている。その一方で，睡眠時間を除いた1日に子どもと接する時間の平均は，1994年と2005年を比較するとむしろ減少傾向にあるという指摘（酒井，2007）もある。さらに，平成18年版の厚生労働白書によると，わが国の6歳未満児をもつ父親の平均育児時間は25分であり，他の先進諸国のおよそ半分以下である。わが国の父親が育児する時間は依然として少ないことに変わりはない。

　内閣府が平成20年に実施した「仕事と生活の調和（ワーク・ライフ・バランス）に関する特別世論調査」では，特に20～40代の男性の希望に反して「仕事」を優先せざるを得ない現状が示されている。また，「仕事」「家庭生活」「地域・個人の生活」の3つを優先，つまり両立させたいと考えている男性は全体の15.4％を占めていたが，実際にそれらを両立させている男性は4.6％であった（内閣府，2008）。

　この調査結果が示すように男性が家庭生活と仕事を希望通り両立しづらい背景について，多賀（2006）は長時間労働と経済的合理性があると指摘している。通勤時間を含む労働時間の長期化は，家族と過ごす時間を物理的に奪うだけでなく，仕事の疲労感が家庭生活にも及ぶなど，仕事役割と家庭役割間で負のスピルオーバーの発生を招く。また，未就学児を預かる施設の拡充が図られているがいまだ十分需要に対応できていないことや雇用制度から，育児期の家庭の多くで，夫が仕事を継続し，妻が仕事を一時退職したり，育児休業を取得する方が家計上合理的だと考えられている。それは育児休業取得状況からもうかがえる。「平成21年度雇用均等基本調査」によると，男性の育児休業取得率は前年度から0.49ポイント上昇し，1.72％である（厚生労働省，2010）。「子ども子育て応援プラン」で掲げられている2014年までの目標値10％にはほど遠い。一方，女性の取得率は同調査で85.6％（前年の調査から5.0ポイント減少）と，目標値80％をすでに達成している。男性の育児休業取得率が上昇しない原因を，松田（2006）は，改正前の育児休業制度について，配偶者が専業主婦（夫）であれば育児休業の取得不可とすることができる制度の存在や，夫の育休取得が家計の圧迫につながること，制度の柔軟さの欠如の3点をあげ，制度が男性の働き

方や家庭での役割（この場合，稼ぎ手）に合っていないためだとしている。このうち，2005年の改正された育児・介護休業法では1点目が廃止された。けれども，育児休業を取得しなかった理由として「職場に迷惑をかける」「忙しくて取れそうもない」「取得しにくい雰囲気が職場にある」といった声が少なくないことや，配偶者の出産前後に有給休暇や配偶者出産休暇等の特別休暇を利用して仕事を休んだ男性が半数にしか達していない（ベネッセ次世代研究所，2010）ことから，法改正後も同制度が男性にとって利用しやすいものとして浸透されていない現状がうかがえる。男性が育児休業を取得したことによって，取得者本人だけではなく，ともに働く周囲の人にもよい影響をもたらすという報告もある（脇坂，2010）。

　また，こうした背景には父親達に根強く残る性別役割分業意識がある。稼ぎ手として家計を担う責任を誰よりも感じているのは男性（特に専業主婦家庭であればなおさら）である。子どもの誕生によって，女性は母親としての役割意識が高まる一方で，父親は仕事・社会における役割意識が高まる（小野寺・柏木，1997）ことが先の桑名・桑名（2006）が示した，自分と妻の役割に対する意識の違いからもうかがえる。

2．子どもや家庭への父親としてのかかわり方

　父親たちが理想通りにならないと感じているのは時間配分だけではない。時間があったとしても，父親として子どもにどのようにかかわればよいのか，どのように遊べばいいのか等の養育態度について理想通りにならない，それ以前に理想をもちにくいのが現代の父親たちである。

　妻の妊娠がわかり，近い将来父親になる男性たちは，いったいどのように父親役割とそれに伴う行動を受容するのだろうか。

　森田ら（2010）は，妻の出産を数か月後に控えた男性に対して面接調査を行ない，父親役割とそれに伴う行動を考える契機となった体験を明らかにしている。彼らは，その体験の1つに「父親役割モデルとの出会い」や「自分の父親の育児の想起」をあげ，「父親としての自己像を形成するために，まずは身近に利用できる素材があることが重要（森田ら，2010）」としている。この「素材」とは，モデルとなる対象，父親の役割についての情報，そして，彼らの役割行動を期待する配偶者からの具体的な要望である。そうした「素材」によって，これから父親になる男性たちは，自分に求められる役割行動があることに気づき，その内容を知り，「子どもが生まれたら，こうしよう」と具体的な父親像を形成するのである。

　父親に期待される役割は時代や文化によって左右される。わが国の家庭で「父親が外で働き，母親が家事・育児を」という性別に基づく分業が一般化してから100年ほ

どしか経っていない（柏木，1993）。そして現代の，特に，若い父親世代に対して求められている役割は，そうした彼らの父親世代に求められていた役割とはまた異なってきている。彼らが幼少期を過ごした1970年代から1980年代は，専業主婦家庭が大半を占めており，父親たちは家計を担うことがおもな役割であった。また，仕事と家庭の場が分離され，給与が銀行に振り込まれる中，父親の働く姿さえも見ることのないまま大人になった世代である。宮本・藤崎（2008）は，「現在の父親が，自身は世話や社会化の担い手としての父親モデルが存在しない環境で育ってきた中で，今父親となりその役割をどのように担っていくべきなのか戸惑っているのは当然」と指摘している。また，自分の親世代の子育て観，父親役割観の違いとの板挟みになっている父親もいる。

　しかし，自分たちの父親世代がモデルの対象としがたくても，友人，職場の上司や同僚，親戚，きょうだいなど身近に父親役割の担い手が複数いれば，自らの父親像の形成に有益な情報を得ることは可能である。保健センターや助産院で開催される産前教室に参加し，他の参加者や父親になったばかりの先輩と交流することによって，自分が親になることへの実感が強まったり，子どもの誕生によって自分の生活や行動が制限される等の具体的な生活の変化を想像するようになることが報告されている（森下・岩立，2007）。産前教室では，子どもの誕生後の妻や自分の生活の変化をより具体的にイメージできるようなプログラムの工夫が望まれる。

　また，成長する過程における異世代とかかわる機会の少なさも現代社会の特徴ではないだろうか。同世代だけで集い，異世代に関心が向かず，同じ地域の居住者どうしで集うことや会話を交わすことがほとんどない。そのことと，仕事と生活の場の距離的な分断が重なって，子どもをもつ男性が地域の行事に参加するなど，家庭以外で「父親」として他者とかかわる機会や場が母親に比べて少ない。ベネッセ次世代育成研究所（2010）が行なった「乳幼児の父親についての調査」では，幼稚園や保育園，小学校での「親父の会」やサークルに「熱心に取り組んでいる」「ほどほどに取り組んでいる」と回答した者は全体の21.7％である。さらに，子どもの幼稚園，保育園，小学校のPTA活動への取り組みについて「取り組んでいる」と回答した者は，全体の16.9％であった。父子家庭の父親が，母親たちの輪に入れず孤立してしまい，子育ての愚痴をこぼしたり相談をしたりする相手が身近にいないということはけっして稀ではない。先の調査では，自治体や地域の行事，ボランティアなどについて取り組んでいる父親は19.2％と同様に低いことが示されていた。父親として地域や子どもの生活にかかわることができれば，父親役割やそれに伴う行動についての「素材」を身近にもつことができるだろうが，先に述べたように，物理的にも精神的にも仕事に

奪われる状況にあると，地域活動や学校行事への参加は困難になる。やはり，ここでもワーク・ライフ・バランスの見直しが大きなカギを握っており，個人・組織・国等さまざまなレベルで見直すことが可及的課題となっている。

　さて，本章では理想の父親と現実の父親について述べてきたが，最後に，「誰にとっての"理想"か」ということを考えなければならないだろう。母親や社会が期待する父親像を父親本人が望んでいるとは限らないし，また，その逆も考えられる。多賀（2006）は，「父親の扶養責任が減少しないまま父親の育児参加を求める声だけが高まっていくならば，父親たちが精神的に追い込まれていく可能性がある」と述べている。また，父親が認識する父親役割のイメージと，父親としての自己が不一致である場合は育児ストレスが高いことが示されている（桑名・桑名，2006）。自分にとっても家族にとっても理想の父親に近づくためには，少なくとも夫婦の間で，互いにどのような役割を家庭内でとるのか，互いのイメージを話し合い，一致させ，子どもの成長やその時々の家庭の状況に応じて再調整を図ることが不可欠である。

第Ⅱ部

父親に関する諸問題

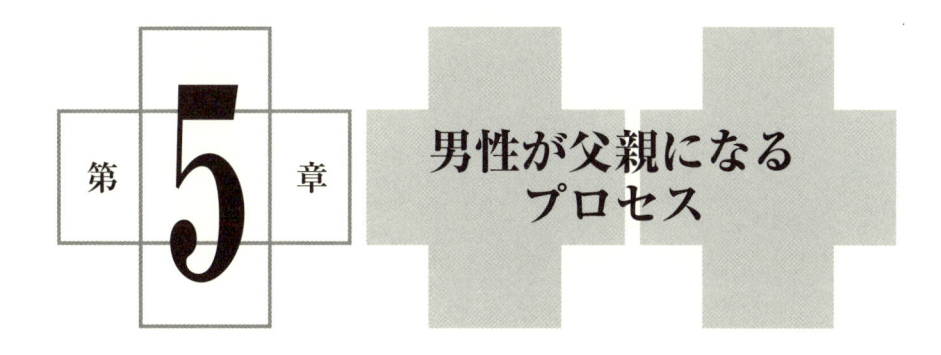

第5章 男性が父親になるプロセス

1節 父性の芽ばえ

「父性」は父親がもつ性質・傾向（海妻, 2004）を指すと考えられがちであるが, 状況に応じて母親が「父性」を, 父親が「母性」を担うなど逆転したり, 片方の親が両方の役割を担うこともあり得る（糸魚川, 2001）。

こうした多様な見方のある「父性」であるが, 本章では, 男性（男児）にみられる「父性」に着目し, その芽ばえに関与する事柄について述べていく。

1．日本経済と父性の芽ばえ

「母性本能」ということばをよく耳にするが,「父性本能」とはあまり聞かない。しかし,「父性」にせよ「母性」にせよ, 時期がくれば自然に芽吹くものではなく, 誰かしら, あるいは, 何がしかが子どもにその種を蒔かねばならない。その種の１つは, 子どもが「父性」（「母性」）に触れることである。そうした経験の積み重ねにより, 子どもたちはおのずとそれらを自己の中に取り込み, 将来的に「父性」（「母性」）として開花させていく可能性を高める。

この種蒔きのようすが, 時代とともに変化している。およそ８割が農家だった江戸・明治時代, 子どもたちは父親が働く姿を日々目にしていた。また, 日が暮れれば家族は帰宅するため家庭で父子がともに過ごす時間も十分に確保されていた。その中で子どもは父親の「父性」を自然と内面化していったのである。

ところが, 1950年代半ば〜1960年代, 世の中は重工業主導型の経済成長期（高度経済成長期）に移行した。当時の仕事は重労働であったため, 男性は仕事に, 女性は

家庭で家事育児（夫のケア）に専念することが，国の発展に有益と考えられた（大日向，2000）。それと同時に母親は，「世話し育児する母」としてだけではなく，「しつける母」「教える母」としての役割も強調された（小嶋，1999）。重労働を余儀なくされた父親は，家庭，ひいては育児に関与することもままならない状況に陥ったのである。家庭を守るために働くことは「父性」かもしれないが，その姿を子どもが目のあたりにすることはほとんどなくなった。つまり，生活の中で，子どもが自然に父親の「父性」に触れる時代は終焉を迎えたわけである。その状況は，現代もあまり変わっていない。厚生労働白書（厚生労働省，2010）によると，乳幼児をもつ父親の1日あたりの平均育児時間は33分であり，他の先進諸国（平均61分）と比べても非常に短い。もっと育児にかかわりたいと考える父親は過半数を占めている（ベネッセ次世代育成研究所，2010）ようであるが，近年の不況においては，勤務形態の厳しさから父親の願いも叶わない状況がうかがわれる。

こうして，父子のかかわりが乏しい時代を迎え，男児は父親の「父性」に直接触れる機会を失いつつある。

2．少子化社会と父性の芽ばえ

現代の少子化は，父性の芽ばえを阻害する1つの要因である。第13回出生動向基本調査（国立社会保障・人口問題研究所，2007a）によれば，完結出生児数（結婚持続期間15〜19年夫婦の平均出生子ども数）は減少し，その中で，1人っ子の比率は増加，3人きょうだいの比率は減少に転じている（表5-1，表5-2）。そのため，年下のきょうだいや地域の幼い子どもと接触する機会が確実に減少している。つまり，年上の立場から幼少の子どもの世話をしたり教えたりする機会を逸するため，「父性」を早期に芽吹かせることが困難な社会になりつつあるのである。

このような社会の中で，母親の就業率の高まりは，「父性」の芽ばえに好転的に働くかもしれない。有職母親の子どもの多くが保育所や学童保育がなされる児童館に籍を置いている。縦割り保育のある保育所では，年長の幼児は乳児や年少の幼児と触れ合うことができ，児童館ではさまざまな年齢層の子どもどうしの交流が可能である。つま

表5-1　完全出生児数の推移（国立社会保障・人口問題研究所，2007a）

調査（調査年次）	完結出生児数
第1回調査（1940年）	4.27人
第2回調査（1952年）	3.50
第3回調査（1957年）	3.60
第4回調査（1962年）	2.83
第5回調査（1967年）	2.65
第6回調査（1972年）	2.20
第7回調査（1977年）	2.19
第8回調査（1982年）	2.23
第9回調査（1987年）	2.19
第10回調査（1992年）	2.21
第11回調査（1997年）	2.21
第12回調査（2002年）	2.23
第13回調査（2005年）	2.09

（注）対象は結婚持続期間15〜19年の初婚どうしの夫婦（出生子ども数不詳を除く）。

表 5-2　出生子ども数構成の推移（国立社会保障・人口問題研究所, 2007a）

調査年次	0人	1人	2人	3人	4人以上
第7回調査（1977年）	3.0%	11.0	57.0	23.8	5.1
第8回調査（1982年）	3.1	9.1	55.4	27.4	5.0
第9回調査（1987年）	2.7	9.6	57.8	25.9	3.9
第10回調査（1992年）	3.1	9.3	56.4	26.5	4.8
第11回調査（1997年）	3.7	9.8	53.6	27.9	5.0
第12回調査（2002年）	3.4	8.9	53.2	30.2	4.2
第13回調査（2005年）	5.6	11.7	56.0	22.4	4.3

りこうした次世代の親となる子どもたちの子育てスキル支援に有効な場に（傳馬, 2007），有職母親の子どもたちの多くが身を置いているからである。

現代の少子化社会においては，有職母親の子どもに限らず子ども全般に，年下の子どもと交流する機会を提供する必要があるだろう。それが「父性」の芽ばえに有用な働きをすることはまちがいない。

3．ジェンダー観・結婚観と父性の芽ばえ

個人のもつさまざまな価値観の中には「父性」の芽ばえに関与するものも少なくない。中でもジェンダー観や結婚観は「父性」に直結しやすい価値観といえよう。

ジェンダーとは，一般に「社会的・文化的な性」を指す。その発達プロセスの中で，ジェンダー・ステレオタイプが現われる5歳前後（Huston, 1983）と，それらの再点検・自己内での取捨選択がなされる青年期は特に画期的な時期である（津守, 1970）。中でも青年期は親準備期ともいわれ，ここで培われたジェンダー観は「父性」に直結していく可能性が高い。この時期の再点検や取捨選択には，ジェンダーに関する知識がかたよりなく提供されることが重要（中間・中山, 2000）とされるが，はたして，現代の青年が育つ環境において，こうした知識は偏りなく提供されているのだろうか。

学校教育に関してみると，1989年の学習指導要領改訂はジェンダー教育に関して大きな転機となったといえる。この改訂により，これまで男性のみ，女性のみの科目であった「技術」「家庭科」は男女必修科目へと移行したのである。これにより，"表向きは"育児や保育は女性に特化されるべきものではなく男性も担うべき課業と意識されることとなった。近年では，ジェンダー・フリーへの取り組みが各学校で施行され（たとえば，内田ら，2004，2006），青年が柔軟なジェンダー観を形成する教育環境が構成されつつある。

実際，男子青年を対象とした山岸（2000）の調査によれば，「女性が結婚することに対するイメージ」の回答として，「女の幸福は結婚であるから結婚した方がよい」

は13％と少数派であった。女性は結婚して男性の庇護の下に置かれるべきという伝統的な結婚観は薄らいでいるようである。さらに，同調査で「夫は外で働き，妻は家庭を守るべき」に対して，どちらかといえば反対，まったく反対があわせて6割程度であり，「夫も家事育児を分担すべき」に対しては，まったく賛成，どちらかといえば賛成があわせて9割にものぼった。

　男性自身の「男性であっても子育てに従事すべきである」という意識の高まりは，自身に「父性」の必要性・重要性を喚起させる。したがって，上記のような近年の男子青年がもつジェンダー観・結婚観は，「父性」の芽ばえを促進させると考えられる。

　しかしながら，青年の本音はこうした結果をあまり反映していないように感じる。大学の講義内でアンケートをとると，必ずといっていいほど「子どもが小さいうちは母親がそばにいないとかわいそう。だから，よほど経済的に困窮していない限り，母親は子どもがある程度大きくなってから外で働くべき」という意見が男女とも大半を占める。要は「夫は外，妻は家庭」に反対なのは子どもが幼い時期を除いてのことであり，「夫の家事育児分担」に賛成しても，5：5で分担するとは考えていないのである。そのせいか，自分の子どもが生まれたことを男子学生に想像してもらい，その子どもとどうかかわりたいかを尋ねると，たいてい乳幼児期の子どもではなく小学生以降の子どもを想定したかかわりについての回答がなされる（ちなみに女子学生は乳幼児を念頭に置いたかかわりを回答することが多い）。

　なぜ，ステレオタイプ的なジェンダー観がいまだに根強いのだろうか。それは，青年のジェンダー観に影響を与えるのが学校教育に限らないからである。つまり，親や親類，その他の大人など，青年がプライベートでかかわる人々の価値観から強い影響を受けており，そうした周囲の大人のジェンダー観・結婚観が偏っていると，ジェンダー・ステレオタイプを払拭しにくいのである。

　同様に，幼少から接することの多いTV等のメディアによるステレオタイプ的ジェンダー表現（近年ではかなり是正されているが）も，上記のような原因の一端を担っている。

　たとえ，顕在的には「夫も家事育児を分担すべき」に賛成する青年が9割にものぼっても，上記のような本音を示す現状を考えると，潜在的にはジェンダー・ステレオタイプはほとんど払拭されていないのだろう。これから親になっていく青年に偏った「父性」が形成されないためにも，大人たちの意識変容やメディアの改新が望まれる。

4．認知的発達と父性の芽ばえ

　どれだけ「父性」のモデルが提示されようと，幼少の子どもたちと接する機会に恵

まれようと，ジェンダーに関する偏りない情報が提示されようと，子ども自身の認知的発達なしに「父性」は適切に機能しない。ここでは，「父性」の芽ばえに必要な認知発達的素地について見ていく。

(1) 他者視点の取得

「父性」の発達には，視点取得の能力が欠かせない。視点取得とは，他者の見方や立場でものごとを考えたり感じたりすることを指す。「父性」の一要素である"威厳あるしつけ行動"も，子どもの立場に立った視点を持ち合わせている必要があり，「子どものため」といって暴力をふるったり，暴言を吐いたりしたのでは話にならない。これは他者視点の欠けた自己中心的行動である。

セルマン（Selman, 2003）によれば，視点取得能力の発達には5つの段階があるという（表5-3）。当初は自分自身の視点でしかものごとを理解できなかった子どもが，年齢を経るにつれ，自分とは異なる他者の視点でものごとを理解できるようになり，青年期になると「三人称的・一般化された他者としての視点取得」に到達するという。これは，一般化された文脈で自分の視点を理解できることを意味する。個人の置かれる環境もさることながら，こうした個人の内的成熟が「父性」の芽ばえには欠かせないのである。

(2) 時間的展望の獲得

さらに「父性」の芽ばえを促進する要素として，時間的展望の能力があげられる。時間的展望とは，ある時点における心理学的過去，未来への見解の総体を指す（Lewin, 1951/ 1979）。いわゆる「見通し」のことである。時間的な見通しが失われ何に対しても希望をもてなくなる時期を経ながら，最終的に時間的展望が確立することが青年期の発達課題の1つとなっている。

表 5-3 視点取得能力の発達段階 (Selman, 2003 より作成)

発達レベル	おおよその年齢	視点取得能力の特徴
0	Preschool (3〜5歳)	自分自身の視点で理解する (一人称的（自己中心的）で身体的な視点取得のレベル)
1	Early elementary (6〜7歳)	自分の視点とは別個の他者の視点で理解する (一人称的・主観的な視点取得のレベル)
2	Upper elementary (8〜11歳)	他者の視点から自分の（主観的な）視点を理解する (二人称的・互恵的な視点取得のレベル)
3	Middle school (12〜14歳)	彼あるいは彼女の視点から自分たちの視点を理解する (三人称的・相互的な視点取得のレベル)
4	High school (15〜18歳)	多様な視点の文脈で自分自身の視点を理解する (三人称的・一般化された他者としての視点取得のレベル)

この時間的展望は次世代育成力と関連し（菱谷ら，2009），時間的展望の高さが，自分が将来的に親になるつもりがあること，親になる自分を想像できること，親になる自信があることと関連する（奥田ら，2010）といわれる。「父性」の芽ばえにはこうした「将来的に自分が親になる意識の高さ」も重要な役割を果たすだろう。このことから，時間的展望の発達は「父性」の芽ばえに関与することがわかる。
　しかし，「父性」にとって重要なのは青年自身の将来に対する時間的展望だけではない。子どもの将来をある程度見通せることも「父性」にとって必要な能力である。子どもが喜ぶからといって子どもの言いなりになったり，あるいは，場あたり的に厳しいしつけをしたりすることは，「父性」的な養育とはいえない。「父性」的養育とは，その子どもの将来を見据え，今，この場で自分はどうすべきか（どう子どもに対応すべきか）を考えてなされるものである。もちろん，それは独りよがりの見通しではなく，子どもの立場に立った，そして，多様な視点の文脈からの見通しでなければならない。これは先述の「他者視点の取得」とも無関係ではない。つまり，時間的展望が他者視点の取得の発達と相まって，「父性」の基盤を構築していくと考えられる。

(3) 親子関係の発達

　認知的発達に伴う親子関係の質的変化も「父性」の芽ばえに関与すると考えられる。たとえば，ホワイトら（White et al., 1983）は，青年期から成人初期までの人物を対象としたインタビューによって，その時期の視野の広がりや家族との相互作用のようす等の特徴を6つの段階で示している（表5-4）。これによれば，青年の発達が進むにつれ，親の立場に身を置き，親の視点でものごとを見る能力を有していくことがわかる。こうした能力によって，青年は，これまで受けてきた「父性」的養育が自分にどのような効果をもたらしてきたか，その価値を知ることとなる（もちろん，適切な「父性」的養育を受けてきた場合に限るが）。
　表面的な憧れによって「父性」モデルをそのまま真似した幼児期から，「父性」的関与に反発を抱いた思春期を経て，いよいよ「父性」の真の意味や価値を青年自身が理解するにいたる。それらは，父親になった時のさらなる「父性」発達につながっていく。
　とはいえ，ある年齢に達すれば自動的に各発達レベルに到達するわけではない。他者との接触経験が乏しければ他者の視点に立つことは困難になるだろうし，適切なモデルが存在しなければ時間的展望も歪むかもしれない。また，それまで不適切な親子関係を形成していれば親の立場に立つことはかえって問題であるかもしれない。
　当然のことではあるが，「父性」は我が子を目の前にして突然生起するものではない。それ以前のさまざまな経験や知識，認知的発達が相互に関与し合って「父性」が

表 5-4 ホワイトらの親子関係の発達段階 (White et al., 1983 より作成)

発達段階	特徴
1. 個性化の段階	子どもは両親から分離した自己を強調する。子どもはしばしば自分が正しく，両親が間違ったもの，自分は時代に合っているが両親は古いものとしてみなす。子どもは多くの「私」の陳述を用い，自分が現在，成長している存在であることを強調している。
2. 個性化に関係の視点が加わる段階	子どもは両親との関係において自分が寄与しているという視点をもつ。例えば，物事を引き起こし，心配の原因となっている自分自身の過去の役割をみるなど。しかしながら，両親についての視点は単に自分との関係におけるものであり，分離した自律的な大人としての両親の視点ではない。
3. 個性化に両親の視点が加わる段階	子どもは両親の立場に身をおき，両親の目で物事をみる能力をもつ。
4. 個性化に相互な視点が加わる段階	個性化された子どもは，両親の視点を十分に発達させており，両親が自分たちを1人の個人としていかに眺めているかということについてのはっきりとしたイメージをもっている。両親は，子どもがアドバイスを与える者であり，ケアしてくれる者，自分自身の意見をもっている者であることを理解できている。しかしながら，子どもと両親とが互いに仲間のようにふるまう事実はほとんどない。
5. 相互性の始まりあるいは実用段階	仲間のような相互作用の事実がみられ，互いに個別の人間としてみなしている。しかし，互いの相互作用は最近のものか，あるいは安全で表面的な領域に限定されている。
6. 完全に仲間のような相互性の段階	―

芽ばえるのである。そして，その芽ばえは実際に父親になった後の本格的な「父性」発達の土壌が整備された証となる。この節では，青年期までの「父性」の芽ばえについて，それに関与する要因を検討してきた。次節では，この土壌上に築きあげられる本格的な「父性」について，その発達要因を検討していく。

2 節　父性の発達

1. 結婚と父性の発達

　結婚は「父性」の発達に関与するのだろうか。国立社会保障・人口問題研究所が2005年に行なった独身者を対象とする結婚と出産に関する全国調査（図5-1）によれば，男性が思う結婚の利点の第2位は「子どもや家族をもてる」ことだという。これは2002年に行なわれた前回の調査から7％アップして33％であり，第1位の「精神的安らぎの場が得られる」の36％とは僅差となっている。

　この数値が高いといえるかどうかわからないが（女性の45％と比較すると低いようにも感じるが），少なくとも独身者のおよそ3割が結婚の先に「子どもをもつ」こ

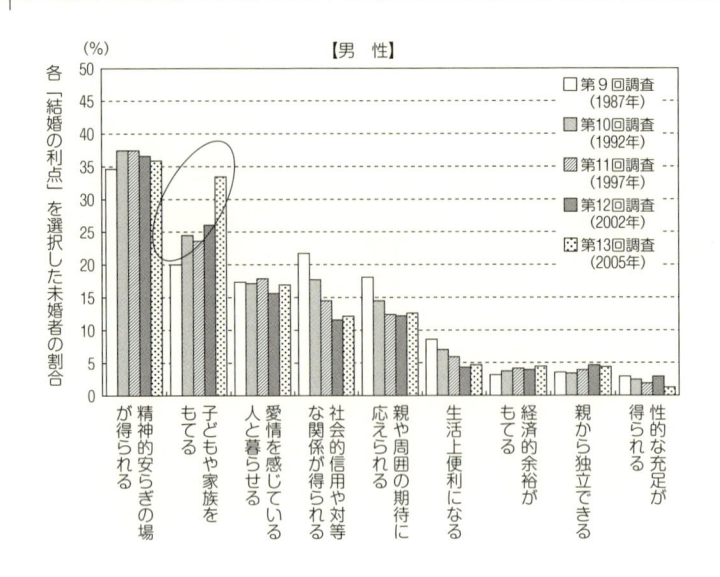

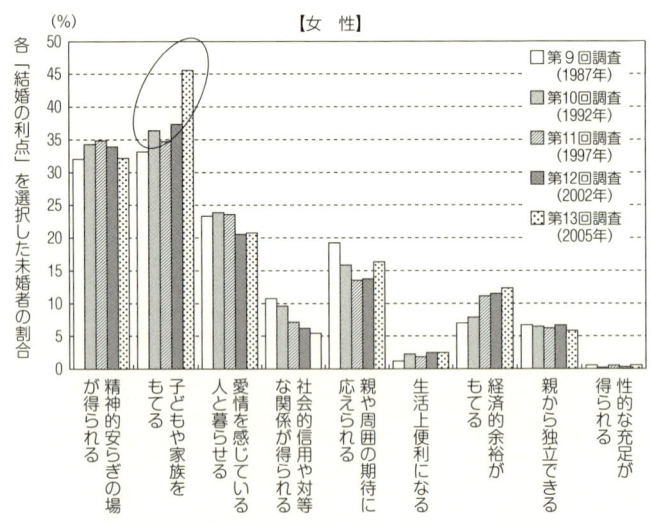

図 5-1 結婚することの利点（国立社会保障・人口問題研究所, 2007b より引用）

（注）18〜34歳未婚者のうち何％の者が，各項目を主要な結婚の利点（2つまで選択）として考えているかを示す。

とを意識し，それを利点ととらえている。つまり，これらの男性にとって，結婚は将来自分が父親になる可能性を意識させるイベントであることから，結婚は「父性」的自己を想起する契機となるかもしれない。

2．妻の妊娠・出産と父性の発達

（1）妊娠期における父性の発達と影響要因

　妻の妊娠や出産は，男性にとって自身が父親になることを意味しており，そのことは父親としての自覚，「父性」の発達に関与することが推測される。山本ら（1995）は，妊娠中（初産）の妻をもつ夫128名を対象に，妊娠期における父性性の発達と影響要因について検討している（図5-2）。それによれば，この時期に高まる父性性は「父親胎児愛着因子」（父親としての感情，父親として児を養育する想像など），「育児肯定因子」（育児行動への意欲など）であるという。

　しかし，単に妊娠期になればこれらの父性性が高まるわけではない。これらの因子が高まる影響要因として，幼い子どもを庇護する感情などのほかに，「夫婦関係因子」（妻を庇護する役割意識，良好な夫婦関係など）があげられている。ウィーバーとクランキー（Weaver & Crankey, 1983/1988）も，父親の胎児に対する愛着行動

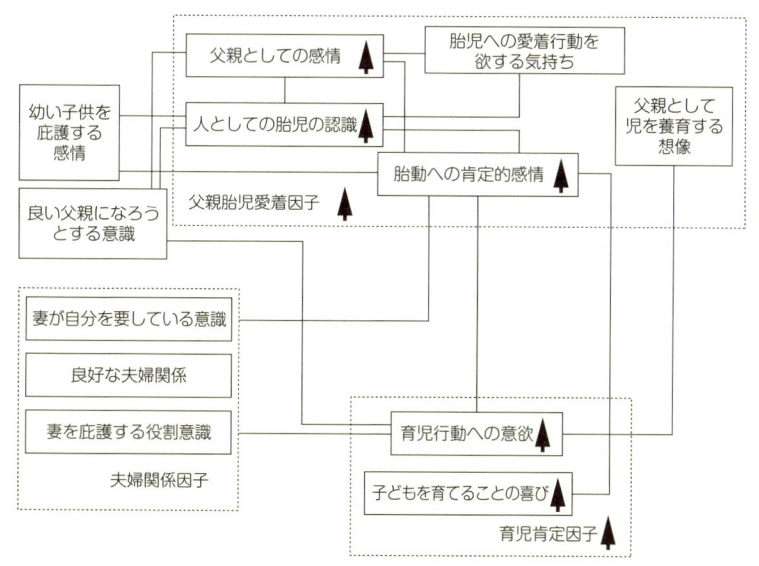

図 5-2　妊娠期における父性の発達と影響要因（山本ら，1995）
▲：妊娠期に高まると考えられる父性性

と夫婦関係に正の相関があることを報告している。また，父親の年齢によっても父性意識の変化の仕方が異なること，児との初回接触が早いほど父親としての実感が生じる時期が早いこと（三浦・加納，2004），父親からの被養育経験（津島ら，1986）やこれまでの幼少の子どもとの接触経験（福田・柳沢，2010）が父性（親性）の発達に関与する等の報告がある。すなわち，妻の妊娠は「父性」の発達を促進するが，そこにはさまざまな要因が複雑に関与しているといえる。

（2）夫と妻の意識の相違

新道・和田（1990）によれば，妊娠により妻の腹部が目立ち始め，全体に妊婦らしい体になるのを見ることで，実際に自分が父親になろうとしていることを意識し始めるという。しかしながら，父性意識の形成は母性意識より遅れるともいわれる。赤川ら（2009）は妊娠期，初回接触後，出産1か月後の時点での父母の対児感情を拮抗指数（数値が高いほど児に対して否定的な感情があり，数値が低いほど肯定的な感情がある）を用いて比較しているが，いずれも子どもに対する肯定的感情は父親の方が低い（図5-3）。また，村上ら（1995）も大半の男性が胎児との相互作用を望むものの，父親意識については約半数の者が芽ばえないと報告している。

さらに，小野寺（2003）は，妊娠7～8か月から親になって3年間に男性・女性の自己概念がどのように変化するかを自己概念全体を10とした時に各概念が占める割合から検討している（図5-4）。そこでは，母親となって2年，3年を経ると女性は「母親としての自分」が「社会（仕事／地域活動など）にかかわる自分」や「妻としての自分」よりも有意に高くなることが示された。ところが，男性は妻の妊娠期から父親となって3年経る間，「父親になろうとしている自分（父親としての自分）」の伸びはほとんどなく，「社会（仕事／地域活動など）にかかわる自分」が妊娠期よりも父親3年後で有意に高くなっている。

つまり，女性は，妊娠期や育児開始から数年の間に母親意識が高まるにもかかわら

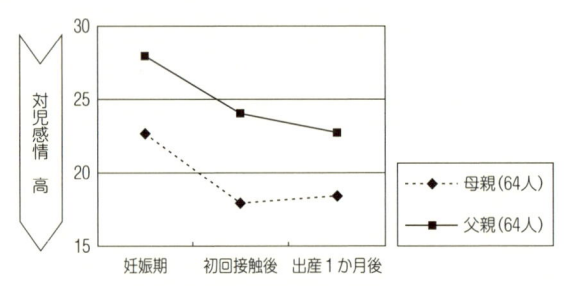

図 5-3　父・母による拮抗指数の変化（赤川ら，2009より作成）

第5章　男性が父親になるプロセス

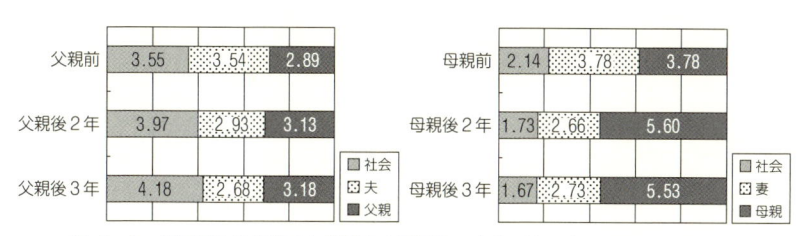

	社会	夫	父親
父親前	3.55	3.54	2.89
父親後2年	3.97	2.93	3.13
父親後3年	4.18	2.68	3.18

	社会	妻	母親
母親前	2.14	3.78	3.78
母親後2年	1.73	2.66	5.60
母親後3年	1.67	2.73	5.53

図5-4　妊娠期から出産3年後間の自己概念の変容（小野寺，2003より作成）

ず，男性はそうした父親意識がなかなか高まらないのである。これはどういうことなのだろうか。

　それは，父親は悪阻や胎動といった胎児の存在を間接的にしか体感できないためということが考えられる。また，父親の年齢も関係する。人口動態統計（厚生労働省大臣官房統計情報部，2011）によると，男性が第1子をもつ平均年齢は2009年では31.8歳である。この時期の男性はいわゆる働き盛りであることから〔週60時間以上働く30代男性（フルタイム労働者）は他の年齢層と比較して最多であり，25％を超える（内閣府，2006）〕，どうしても「社会にかかわる自分」という自己概念の割合が高くなる。そのうえ，子どもをもつことに伴い「家族を養う責任」を強く感じることで，父親の実感よりも仕事人としての自己を強く意識せざるを得なくなったのかもしれない。

　とはいえ，子どもが誕生すれば父親の大半は父親の実感をもつようになる（宮中ら，1993；佐々木，2009）。重要なのはそうした意識の継続と実践（父親としての子どもとのかかわり）の存否にあるのではないだろうか。

3．育児と父性の発達

　父親の育児時間が短いことは先述の通りであるが，その中で，父親はどのようなかかわりをもっているのだろうか。ベネッセ次世代育成研究所（2010）は，さまざまな育児行動について，「いつもする」「時々する」と回答した父親の割合を報告している。それによれば，子どもがぐずった時になだめるが9割弱，園の行事参加やオムツ替えが8割強，子どもを叱ったりほめたりするが6割強としている。限られた時間の中で可能な養育行動が選択され実行されているようである。

　このように，何とか育児に関与しようとする意識や努力は，父親にとってけっしてむだにはならない。清水（2008）は，父親の自由記述を元に，父親が育児幸福感（育児中に感じる肯定的な情動）につながる最も高い事象として，子どもが「新しいことができるようになった時」や「最後までやり遂げた時」などをあげている。これらは，

まったく育児に関与しなければ目のあたりにできない事象である。つまり，日常的な育児関与は父親の育児幸福感を高めるわけである。その育児幸福感はさらなる育児関与へとつながっていく。

　父親が育児にかかわっていくことの有用性は十分理解できたと思う。しかし，先述の通り，時間的な制約からかかわりたくてもかかわれない現実がある。また，1節でも述べたように，これまでほとんど育児経験を有していないことによって，父親が幼少の我が子に関与することに不安を抱いたり，仕方がわからずに育児関与を放棄してしまうケースも少なくない。さらには，近年減少傾向にはあるが「男は仕事，女は家事育児」といった価値観のために，積極的に育児に関与しようとしない父親もいる。こうした状況を改善すべく，さまざまな支援活動がなされている。たとえば，男性の育児休業取得を奨励する試み（「広島市職員子育て支援プラン」など），父親の役割の学習や仕事と子育てについての考察，ワークショップを行なうもの（「NPO法人新座子育てネットワーク」など），男性の主体的な子育て参加，子育ての方法などについて学習するもの（「福山大学・男性のための子育て講座」など）である（青野，2009）。全国的にこうした支援が活性化し，父親の育児関与が高まり，「父性」の発達が促進されていくことを切に願う。

4．子どもの自立と父性の発達

　一般に，青年期の入り口に立つ子どもたちには第二反抗期が訪れる。これは自我の覚醒や自己意識の高まりにより，親などに対して反抗，悲観，攻撃などを示す時期を指す。子どもの自立のきざしであり，さまざまな試練に立ち向かってそれらを乗り越えていかなければならない。じつは，父親にとってもこうした子どもの第二反抗期に直面することは人生の試練といえる。父親の子離れの苦しみとでもいおうか。

　子離れできないという話が出ると，たいてい母親と子どもの関係を思い描く。子離れに関する先行研究の対象はたいてい母親である。母性によって子どもを囲い込み，あれこれと子どもに必要以上の手をかけて自立を阻むという構図である（やはり，母親であっても「母性」と「父性」を併せもつ必要性を痛感する）。最近では，こうした過保護な親を「ヘリコプター・ペアレント」とよぶようである。米国医師のフォスター・クラインの教育書に掲載されたことばらしいが，子どもの頭の上で旋回しているというイメージだそうだ。

　さて，父親の子離れに話を戻すと，父親の場合も子どもの囲い込みがみられる。しかし，それは上述のような母親の囲い込みとはいささか異なる。父親のそれは価値観の囲い込みである。つまり，これまで「父性」を発揮して子どもに価値観を示し続け

てきた父親が，今度は青年期にさしかかった子どもから別の価値観を突きつけられる。その時に，交渉の余地なく一方的に父親自身の価値観を押しつけ返して子どもを囲い込む。ここで父子の衝突が起こるか，子どもが飲み込まれるか，あるいは父親の前でだけ調子よくふるまい，子ども自身は確固とした価値観を形成するか，それはさまざまな要因に応じて異なる。ここでいう父親の子離れの苦しみとは，自分に従順だった子どもが口応えしたり，反発する姿から自立のきざしを見いだし，それを受容していくという苦しみだけをいうのではない。今まで父親が培ってきた価値観を見直し，修正可能な部分は修正しなければならない苦しみをも意味する。何十年もかけて構築してきた価値観を修正することは並たいていのことではない。時間はかかるかもしれない。しかし，それも「父性」の発達の1つだと考えられる。子どもの新しい価値観に対し，認めるところは認め，しかしながら崩してはならない部分は断固として子どもに示し続ける。このバランスの加減はかなりむずかしい。それが首尾よくいった父親は子どもとの対立や葛藤を最小限に抑えられる。第二反抗期がみられない青年の中にはこうしたケースも少なくない。

　ところで，皮肉なことに，これまで「父性」を示してこなかった父親に，この子離れの苦しみはない。子どもに対して何ら価値観も示さず，リーダー性も示してこなかったのであるから，自分と異なる価値観を呈し，自分に従わない子どもに対して葛藤が生じないのも当然である。にもかかわらず，不快感が生じるとすれば，それは自分が父親役割を果たしてきたという単なる自己欺瞞によるものにすぎない。あるいは，他者が自分の思い通りにならないという腹立たしさ，父親の気随である。

　正当な子離れの苦しみは，父親として「父性」を示してきた証である。さらなる「父性」の発達のためにも，父親は適切な柔軟性をもって自身と子どもに向き合うことが大切なのである。

5．社会の期待と父性の発達

　現代社会はなぜ「父性」の発達を期待するようになったのだろうか。これは社会構造の変動によるものとされる。歴史的にみると，そもそも，子どもの教育・しつけや家政に関するいっさいは，父親が中心となって担っていた。これが1節でも述べたような産業構造の変化によって，父親役割は外で働くことをメインとするようにシフトしてきた。ところが今やこの構造もさらなる変化を呈し，女性の社会的労働力が期待されるとともに，少子化の流れをくい止める必要性が高まってきた。そのためにさまざまな策が講じられ，国自らが「三歳児神話」の妥当性を否定するにいたっている。女性の労働力の向上や少子化への歯止め対策の1つとして，社会は父親の育児関与，

ひいては「父性」の発達に期待の目を向けたのである（もちろん，「父性」は社会変化の都合だけでその発達を推されているわけではないことは，これまで記述した通りである）。

では，現代社会において，どのような父親が待望されているのだろうか。舩橋（2004）は，父親の育児参加を待望する声を「父親コール」と表わし，ジェンダーの視点から3類型に整理している（表5-5）。第一類型は「幸福な家庭」志向型の父親コールである。これは，性別役割分業を温存しつつ私生活中心化を図る一部の若い女性たちの声だという。女性にとって都合のよい話で，女性自身は子育てと外での仕事を両立する考えはない。男性に育児と仕事の両立を期待する形態である。都内に住む25～39歳の女性を対象とする目黒ら（1996）の調査によれば，このタイプに分類された女性は全体の3割を占める。第二類型は「父親の権利」志向型の父親コールである。これは，主として男性の声であり，子どもにとっての父親の重要性を強調するものだという。父親の育児関与の重要性はこれまでも述べてきたが，このコールはいささかようすが異なる。つまり，ここでいう父親の具体的な父親役割は「権威，家族のシンボル，許可する者，家族の柱」といった保守的内容である。父性の発揮を訴える点では現代の潮流に合っていないが，男性が決定し女性が従うという過去へのタイムスリップ的な様相を呈したコールといえる。そして，第三類型は「両性平等」志向型の父親コールである。北ヨーロッパの男性運動や社会政策の中でこのコールが豊富にみられるという。現代社会で期待される父性の形は，このコールが描く父親像に近いのではないだろうか。その特徴は以下の通りである。①育児期の家族における親役割（扶養，しつけ，世話など）の全面的で平等な分担。②家族集団の固定的な長としての父親決定ではなく，母親と対等な一成員としての合意形成。③育児を狭い家族の中だけに閉じ込めずに，社会的な育児環境の整備に努める。

舩橋（2004）の示す3つのコールを概観したが，第一，第二のコールにとどまっていては現代社会に適合した「父性」の発達は困難であろう。「両性平等」ということばには危険も孕んでいるが，それが1人歩きしない限り，やはり第三のコールに向け

表5-5 父親コールの種類と特徴 （舩橋，2004より作成）

	父親コール	特　徴
第一類型	幸福な家庭志向型	男性には外でしっかり稼ぐとともに育児にも熱心に参加すべしという要求。
第二類型	父親の権利志向型	従来の父親の地位と役割を守り，維持すべしという要求。
第三類型	両性平等志向型	父親も母親も同等に実際的な家事・育児を分かち合い，父親も母親もともに育児と両立するような働き方をしながら，社会的性別役割分業の変革と家族の新しい連帯の形を模索すべしという要求。

ての政策が今後の「父性」の発達に対して功を奏するのではないだろうか。

6．父性の発達促進モデル

ここまで「父性」の発達に関連する要因を見てきた。これらをまとめ，「父性」の発達を促進するであろう要因をモデル化したものが図5-5である。男性は誕生以来さまざまな要因の影響を受けながら少しずつ「父性」を発達させていく。また，これらの要因は複雑に絡み合いながら，「父性」の発達に関与していくと考えられる。

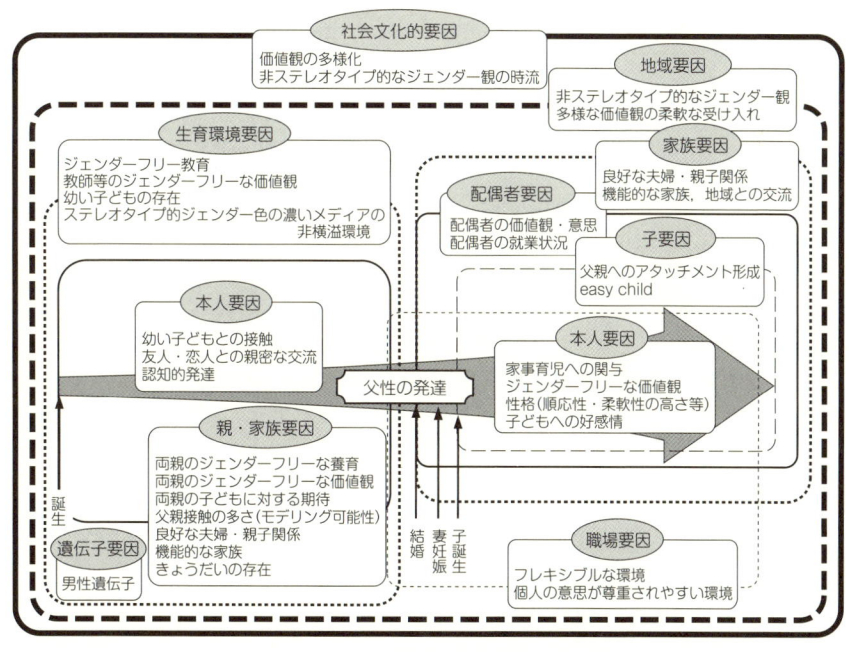

図5-5 父性の発達促進要因のモデル図

社会文化的要因
価値観の多様化
非ステレオタイプ的なジェンダー観の時流

地域要因
非ステレオタイプ的なジェンダー観
多様な価値観の柔軟な受け入れ

生育環境要因
ジェンダーフリー教育
教師等のジェンダーフリーな価値観
幼い子どもの存在
ステレオタイプ的ジェンダー色の濃いメディアの非横溢環境

家族要因
良好な夫婦・親子関係
機能的な家族，地域との交流

配偶者要因
配偶者の価値観・意思
配偶者の就業状況

子要因
父親へのアタッチメント形成
easy child

本人要因
幼い子どもとの接触
友人・恋人との親密な交流
認知的発達

→ **父性の発達** →

本人要因
家事育児への関与
ジェンダーフリーな価値観
性格（順応性・柔軟性の高さ等）
子どもへの好感情

親・家族要因
両親のジェンダーフリーな養育
両親のジェンダーフリーな価値観
両親の子どもに対する期待
父親接触の多さ（モデリング可能性）
良好な夫婦・親子関係
機能的な家族
きょうだいの存在

遺伝子要因
男性遺伝子

誕生　結婚　妻妊娠　子誕生

職場要因
フレキシブルな環境
個人の意思が尊重されやすい環境

第6章 父親と家族

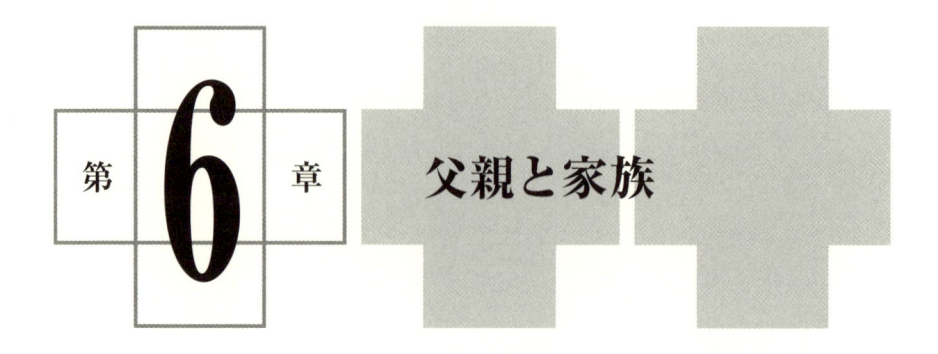

1節　家族の発達段階

1．個人の発達段階と父親

　個人の発達は家族に影響し，家族の変化も個人の発達に影響を及ぼす。個人は家族システムに組み込まれているため，当然のことながら密接に関連し合う。ここではエリクソン（Erikson, 1982/ 1989）とハヴィガースト（Havighurst, 1972/ 1993）の発達理論を取りあげ，個人の発達と男性（男児）が父親になっていく過程とを関連づけて検討していく。

（1）エリクソンの心理社会的発達段階

　エリクソンは人生を8段階に分け，その段階にクリアされることが望まれる発達課題を提示した（図6-1）。クリアし損ねた課題については，後から遡ってその課題に取り組むことは可能であるが，過去に未解決の課題があると次の発達課題をクリアすることは困難になる。

　この論では，実際に父親として子どもを育て社会に送り出す段階は成人期にあたるが，そこにいたるまでは階段を上るようにさまざまな発達課題をクリアしていかなければならない。これらの発達課題がクリアされることは，父親になった後，どう関与してくるのだろうか。

　まずは，乳児期の「基本的信頼 vs. 基本的不信」である。乳児期にどのような養育を受けてきたかによって課題クリアが左右される。つまり自分（乳児）がシグナルを発した時，養育者がほどよく適切に応えてくれた経験を多くもてると，「自分の欲求

Ⅷ 老年期								統合性 vs. 絶望
Ⅶ 成人期							世代性 vs. 停滞	
Ⅵ 前成人期						親密性 vs. 孤立		
Ⅴ 青年期					自我同一性の確立 vs. 自我同一性の拡散			
Ⅳ 学童期				勤勉性 vs. 劣等感				
Ⅲ 幼児後期			自主性 vs. 罪悪感					
Ⅱ 幼児前期		自律性 vs. 恥・疑惑						
Ⅰ 乳児期	基本的信頼 vs. 基本的不信							
徳（力）	希望 (hope)	意思 (will)	目的 (purpose)	有能 (competence)	忠誠 (fidelity)	愛 (love)	世話 (care)	英知 (wisdom)

図 6-1　エリクソンの心理社会的発達段階（Erikson, 1982／1989 より作成）

に応えてくれるこの世界（他者）は，どうやら信頼できそうだ」「この世界（他者）に欲求を叶えてもらえる私は，信頼できる存在だ」という感覚が芽ばえる。これが自他に対して基本的に信頼できるという感覚であり，将来父親になる際にも，妻や子どもを信頼し，また父親である自分に対しても信頼がもてる重要な感覚となる。親密な関係性を築かなければならない家族に信頼感を抱けなければ，機能的な家庭を形成することはできない。人生をよりよく生きる基盤となる重要な感覚である。

　続く幼児前期の「自律性 vs. 恥・疑惑」，幼児後期の「自主性 vs. 罪悪感」，児童期の「勤勉性 vs. 劣等感」も，自分（幼児・児童）の意思や行動に対して家族や教師等，周囲の大人がどのように対応するかによってその課題のクリアが左右される。つまり，自身に信頼を置けるようになった自分（幼児・児童）が自己を主張し，さまざまなことに挑戦し，懸命に取り組むことに対して，周囲の大人が容認し（すべての行動を容

認せよというのではない)，ほめ，励ましてくれた経験を多くもてると，「あの目標に向かって自力で一生懸命やろう，がんばればできる」という感覚が獲得できる。これは父親になった時，目標をもって子育てに懸命に取り組むことや父親としての有能感をもつことにつながる。場あたり的な子育て，消極的な子育て，過剰に自信のない子育てでは機能不全な父親といわざるを得ない。

そして，青年期を迎え，「自我同一性の確立 vs. 自我同一性の拡散」の課題に取り組むことになる。自分に目を向け，自分とはどのような人間なのか思い悩みながらも，さまざまな人間関係を形成することでこれらの問いに答えを見つけていく。自分の信念や価値観を見いだし，それに従って意思決定したり行動していく。こうして確固たる自己を形成していくのである。これがクリアできると，続く成人期において，互いのアイデンティティを融合させるような親密な対人関係（夫婦関係）を結び，新しい家庭を築いて"愛"を獲得しやすくなる（「親密性 vs. 孤立」の課題のクリア）。また，「世代性 vs. 停滞」が課題である成人期でも，父親として子どもに自身のイデオロギーを示し（「父性」の発揮），成人期に得た"愛"を子どもに注いで十分に成長させ社会に送り出す"世話"の獲得につながる。

最終段階の老年期では子育ても終わり，父親としての役割はおよそ終焉を迎える。人生の振り返り，これまでの人生を受容することで「統合性 vs. 絶望」の課題をクリアし，"英知"獲得にいたる。

(2) ハヴィガーストの発達課題

ハヴィガーストの生涯にわたる個人の発達段階において，男性（男児）が父親になる第一歩は乳幼児期からスタートする（表6-1）。「性差の学習」である。それは，人間に男女という2つの性があり，自分はそのうちの男性であると認識することである。そして，その認識は児童期に「男子に適した社会的役割の学習」へと移行する。あくまで男子としての社会的役割であるが，父親となる基盤形成として必要不可欠な発達課題となるだろう。青年期ではいよいよ「男性の社会的役割の学習」や「結婚と家庭生活の準備」が始まる。これらは自身を父親へと導く直接的課題である。また，父親にとって，子どもや妻に自分のイデオロギーを提示したり，社会的に責任のある行動を示していくことは重要な役割であるが，その土台もこの青年期に形成される。

さて，父親への準備段階は終了し，事実上父親となる早期成人期を迎える。「配偶者を選択」し，「家族を形成」することを経て，「育児」という発達課題が訪れるのである。父親本番。新しい家族を迎えて，これまで培ってきた価値観や役割を適宜修正しながら子育てが始まる。また，「家の管理」に取り組むこともこの時期に課せられた課題である。父親としてどのように家を管理していくか。これまで個人内の成熟に

表 6-1　ハヴィガーストの発達課題（Havighurst, 1972/1993 より作成）

発達区分	課題
乳幼児期 （〜5歳頃）	①歩行の学習 ②固形食摂取の学習 ③しゃべることの学習 ④排泄コントロールの学習 ⑤性差および性的な慎みの学習 ⑥社会や物事の概念形成と言語の学習 ⑦読む学習の準備 ⑧善悪の区分の学習および良心の発達の準備
児童期 （6〜12歳頃）	①通常の遊びに必要な身体技能の学習 ②成長しつつある生体としての自己に対する健全な態度の学習 ③同年代の友達とうまくやっていくことの学習 ④男子・女子に適した社会的役割の学習 ⑤読み書きと計算の基礎的技能の発達 ⑥日常生活に必要なさまざまな概念の発達 ⑦良心，道徳心，価値尺度の学習 ⑧個人としての自立の達成 ⑨社会集団や社会制度に対する態度の発達
青年期 （12〜18歳頃）	①同世代の異性との新しい成熟した関係の形成 ②男性・女性としての社会的役割の学習 ③自分の身体の受容 ④親や他の大人たちからの情緒面での自立 ⑤結婚と家庭生活の準備 ⑥就職の準備 ⑦行動の指針としての価値観や倫理体系の体得―イデオロギーの発達― ⑧社会的責任のある行動の欲求および実行
早期成人期 （18〜30歳頃）	①配偶者の選択 ②配偶者と暮らすことの学習 ③家庭の形成 ④育児 ⑤家の管理 ⑥就業の開始 ⑦市民としての責任の受諾 ⑧気心の合う社交集団の探索・参加
中年期 （30〜60歳頃）	①10代の子どもが責任を果たせる幸せな大人になるための援助 ②大人の社会的責任，市民としての責任の遂行 ③職業生活で満足のいく地歩の築き・維持 ④大人の余暇活動の構築 ⑤配偶者との関係性の再構築 ⑥生理学的変化の受容と適応 ⑦老いゆく親への適応
老年期 （60歳頃〜）	①体力と健康の衰退への適応 ②退職と収入減少への適応 ③配偶者の死に対する適応 ④自分の年齢集団の人との率直な親しい関係の確立 ⑤柔軟なやり方での社会的な役割の獲得・適応 ⑥満足いく住宅の確保

焦点化されてきた課題が，ここにきて子どもや家をも視野に入れた課題へと，一気にその対象が広がる。

中年期では子どもも10代となり，父親としての役割も変容の局面を迎える。これまでの幼い子どもに対する父親の態度や行動に固着していては，子どもの健全な成長は図れない。父親として，柔軟な態度をもちながら，子どもが幸せな大人に成長できるよう適切なしつけや愛情を付与することが大切である。

そして，老年期を迎え，父親という役割はアイデンティティの中核を外れる。代わりに個人の生活の安寧を図ることが課題となる。

2. 家族ライフサイクルの諸所説

個人が誕生から死までさまざまな課題に取り組みながら発達していくのと同様に，家族も長いスパンの中で各段階の課題を遂行しながら変化，発達していく。こうした家族の発達段階は，多くの研究者が独自の切り口から提起している。ここでは，家族のライフサイクルに関する諸所説を概観する。

家族ライフサイクルとして有名なのが，結婚から配偶者の一方の死による夫婦消滅までを9つの段階に分けたヒルの9段階説である（表6-2）。これに日本的事情を加味して作成されたのが森岡の8段階説である（表6-2）。また，ヘイリィ（Haley, 1973）は，臨床経験に基づき，エリクソンのライフサイクルを基盤として6段階説を唱えた（表6-3）。そして，このヘイリィの家族ライフサイクルを参考に，佐藤（1984）は以下の5段階のライフサイクルを示している（表6-3）。エリクソンの心理社会的発達段階と同様に，各段階での課題がその段階で遂行されずに次の段階にもち越されると危機に遭遇し，それでもなおかつ回避し続けると家庭解体に陥る。特に拡張期・拡散期は子育てが中心となる時期であるため，夫婦間の綿密な協議（子育て方針等にまつわる同意），父親役割・母親役割の遂行が課題達成ひいては家族維持に

表6-2　家族ライフサイクル（森岡, 2003）

ヒルの家族ライフサイクル	森岡の家族ライフサイクル
I　子どものない新婚期	I　子どものない新婚期
II　若い親の時期	II　育児期
III　前学齢期	III　第一教育期
IV　学齢期	IV　第二教育期
V　思春期の子をもつ時期	V　第一排出期
VI　成人の子をもつ時期	VI　第二排出期
VII　子どもの独立期	VII　向老期
VIII　脱親役割期	VIII　退隠期
IX　老いゆく家族	

第6章　父親と家族

表6-3　家族ライフサイクルと発達課題・危機（Haley, 1973；佐藤，1984より作成）

ヘイリィの家族ライフサイクル	佐藤の家族ライフサイクル		
段階	段階	発達上の課題	危機
デートから婚約へ	（前成立期）		
結婚	成立期 婚約から結婚を経て，第1子妊娠まで	"親密性"と"境界"の確立 ・性的親密性 ・性愛的親密性 ・情愛的親密性	依存と自立，権利と義務の葛藤 ・性的不適応 ・家庭内役割不適応 ・職業的不適応
子の出生としつけ	拡張期 第1子の誕生から第1子の成人・巣立ちまで	"生産性"の追求 ・親業を引き受ける ・教育，養育，消費行動，職業傾斜についての同意 ・夫婦間の勢力関係の定着	・子どものしつけの破たん ・健康管理の破たん ・夫婦関係の破たん ・成人病
中高年結婚生活	拡散期 第1子が巣立ってから末子が成人・巣立つまで	"成熟度"をチェックする ・親密性 ・依存と自立 ・自尊心 ・実存的不安	・各種の喪失を体験する ・第三者介入 ・薬物中毒 ・抑うつ状態 ・成人病
子離れ	回帰期 夫婦2人に戻り，配偶者の定年退職まで	"対象喪失"を乗り越える ・悲哀体験の共有 ・役割の再調整 ・生活の再方向づけ	・対象喪失によってもたらされる孤独感，挫折感，不安感，抑うつ感 ・成人病
老人期の痛み	交替期 定年退職から死まで	"老いと死"を生きる ・健康を保ち老いにたち向かう ・社会から孤立しない ・配偶者との連帯 ・魂の平安	・遺棄，孤独，性不能の心配に伴う葛藤 ・老人性うつ病 ・老人性認知症 ・発病と闘病 ・死への恐怖

とってきわめて重要な要素となる。

　家族ライフサイクルの各段階における基本的な課題をさらに詳細な観点から提示したモデル（望月，1980）もある（表6-4）。家族は年齢も性別も異なる成員から構成されているため，家族の発達課題には各個人の発達課題が組み込まれる。なおかつ，それらを統括していくことが必要であり，それらの成功により次のステップに進むことができる。しかも，これらの課題は家族内で完結するものではなく，外部の要因が関与することは必須である。その非常に複雑多岐にわたる家族の発達課題を統括する役割を担うのは夫婦であって，子どもの発達課題を援助したり，出生家族との関係性を円滑にしたり，社会との関係性を築いたり，もちろん自身の発達課題にも取り組まなければならない。この大役を夫婦の一方が放棄したのでは，家族は立ち行かなくなる。特に父親の多くは家庭外の社会（仕事）を有しているため，そちらに自身の多大

第II部 父親に関する諸問題

表 6-4 家族ライフサイクル段階別にみた基本的発達課題（望月，1980 より作成）

	基本的発達課題(目標)	目標達成手段(経済)	役割の配分・遂行	対社会との関係	備　考
婚前期	・婚前の二者関係の確立 ・身体的・心理的・社会的成熟の達成	・経済的自立の準備 ・新居の設定（親との同居・別居）	・新しい性役割の取得 ・結婚後の妻の就業についての意見調整	・相互の親族や知人の是認の確保	・性衝動のコントロール ・デート文化の確立
新婚期	・新しい家族と夫婦関係の形成 ・家族生活に対する長期的基本計画 ・出産計画	・安定した家計の設計 ・耐久消費財の整備 ・長期的家計計画（教育・住宅・老後） ・居住様式の確立 ・出産育児費の準備	・性生活への適応 ・夫婦間の性役割の形成 ・夫婦の生活時間の調整 ・生活習慣の調整 ・リーダーシップ・パターンの形成	・親や親戚との交際 ・近隣との交際 ・居住地の地域社会の理解 ・地域の諸団体活動への参加	・社会的諸手続き（婚姻届，住民登録）の完了
養育期	・乳幼児の健全な保育 ・第2子以下の出産計画 ・子の教育方針の調整	・子の成長にともなう家計の設計 ・教育費・住宅費を中心とした長期家計計画の再検討	・父・母役割の取得 ・夫婦の役割分担の再検討 ・リーダーシップ・パターンの再検討	・近隣の子どもの遊戯集団の形成 ・保育所との関係 ・親族との関係の調整（祖父母と孫）	・妻の妊娠時への夫の配慮
教育期	・子の能力・適性による就学 ・妻の再就職と社会活動への参加 ・子の進路の決定 ・家族統合の維持	・教育費の計画 ・住宅の拡大・建設費の計画 ・老親扶養の設計 ・余暇活動費の設計 ・子の勉強部屋の確保	・子の成長による親役割の再検討 ・子の家族役割への参加 ・夫婦関係の再調整 ・余暇活動の設計 ・家族の生活時間の調整 ・妻の就業による役割分担の調整	・老親扶養をめぐっての親族関係の調整 ・PTA活動への参加 ・婦人会，地域社会活動への参加 ・婦人学級・成人学級など学習活動への参加 ・夫の就業活動の充実	・家族成員の生活領域の拡散への対処
排出期	・子の就職・経済的自立への配慮 ・子の情緒的自立への指導 ・子の配偶者選択・結婚への援助	・子の結婚資金の準備 ・老後の生活のための家計計画 ・子の離家後の住宅利用の検討	・子の独立を支援するための役割 ・子の離家後の夫婦関係の成長性 ・子の離家後の生活習慣の再調整	・地域社会活動への参加 ・奉仕活動への参加 ・趣味・文化活動への参加	・妻の更年期への対処
老年期	・安定した老後のための生活設計 ・老後の生きがい・楽しみの設計	・定年退職後の再就職 ・老夫婦向きの住宅の改善 ・健康維持への配慮 ・安定した家計の維持 ・遺産配分の計画	・祖父母としての役割取得 ・やすらぎのある夫婦関係の樹立 ・夫婦としての再確認 ・健康維持のための生活習慣	・子の家族との関係の調整 ・地域社会活動・奉仕活動・趣味・文化活動参加の維持 ・老人クラブ・老人大学への参加 ・地域活動への参加（生活経験を社会的に活かすこと）	・健康維持 ・内閉的生活の傾向への対処
孤老期	・ひとりぐらしの生活設計	・ひとりぐらしの家計の設計 ・ひとりぐらしの住宅利用 ・遺産分配の計画	・子どもによる役割の補充 ・社会機関による役割の補充	・社会福祉サービスの受容 ・老人クラブ・老人大学への参加 ・新しい仲間づくり，友人関係の活用	・孤立はしても孤独にならないこと

なエネルギーを投資し,家庭内の役割がおざなりになってしまう可能性も高い。父親には自分の役割の重要性を再認識し,家庭にも十分なエネルギーを注いでほしい。

3. 家族システムの変化と父親

家族発達段階説の中で,カーターとマクゴルドリック(Carter & McGoldrick, 2005)は家族システムに着目し,6段階からなる家族発達モデルを提起している(表6-5)。ここでは,男性が父親となる過程とあわせてこの理論モデルを概観していく。

新しい家族を形成するためには,まず自己をこれまでの家族から分化させ,自立の方向に向かわせねばならない(第1段階)。その後,夫婦という小さなシステムからなる家族システムを形成する。男性は家族の中で夫役割を受けもちながら,この小さなシステムを機能的なものにしていく(第2段階)。次いで,この小さなシステムに

表6-5 カーターとマクゴルドリックの家族ライフサイクル段階 (Carter & McGoldrick, 2005 より作成)

段 階	心理的移行過程	家族システムの第二次変化
第1段階 生家からの独立:結婚していない若い成人の時期	心理的,財政的に自己責任を受け入れること	a. 自己を出生家族から分化させること b. 親密な仲間関係の発達 c. 職業的,財政的な自己の独立
第2段階 結婚による両家族の結びつき:新婚の夫婦の時期	新しいシステムへの参入	a. 夫婦システムの形成 b. 生家の家族や友人との関係を,配偶者を含めたものに再編成すること
第3段階 幼児を育てる時期	家族システムへの新しいメンバーの受容	a. 子どもを含めるように,夫婦システムを調整すること b. 子育て,財政・家計の問題に取り組むこと c. 父母や祖父母の役割を含めた,生家家族との関係の再編成
第4段階 青年期の子どもを持つ家族の時期	子どもの独立や自分の親の衰えを受け入れ,家族の境界を柔軟にすること	a. 青年が家族システムを出入りできるように,親子関係を変えること b. 中年の夫婦関係,職業上の問題に再び焦点を合わせること c. 老後を気にかけ始めること
第5段階 子どもの独立と移行の時期	家族システムの出入りが増えるのを受容すること	a. 二者関係としての夫婦関係の再構築 b. 成長した子どもと親との関係を成人同士の関係に発達させること c. 姻戚や孫を含めての関係の再構成 d. 親(祖父母)の老化や死に対応すること
第6段階 晩年の家族	世代的な役割変化を受容すること	a. 生理的な老化に直面しても,自分および/あるいは夫婦の機能を維持し,新しい家族的社会的な役割を選択すること b. 中年世代がいっそう中心的な役割を担うように支援すること c. 過剰介入なしに,これまでの経験や知恵で若い世代を支援すること d. 配偶者やきょうだい,友人の死に対処し,自分の死の準備を始めること

子どもという新メンバーが加入し，家族システムを再構成していく。男性は夫役割のほかに父親役割を初めて担うこととなり，妻，子，さらには自分たちの親との関係を調整しながら機能的な家族システムを再構築していく（第3段階）。前の段階では子どもと比較的密接にかかわってきた父親も，子どもが青年期を迎えると，その関係を変容させなければならない。つまり，子どもの家族システムへの関与度合をある程度柔軟にし，子どもの独立をうながす役割を担うのである。それに伴い，家族全体のシステムも再構築していく必要が生じる（第4段階）。子どもが生家を離れる段になると，父親と子どもという親子関係を成人どうしの関係に移行させていく。また，妻やきょうだい，自分たちの親との関係性も再構成を要する（第5段階）。そして，子どもの世代が中心となる家族システムの形成に適度に助力しつつ，家庭的，社会的な新たな役割を選択していく（第6段階）。

父親役割は，その準備段階から後身への移譲の時まで，さまざまに形を変えて家族システムに関与し，また家族システムからも影響を受ける。その時々の家族変容に対応していくことが，機能的な父親役割を果たすために大切なのである。

2節　家族の抱える問題

1．家族の病理と危機管理

ここまで，さまざまな個人あるいは家族の発達段階説を概観し，それらに基づいて父親がどのように形成され，その役を降りていくのか，その一般的な過程を見てきた。

以下では，岡堂（2008）の家族のライフサイクルモデル（図6-2）の中に示されている「ネガティブな家族のライフタスク」にしたがい，各ステージに現われやすい病理・危機に着目しながら，父親機能の不全との関連性について検討していく。

まず，父親の誕生には家族の形成と子どもの誕生が必須である。ところが，いわゆる結婚適齢期を迎えても独身でいる成人が増え，30歳を過ぎても「まだ結婚する気はない」と答える男女が年々増加傾向にある（国立社会保障・人口問題研究所, 2007）。表6-6を見ると，特に男性は35歳を過ぎてもその傾向が続くことがわかる。

この状況は，岡堂（2008）の示すステージ0のネガティブな家族のライフタスクに関係する。このステージ0のネガティブな家族のライフタスクとは，結婚への準備段階で，配偶者候補となり得る人物（異性）に対して"自己抑制"し（自分の内面を開示せず），必要な自己開示や役割の相補性，パートナーシップの結晶化等のタスクに

第6章　父親と家族

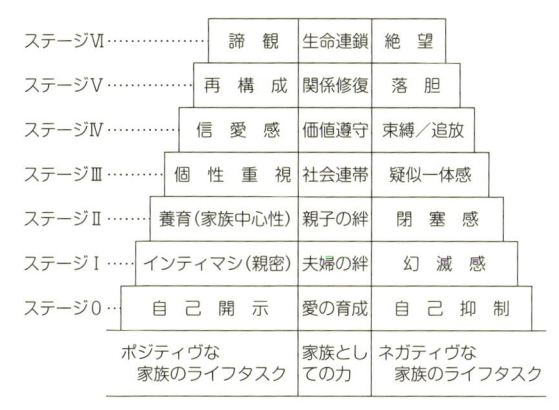

図 6-2　家族システム過程 (岡堂, 2008 を一部改変)

ステージ	ポジティヴな家族のライフタスク	家族としての力	ネガティヴな家族のライフタスク
ステージⅥ	諦観	生命連鎖	絶望
ステージⅤ	再構成	関係修復	落胆
ステージⅣ	信愛感	価値遵守	束縛／追放
ステージⅢ	個性重視	社会連帯	疑似一体感
ステージⅡ	養育(家族中心性)	親子の絆	閉塞感
ステージⅠ	インティマシ(親密)	夫婦の絆	幻滅感
ステージ0	自己開示	愛の育成	自己抑制

表 6-6　年齢別・性別にみた「まだ結婚する気はない」回答割合の推移 (国立社会保障・人口問題研究所, 2007 より引用)

年齢	【男性】					【女性】				
	第9回調査(1987年)	第10回(1992年)	第11回(1997年)	第12回(2002年)	第13回(2005年)	第9回調査(1987年)	第10回(1992年)	第11回(1997年)	第12回(2002年)	第13回(2005年)
18～19歳	86.5%	85.7	80.6	69.6	84.2	73.5%	76.4	76.8	76.7	79.8
20～24歳	71.6	72.1	67.4	70.8	71.0	52.7	55.7	53.9	56.0	60.6
25～29歳	31.5	37.5	42.7	45.1	46.3	16.6	19.7	26.9	29.3	28.9
30～34歳	14.5	12.8	21.5	25.9	28.9	13.2	14.0	18.4	16.1	19.4
総数 (18～34歳)	57.3%	59.3	56.5	55.9	56.0	49.5%	50.7	47.7	46.3	48.8
参考 (35～39歳)	—	9.8	13.9	20.6	22.3	—	12.6	13.6	16.0	12.8

設問「それでは今から一年以内の結婚に関してはどのようにお考えですか」
1.一年以内に結婚したい, 2.理想的な相手が見つかれば結婚してもよい, 3.まだ結婚するつもりはない。
(注) 対象は「いずれ結婚するつもり」と答えた18～34歳未婚者。なお, 参考として第10回調査以降について35～39歳の状況を示した。

取り組まない状況を指す。つまり, 愛が育たないから結婚にいたらないというわけである。岡堂 (2008) はその通底に対人関係の問題があると指摘している。確かに, 傷つくことをおそれて表面的な関係性の中で過ごす若者は増えている。親密な対人関係を築く経験の乏しさは, 婚姻関係の維持を困難にさせる。もともと女性に比べ男性は自己開示しない傾向がある (榎本, 1997) のだから, 結婚以前から他者への自己開示経験を積み, 親密な対人関係を構築, 維持するスキルを磨いて, 適切な婚姻関係を形成できる能力を身につけておくことが肝心である。

さて, 家族のスタートラインに立ったステージⅠを見てみよう。ここは結婚から第1子誕生までの期間をいう。この段階のネガティブな家族のライフタスクは, 配偶者

87

との"親密感"よりも配偶者に対する"幻滅感"を強く抱いてしまうことである。本来ならば新しい夫婦の生活を築きあげるために力をあわせていくことで互いに絆が強まる時期なのだが，何が夫婦を幻滅感に誘うのだろうか。

　1つは互いの出生家族と配偶者との関係である。特に，夫が十分機能していないことから生じる問題としてあげられるのが，夫と出生家族との癒着である。これは，夫が生家家族と結託して妻と敵対する場合と，夫の生家家族と妻との対峙の狭間で何ら意思を表明せず回避する（生家家族とも妻とも物理的・心理的に離れたくないため）ような場合が考えられる。あるいは，夫婦間で解決しなければならない問題を出生家族（親）に担わせて自分達はいっさい責任をもたない，たとえば夫婦共働きのために家事いっさいを親にまかせるなどである。この時期のライフタスクは夫婦双方が出生家族から物理的・心理的に離れて，夫婦のみの家族を形成することである。そこでは，家事・家計，プライベートに関する妥協と維持，価値観の調整等々，さまざまなルールの形成が必要になってくる。そこで生じる衝突や和解のくり返しが夫婦の絆を深め，新しい家族の形を構築していくのである。そこに生家家族が深く介入してくると，新しい家族構築が阻害されやすく，また，配偶者に対して親密さを抱くどころか，幻滅しやすくなる。結婚後に夫の生家に入るケースは今でも少なくないが，その場合も，夫が生家家族から自分たち夫婦を切り離して新しいルール等々を形成していけるかが大きな課題となる。

　2つ目は，個人の未熟さである。先述の通り，新しい家族を構築するにはさまざまなルールの形成を要する。その際，自分本位の要求ばかりで相手の要求に応じなかったり，相手のテリトリーに過剰介入したりすれば，公平なルールは形成されない。たとえば，妻が外出しないよう夫が頻繁に電話をかけたり，妻に自分の母親のような役割を要求したりする男性がそれにあたる。また，家族内にルールがなければ問題が生じても，場あたり的な解決や一方が我慢させられるなど，夫婦としての機能は不全となり，最終的に互いに幻滅感を抱くこととなる。こうした理由からか，この時期の離婚（若年離婚）件数は他の時期に比べて最も多くなっている（図6-3）。

　こうした問題は，個人の未熟さという個人内の問題のみならず，これまでに解決してこなかった親子関係からの影響も大きい。親から十分な愛情を得られなかったと感じる夫は，妻からそれを得ようとするかもしれない。しかし，求めるのは親から子への愛であり，妻から夫への愛ではない。そのため夫婦間に齟齬が生じる。また，親から何もしてもらえなかったと感じる夫は，妻を思い通りに操作することで，無力な自分を否認しようとするかもしれない。親子関係の問題は，こうして婚姻後にも大きな影響をもたらす。

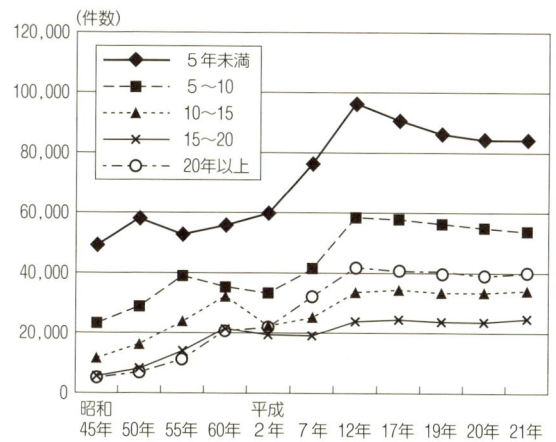

図6-3 同居期間別にみた離婚件数の年次推移（厚生労働省大臣官房統計情報部, 2011より作成）

　次のステージⅡは，子どもの誕生から子どもが小学校に入学するまでの時期である。ここにきて，夫婦は初めて親としての責任を果たすこととなる。また，新たな家族の加入により，これまでの夫婦システムは三者のシステムに修正されなければならず，役割分担の修正も不可欠となる。生活の変化が一気に訪れる時期といえよう。ここで問題になるのは，個人・夫婦・親としてのバランスである。男性に関していえば，仕事に没頭し，家事・育児にほとんど関与しないといった父親／夫役割のアンバランスが生起するかもしれない。そうすると，システム上，たいてい最初に母親／妻にその皺寄せがくる。初めての育児で不慣れなうえ，家事や夫の身のまわりの世話までも要求されれば，母親の心身の疲労は蓄積し，育児不安や育児ストレスへと移行するだろう。この時期のネガティブな家族のライフタスクは"養育性"に対して"閉塞感"である。本来なら，子育てに対する自信や母親としてのアイデンティティを構築する段階であるが，こうした状況下に置かれた母親は，日々の生活に閉塞感を抱くこととなる。出産後，間もない時期であれば，産後うつ病，産褥精神病を発症させるかもしれない。もちろん，子どもとの安定的な絆を形成することもままならない。
　夫婦ともに役割がアンバランスで，双方とも個人の問題にのみ関与している状況下では，その皺寄せは直接子どもにやってくる。いわゆるネグレクトである。また，両者が子どものみに関心を焦点化する（親役割のみへの傾倒）というアンバランスさは，夫婦関係に支障をきたし，これも閉塞感を生み出す要因となる。さらには，自分たちの親が子育てに大きく介入してくる場合も，夫婦双方が親役割を十分発揮できずに子

どもへの愛情が希薄化し，親子の絆は形成されにくくなる。

　子育ては，大きなタスクであるために，この時期，夫婦両者が納得のいくバランスのとれた役割を担うことが肝心である。特に父親は「子どもは母親になついているから」「母親のほうが子育てがうまいから」などと言わずに可能な限り育児に関与すると，父親という新しいアイデンティティが確立し，子どもとの絆も深まる。さらに，そのことは他のアイデンティティにもプラスに働く（家庭から仕事へのポジティブなスピルオーバー）。人間として成長できるせっかくのチャンスをみすみす逃す手はない。

　続くステージⅢは，学童期の子どもを育てる時期である。子どもは小学校に入学すると，家庭以外の世界が広がる。親は，新たな世界に参入することに対して期待感と不安感が混在している子どもを癒し励ましながら，新たな世界に送り出し自立をうながしていかなければならない。

　ところが，これまで親アイデンティティしか形成してこなかった親は，こうした子どもの自立を快く思わない。自分の存在価値を失うからである。特に，父親不在（物理的には存在しているが，家事・育児等，家庭にほとんど関与しない状態）の家庭では，母子密着現象が生じやすく，この母子密着の生活は，母親に子どもとの擬似的な一体感を抱かせてしまう。そうなると，母親自身の知らない世界に子どもを放つことは，その一体感の崩壊を意味するため，母親は子どもを囲って自立を阻害しようとする。子ども自身が抱える不安と親のこうした囲いこみによって，ますます子どもは家庭内にひきこもるようになる。

　また，こうした母子一体感は，子どもに対する過剰な期待をかけることにもつながる。子どもの成功は母親自身の成功であり，子どもの失敗は母親自身の失敗でもあると感じる。そのため，母親は子どもの個性には目もくれず，自分の自尊心向上のために子どもを利用する。能力以上の成果を求められる子どもは萎縮したり，自己卑下したりして，場合によっては心身症などが表われるケースもある。

　父親が家庭に関与しない場合，上記の例とは逆に，母親がそのストレスを子どもに向けてしまうケースがある。子どもを無視したり，しつけと称して厳しくあたったり，子どもの存在価値を否定するようなことばを発したりする。この場合も，子どもは何らかの問題を発生させることが多い。

　子どもに問題が生起した場合，その背景に上記のような家族の問題が潜んでいる場合が少なくない。家族というシステム内において，成員の誰か1人がバランスを乱すことで他の成員に問題が派生する。このような問題が生起してもなお，家庭に関与しない，むしろ逃避する父親もいる。「家庭のことはすべておまえにまかせてきたのに」と母親を責める父親すらいる。事の発端は父親自身が家庭のことに関与してこな

かったことによる歪みであることに気づいていないのである。父親は家族の一成員としてしっかりと家族にかかわっていかないと（収入を得ているというだけでなく），家族システムは機能不全に陥るのである。

　ステージⅣは，10代の子どもを育てる時期である。この時期の子どもは，身体の急速な発達，義務教育の終了に伴う進路選択の必要性などから，大きな変化の渦中にあり，精神的にバランスを崩しやすい。また，認知的な発達からものごとを複雑に考えられるようになるため，社会通念の矛盾に気づき，批判するようにもなる。こうした中で，子どもは自立に向けて，これまでの親子関係から脱皮しようともがく。しかしながら，親に対する依存の欲求もまだまだ高いため，子どもの内面で強い葛藤が生じ，すぐにイライラしたりするなど心に余裕のない状態に陥る。また，仲間とのつながりが強くなり，家族との境界が明確になる。そうした状況下の子どもに対して，親がいつまでも幼児を扱うようなかかわり，つまり子どものことをすべて知ろうとしたり，行動を制御するようなかかわりは通用しない。むしろそうした親の態度は子どもの強い反抗を招き，親子関係の溝はさらに深くなる。

　この時期のネガティブな家族のライフタスクは"束縛／追放"である。子どもの年齢相応の意思をまったく尊重せずに束縛し，それによって子どもの反発を招き，それでも親が自分の役割変化の必要性に気づかない場合，親子断絶のような状態に陥る。特に父親はここぞとばかりに子どもに対し力で制御するかもしれない。しかし，幼少のころから家族との関係性が希薄で，子どもと信頼関係を形成してこなかった父親の力はまったくもって脆弱である。子どもはますます反発し，虞犯や非行・犯罪へと深刻な問題を発生させることもある。

　反社会的行動だけでなく，親役割の膠着により，子どもはひきこもりや摂食障害，神経症，自殺といった問題行動や症状を呈することがある。前ステージでも述べたように，家庭を顧みない父親との関係性を補填するかのように，子どもとの関係性だけを生きがいとしてアイデンティティを形成してきた母親は，この時期になっても子どもを我が手中に収めようとする。母親が継続的に子どもの自立の芽を摘み取っているため，こうした子どもは親の拘束に抗う力が弱い。しかしながら，10代の子どもが本来もつ自立の欲求が消失しているわけではなく，子ども自身の中で強い葛藤が生じ，上記のような問題が生じるのである。

　もちろん，家族システムにおいて，祖父母やきょうだいの存在も重要であるが，基本的に父親（夫）が継続的に子どもや妻に適切に関与し，子どもの発達に即した柔軟なかかわりをすることが機能的な家族システムの維持に不可欠といえる。

　ステージⅤは，子どもが巣立つ時期であり，第1子が社会的に自立した時から，末

子が巣立つまでの時期を指す。この時期，たいていの親は子どもとの分離に悲しみや喪失感を抱くが，夫婦2人の生活に徐々に適応していく。しかし，親としてのアイデンティティをアンバランスに発達させてきた親は，過度なネガティブ感情にとらわれて新たな生活に適応できない。ステージⅢ，Ⅳから継続的に子どもを囲ってきた親は，このステージにおいても，当然のことながら子どもの社会的自立を阻止しようとする。このステージでのネガティブな家族のライフタスクは"失意・落胆"であり，親元を離れる子どもの成長を喜び応援しながら自分たちの生活を再構成することができず，ただただ子どもの巣立ちに対して失意に暮れ，落胆するのである。空の巣症候群に陥ったり，うつ状態から自殺にいたるケースも少なくない。

　また，そもそも夫婦関係が良好でないケースで上記のような子どもへの過剰介入が生じやすいことから，子どもの巣立ちを機に夫婦間葛藤が表面化し，熟年離婚に発展することもある。離婚調停の申し立て件数を例にとれば，圧倒的に妻からの申し立てが多いことから（図6-4），この時期の離婚が妻から切り出されたものである可能性が高い。子どもの誕生から子どもが巣立つまでの長い年月，父親（夫）が家庭にほとんど関与してこなかった代償がここにきて露出するのかもしれない。男性としては，家族のために懸命に働いてきたという自負がこのような形で表われることに驚かされるだろう。しかし，母親（妻）が本当に困っている時に手助けしたか，その悩みを親身に聴いたかと問われると自信がないのではないだろうか。また，日ごろからコミュニケーションをとって，相手の価値観や意思を理解してきただろうか。自分の時間のある時に家庭関与することももちろん大切だが，最も重要なのは家族成員が本当につらい状況に置かれた時にどれだけ父親が積極的に関与し，その状況改善に貢献したか，

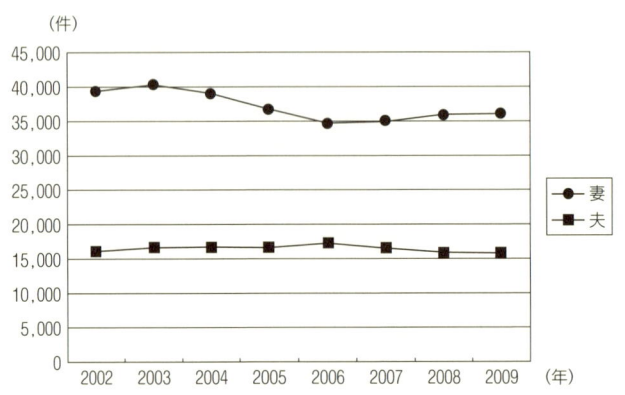

図6-4　全家庭裁判所における夫妻別離婚の申し立て件数（最高裁判所事務総局情報政策課，2003-2010より作成）

また，相手をどれだけ理解してきたかということなのかもしれない。

　一方子どもは，親の過剰介入のためにひきこもりを継続させたり，両親の離婚や対立を収めるために生家にとどまったりする。また，自立しても強い不安を感じたり，親を置いて自立したことに罪悪感をもつこともある。さらに，結婚した場合，その新しい家族に親が介入することで自分たち夫婦間に軋轢が生じることもある。

　父親は，この時期に問題が表面化することで，ようやく事の重大性を知ることになる。もちろん，もっと早い段階で気づくことに越したことはないが，この段階に達してしまっても，マリタルセラピー（夫婦を対象とする心理療法）やファミリーカウンセリングを受けることは問題の解決や精神的な安定に有効である。

　最後のステージⅥは，加齢と配偶者の死の時期である。この時期は，体力の衰えや病気，収入減などからこれまでできたことができなくなり，悲哀を抱くようになる。特に，仕事ばかりに献身してきた男性は，退職に伴いそこで得られた充実感や自尊心を失うことになる。職業人としてのアイデンティティしか形成してこなければ，職を失った瞬間からアイデンティティは拡散することになる。そればかりか，家族を養っていた立場から，世話される立場へと逆転することにより，自尊心を強く傷つけられる。ここでのネガティブな家族のライフタスクは"絶望"である。

　定年退職，老化や病気による健康の喪失に加え，熟年離婚や子どもの自立失敗など，これまでに解決できなかったネガティブイベントが山積していれば，身動きのとれない状況に陥るだろう。

　働き盛りであった時期は実に多忙で目に見える仕事にばかりにとらわれがちであるが，もう少し広い視野をもち，長いスパンを念頭に置きながら，家族・友人，地域社会との交流やそのステージごとの課題に取り組むことが大切なのである。

第7章 子どもの発達段階と父親の役割

1節 乳幼児期

1. その現状

　乳幼児期は身体および精神面での成長がいちじるしく，生涯発達の視点から見ても，後の発達の基盤となる重要な時期である。生まれたばかりの新生児は五感を目一杯使って自分を取り巻く環境から刺激を受け，自己を形成していく。また，子どもの誕生直後から親は，授乳，排泄，寝かしつけ等の世話行為を遂行する。そうした世話行為の間に，親子間では，視線を合わせたり，子どもの動作や発声に反応したり，声をかけたり等，さまざまなやりとりがくり返される。ボウルビィ（Bowlby, 1982/ 1991）によると，こうした主たる養育者との相互作用を通して，人は対象（主養育者）への愛着を形成する。乳児期に養育者や家族との間に形成された愛着関係は，対人関係における内的ワーキングモデルとして子どもに内在化され，後に広がるさまざまな人やものとのかかわりの基盤となる。わが国では，家事・育児を行なう男性が漸増傾向にあるとはいえ，両親がいる家庭では，母親の就業形態にかかわらず，いまだに主たる養育者は母親であり，父親は二次的な役割を担っている傾向がある。しかし，幼少期の父親や母親との愛着が中学校での不登校傾向や教師に対する信頼感に関連していること（五十嵐・萩原，2004；中井・庄司，2007），幼児期の父親とのかかわりが青年期の子どもの学業成績の低下や精神的不適応の予防につながること（Flouri & Buchanan, 2003, 2004）など，乳幼児期の父親とのかかわりが子どもの発達に長期的に影響するという点からも，その重要性はいうまでもない。本節では，この時期の子

どもの心身の発達に父親のかかわりがどのように影響しているかを発達心理学領域の諸研究から述べることとする。

(1) 遊びや世話など父親の直接的なかかわりと子どもの発達

　1980年代初頭の「父親の再発見」以来、わが国でも乳幼児期の子どもの発達と父親のかかわりとの関連について研究が行なわれ、その中で父親による世話や遊びが子どもの心身の発達に寄与することが示されてきた。

　加藤ら（2002）では、3歳児の社会性の発達に父親の日常的な遊びや世話行為が影響していることが明らかにされている。また、尾形（1995）でも、父親の育児行為の中でも特にしつけ行為が、子どもの社会生活能力を高めることが示されている。1歳から6歳までの子どもの発達指数と父親のかかわりとの関連を検討した木田（1981）では、父親による遊びやしつけ、また、父親の育児への関心の高さは、子どもの社会性だけではなく、ことばや探索行動の発達との間に正の相関関係が認められている。こうした研究から、乳幼児期の子どもの発達において、父親も母親と同様に役割を果たしているといえる。しかし、子どもの年齢や性別に応じて、父親のかかわりがもたらす影響力が異なるのかについては、一致した見解は得られていない。たとえば、木田（1981）では、世話や遊びを通しての父親のかかわりと子どもの発達との相関関係は、1歳児ではほとんどみられず、2歳以降に増え、最も多くの相関が認められたのは6歳男児であった。また一方で、先の尾形（1995）では、年少の男児に対して特に強い影響が認められている。

　ところで、ここまでに取りあげた研究では、父親の育児を頻度や時間で測定している。つまり、子どもといっしょに遊ぶ、食事をする、入浴する、着替えを手伝う等の育児行為を日ごろどの程度の頻度で行なっているかを尋ねているのである。しかし、頻繁に育児に携わっていれば、子どもの発達をうながすと単純に考えることはむずかしい。親子の遊び場面を観察すると、実にさまざまなかかわり方があることに気づく。子どもからの働きかけに対する応答性や相互交渉の際の主導権、子どもに与える刺激の適切さ、権威的かどうか等である。たとえ子どもと遊ぶ時間が長くても応答性や敏感性を欠いていれば、かかわりの内容は淡白になるだろう。父親の育児の質や養育態度と子どもの発達との関連を検討した研究では、父親の子どもへのかかわりの質が子どもの発達に影響することが示されている。たとえば、父親のかかわりの質と子どもの自己認識の発達についての縦断研究では、3か月時点での父親のかかわりが身体接触中心よりも、対面して玩具などを使ったかかわりが中心であった子どものほうが18～20か月時点での自己認識が形成されていたことが明らかにされている（Borke et al., 2007）。また、父子間の相互交流場面を分析した研究では、子どもに対する援

助的なかかわりが子どもの認知や言語，社会・情動面での発達に重要であることが示されている（Cabrera et al., 2007）。

（2）母親への情緒的サポートなど間接的なかかわりと子どもの発達

父親のかかわりが子どもの発達に影響する道には，先述の遊びや世話など子どもと直接かかわる道筋と，母親である妻との関係を媒介とする道筋とがある（Goeke-Morey & Cummings, 2007）。

たとえば，父親が母親とともに育児の方針について話し合っていることや，夫婦間でコミュニケーションをとっていることが，子どもの社会生活能力の発達を高めることが明らかにされている（尾形，1995）。妻が求めている夫からのサポートには，家事や育児の遂行といった道具的なサポートだけではなく，愚痴を聞いたり，励ましたり，共感したりといった情緒的サポートも含まれているのである。

夫婦間で日ごろからコミュニケーションをとっていることが，なぜ子どもの発達に影響するのか。夫婦関係と母親の育児ストレスとの関連を検討した以下の研究から考えてみたい。それらの研究では，母親の育児ストレスが高くても夫婦関係が良好であれば，子どもは安定した愛着を築くことができること（数井ら，1996），父親が日常的に母親と育児について話しているほど，母親のストレスが緩和されること，さらには，父親の育児関与が高く，母親の育児ストレスが低い場合に，子どもの社会性の発達が高くなること（尾形・宮下，1999）が示されている。また，小林（2009）は，母親のストレスへのコントロール可能性が低い場合でも，夫からのサポートがある場合は，抑うつ傾向が抑制される結果を得ている。これらのことから，夫から妻への情緒的なサポートによって妻の育児ストレスが軽減され，良好な母子関係の維持につながり，間接的に子どもの発達に影響するといえる。また，育児期の夫婦関係においては「夫婦がチームとして機能することが重要」である（神谷，2005）。日常的に夫婦間で話し合いを重ねることは，単に愚痴やストレスの発散ではなく，「夫婦2人で子育てをしている」という感覚，すなわち「共育て感」を高めることにつながり，育児に伴う孤独感や負担感を軽減すると考えられる。

夫婦関係に支えられているのは母子関係だけではない。家族システム論によると，夫婦関係は，その他の下位システムである父子関係やきょうだい関係へも影響を及ぼしている（Belsky, 1981）。妻との安定した夫婦関係は，父親の親役割への適応や遂行をうながすのである（佐々木，2009）。第1子誕生から就学するまでのこの時期は，家族の発達過程の第2段階に位置づく（岡堂，1999）。この時期「家族関係は二者関係から，三者関係へ変化（岡堂，2006）」し，夫と妻それぞれが父親と母親という新たな役割を受容しながら我が子にかかわり，親としての自己，配偶者との新たな関係

性を確立していく時期である。子どもが誕生し，新たな役割が加わることで夫婦関係も変化していく（小野寺，2005；Belsky & Kelley, 1994/ 1995）。第1子の誕生に伴う新たな役割を受容し，また，新たな家族成員との関係や生活の変化に適応することは，夫婦が親となって最初に直面する課題なのである。新婚期よりも育児期の夫婦の方が，子どもの養育における親役割の分担について夫婦間で差違が大きくなることを示す研究（神谷・菊池，2004）もあり，子どもの誕生によって加わる新たな役割を夫婦間で調整することのむずかしさがうかがえる。

2．問題点

　乳幼児期の子どもの発達と親役割との関連について，その多くが母子関係の枠組みで研究されてきた中，1980年代以降，父親の役割に関する研究が蓄積され，父親も養育者の1人として，直接的にも，間接的にも子どもの発達に寄与していることが明らかにされてきた。

　しかし，これまでの研究では，子どもの心身の発達への影響が父親独自のかかわりゆえなのかについては十分議論されているとは言いがたい。なぜ，父親のかかわりが子どもの心身の発達にポジティブな影響を及ぼすのだろうか。これについてパケット（Paquette, 2004）は，父親ならではの活発で動きのある遊びが，母親との二者関係から新たな人間関係へ広がる有効な刺激として働くためとしている。愛着理論によると，主養育者との間で愛着関係が形成された後，その関係は内的ワーキングモデルとして子どもの中に内在化され，その後の人間関係の基盤となる（Bowlby, 1982/ 1991）。主養育者が母親である場合，父親をはじめとするその他の家族は2次的愛着対象として子どもの社会化をうながすとされている。日常的にかかわりが多い母親とは異なる，父親のかかわりは，確かに子どもにとって刺激的である。しかし，家族の中で父親も母親も稼ぎ手として，モデル，価値の伝達者，愛着対象など多様な役割を担っていること，乳児にするかかわりに特に違いがみられないこと（Tamis-LeMonda, 2004），時代や文化によって求められる役割が異なることを考えると，パケット論は父親と母親の役割をきわめて限定的にとらえているといえる。子どもと過ごす時間の多い母親の方が，子どもを散歩や公園に連れ出して子どもの世界を広げ，また世話や遊びなど多様なかかわりを通して，さまざまな刺激を子どもに与える機会をもっているともいえる。そのように考えると，生物学的な性差に基づく「父親独自」のかかわり方や役割があるという考えには疑問が残る。目良（1997）は，父親と母親のしつけ方略の違いを明らかにしているが，そこで示された方略の違いは，父親が育児関与することで減少することも示唆しており，生物学的な性差による違いというよりも，1次的／主

体的な養育者（primary care-taker），2次的／副次的な養育者（secondary care-taker）としての経験による違いが大きいと考えられる。この疑問を解消するために，父子家庭など，父親が1次的養育者を担う場合の育児に関する研究が蓄積されることが望まれる。1次的養育者の役割を担う父親の育児行為等を検討することで，父親と母親の違いが生物学的なものなのか，育児における役割の違いによるものなのかがより明確になるだろう。

また，現代は男女ともに多様な生き方が選択可能であり，育児においては父母どちらも1次的養育者，2次的養育者になり得る。そうなると，父親，母親それぞれが個別に子どもの発達に及ぼす影響ではなく，家族システム的観点から，夫婦（あるいは，子どもの身近にいる大人とした方が適切かもしれない）が子どもの育つ環境としてどうあるべきなのか，すなわち，1次的養育者と2次的養育者の協同のあり方について，どのような形が子どもの発達に最も適しているのかを検討することが求められる。協同のあり方について，先述した「共育て意識（神谷，2005）」や「協同育児（青木，2009）」として，その内容や背景となる要因が検討され始めている。青木（2009）では，夫婦が協同して育児を遂行する背景には，配偶者からの育児の相談や調整の期待を感じ取っていることが要因として働いていることが示されている。

複数の人間が育児に携わるとき，そこには相手の家庭生活，仕事，趣味等を含む生き方をとらえ，自分の生き方と照らしあわせて総合的にバランスをとらなければならない。最近の研究では，父親の育児関与を検討する際にワーク・ライフ・バランスの視点が用いられているが，それは父親だけではなく，母親にも適用されてしかるべき視点ではないだろうか。

2節　児童期

1．その現状

父親の子どもの発達・適応に及ぼす影響については研究が比較的最近開始されたということもあり，最近になり研究数そのものも増加している。

また，研究対象である子どもの年齢についてみると，児童よりも子育て時期の乳幼児を対象にした報告が多い。これは，人間の発達の基礎と位置づけられる乳幼児期の親子関係の重要性を視点に置いた立場から母子関係と同様に父子関係が取りあげられているからである。このこと自体，時代の流れとともに抱えている両親の仕事と家

事・育児のきわめて切実で現実的な問題を背景に抱えているのであり，当然のことと考えられる。また，乳幼児期を中心とする子どもの幼い時期の親子関係がその後の子どもの成長・発達，たとえば青年期の社会性，思考などの諸機能とどのように関連するのかということについては研究が行なわれてきている。

　児童期の子どもは発達的にみて乳幼児期のような家庭の父親・母親との結びつきも徐々に弱まる時期でもある。しかし，小学校という新たな集団に所属することにより，勉強，スポーツによる競争などを通して自分と異なる他者の存在の認識を深め，他者との比較の中で自分を確認していく作業を行なう段階でもある。また，教師からのことばかけや親からのことばかけは自己の評価をする基準ともなりやすく，自分というものを他者からの評価によっても見つめ直しているのであり，このような作業を積み重ねて自分についての一貫した見方である「自己概念」を形成していき，この自己概念が子ども自身の行動傾向を形成していくこととなる。児童期は自己を形成するための基盤づくりの時期でもあり，学校，家庭環境はとても大切なものである。

　しかし，父親が児童期の子どもの発達・適応にどのような影響力をもつのかということについては多くの研究が行なわれていない。やはり，幼児期と児童期初期に焦点が絞られている傾向がある。

　その一方で最近，児童虐待，いじめなど子どもの発達上憂慮すべき状況も出現している。これらの問題は家庭や学校において生じることがほとんどであるが，最終的には子どもの精神的健康問題にも絡んでくることになる。子どもの精神的健康問題の典型例として「抑うつ」が指摘されているが，欧米ではおよそ2～3％（Fleming et al., 1990），わが国でも精神科診断面接により2.7％のDSM-Ⅲ-R（American Psychiatric Association, 1987）相当のうつ病が出現しているとの報告もある（Sugawara et al., 1999）。さらに，重要なこととして指摘できるのは，児童期にうつ状態やうつ病であった子どもはその時点での問題としてだけでなく，青年期・成人期においての精神的健康にも大きな影響を及ぼすことが指摘されていることである（たとえば，Harrington et al., 1994）。このような児童期の精神的健康問題であるうつ病の発生原因については，いくつかの視点から検討されており，家族の中にその起点をおいた調査も試みられている。

　たとえば，菅原ら（2002）は9～11歳の児童とその家庭313世帯を対象として，家庭の夫婦間の愛情関係が家族機能と養育態度を媒介として子どもの抑うつ傾向に及ぼす影響について調査し検討している。それによると，夫婦間相互の愛情関係が良好な場合，家族の雰囲気，家族の凝集性が良好であり，それぞれが子どもの抑うつ傾向を減少させていることが明らかにされている。また，母親が父親に対して愛情をもつ

場合には，子どもに対する母親の養育の温かさが高まり，そのことが子どもの抑うつ傾向を減少させることも明らかにされている。

　この報告はたいへん示唆に富む結果を示しているといえる。夫と妻の間の愛情に充ちた状況が家族としての雰囲気や凝集性を高め，家族としてのあり方を形成していることと，その家族そのものが子どもの抑うつを減少させることである。夫婦関係のあり方が家族全体の状況を形成し，その中で生活する子どもの精神的健康を左右する事実の中にはいくつかの要素が存在すると考えられるが，基本的には子どもが夫婦間のいさかいによる葛藤や矛盾を感じることが少ない環境が求められるといえるであろう。また，母親が父親に対して愛情をもつという点に関しては夫婦間の相互理解などのきわめて基本的で重要な関係が形成されていることが前提となると考えられる。つまり，父親の母親へのかかわり方が大きく影響していると考えられるのであり，父親としての位置づけのあり方が問題にされているのである。

　このように，父親は夫婦関係のあり方と家庭で生活する児童の精神的健康にも多大な影響をもたらす重要な存在であり得る。

　また，父親の家庭へのかかわり方によって児童の発達・適応に影響を及ぼすことを指摘した報告があるので紹介することにしよう。

　尾形・宮下（1999）は，小学校1，2年生児童を対象とした調査を行なっている。1年生115名，2年生120名の計235名とその両親を対象として，父親が母親に対して「夫婦間のコミュニケーション」「子どもの交流」によるかかわりを多くもつ場合，母親の精神的ストレスが減少することを指摘している。特に「夫婦間のコミュニケーション」は母親の「集中力の欠如」「孤立感」「自己閉塞感」の各ストレスと負の相関をもつことが示されており，コミュニケーションを中心とするかかわりの重要性を示している。また，父親の「子どもの交流」が高くなるほど母親は「自己閉塞感」を減少させることが報告されている。さらに，父親のかかわりが母親の精神的ストレスを減少させる家庭の子どもの社会性の発達が良好であることもあわせて報告されている。この調査では，子どもの社会性を構成する要素として「身辺自立」「移動」「作業」「コミュニケーション」「集団参加」「自己統制」を取りあげてあり，父親が母親との間にコミュニケーションを多くもち，母親のストレスが低い場合において子どもの各構成要素が高いことが示されている。さらに，父親が「子どもとの交流」をもち母親のストレスが低い家庭の子どもの社会性の発達も同様に良好であることも示されている。その一方，父親が母親とのコミュニケーションをとらず母親のストレスが高い家庭の場合には子どもの社会性の発達が低いこと，同様に父親が子どもとの交流を図らず母親のストレスが高い家庭でも子どもの社会性の発達が低いことも示されているの

である。

　この報告は，子育てにあたる家庭では子どもの発達・適応には夫婦関係のあり方がきわめて大切な位置を占め，とりわけコミュニケーションを中心とする家族とのかかわりを大切にし，実行する父親の態度の必要性が示されているといえよう。

　さらに，尾形ら（2005）は児童とその家庭 116 世帯を対象として，子どもの攻撃的行動と夫婦関係について調べている（図 7-1）。それによると，夫が「子ども・妻とのコミュニケーション」によるかかわりをもたず，母親が母親役割達成感をもてない家庭では，夫が「子ども・妻とのコミュニケーション」によるかかわりを多くもち，母親が母親役割達成感を高くもっている家庭よりも子どもの攻撃性が高いことが示されている。同様に夫が「子ども・妻とのコミュニケーション」によるかかわりをもっていても，母親が妻役割達成感をもてない家庭では，夫が「子ども・妻とのコミュニ

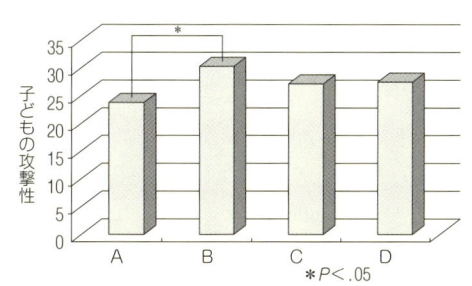

A：コミュニケーション高・妻役割高　　B：コミュニケーション高・妻役割低
C：コミュニケーション低・妻役割高　　D：コミュニケーション低・妻役割低

A 「家族とのコミュニケーション」・妻役割・子どもの攻撃性

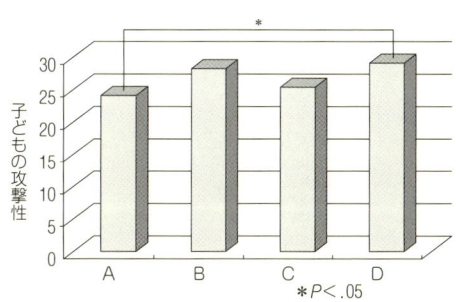

A：コミュニケーション高・母親役割高　　B：コミュニケーション高・母親役割低
C：コミュニケーション低・母親役割高　　D：コミュニケーション低・母親役割低

B 「家族とのコミュニケーション」・母親役割・子どもの攻撃性

図 7-1　父親のコミュニケーションと妻役割達成感・母親役割達成感と子どもの攻撃性（尾形ら，2005）

ケーション」によるかかわりをもち，母親が妻役割達成感を高くもつ家庭よりも子どもの攻撃性が高いことが示されている。

　この報告は，家庭内のコミュニケーションによる親子のかかわりが高く，母親の役割達成感が高い家庭の子どもの攻撃性が低いことを示すものであり，父親を軸として見た場合には，子どもの攻撃的な非社会的行動の誘発にも影響することを示すものである。父親のコミュニケーションを主体とするかかわりと，母親の役割獲得が進行することの重要性を示す報告であるが，母親が，母親としてあるいは妻として役割取得していくことは，子どもとの関係と同時に夫との関係を形成し展開していくことになり，子どもの発達・適応のための重要な視点である。

　また，夫婦によって形成される家庭環境の1つである家族機能が家族成員の発達・適応にも影響をもたらすとした報告もある。家族機能を家族としての特色を有し，家族の中で生活している家族メンバーは意外と当然のごとく馴染んで生活していることがあり，ごく自然に家族の特色を身につけていることがあると考えられる。本人は特に意識することもなく家族と一体になって生活している中で，当然のごとく家族全体の考え方や行動の傾向を自然と身につけていくとも考えられるからである。このことに関連して，尾形・宮下（2000）は小学校2・4・6年生の児童を対象にした調査から，家族機能が児童の共感能力とどのような関連性を有するのか検討している。それによると父親が，子どもや母親とのコミュニケーションをとるほど，良好な家族機能が形成され，その家族機能は小学校2年生の共感性と強く関連していることが確認されている。4年生，6年生ではその関連性は弱くなっているのである。つまり，家族機能は児童期の低学年期の，家庭の影響を受けやすい時期に強く働いているものと考えられる。特に，「結合性」「表現性」「知的・文化的レクリエーション」「秩序」「家族社交性」「家族理想化」「民主性」など家族としてのまとまりや活発さなどプラスの機能は共感性と高く関係しており，「外的統制位置」「放任」「遊離性」などのまとまりに欠けた家族機能では共感性が低いことが示されている。

　このように，児童期についての父親の影響力についての研究数は少ないが，父親を軸とした家庭環境形成と子どもの精神的健康についての研究も徐々に開始され始めている。

2．問題点

　以上のように，児童期の子どもの発達・適応に及ぼす父親の影響力については徐々に明らかにされてきている。その中でも，最近の深刻な問題に焦点をあてたとき，いじめ，児童虐待などの精神的ダメージを多く与える問題につきあたる。これらの問

題は児童期以降の発達・適応にも間接的・直接的に影響をもたらすとの指摘（Harrington et al., 1994）にもあるように，発達的には深刻な問題を引き起こすことがわかっている。このような，憂慮すべき問題への対応として発達心理学や臨床心理学的な視点から体系的に検討を加えることが求められる。

既述のように，児童期の発達上きわめて重要な「自己概念」形成について，肯定的なものを形成するためには精神的に健康な生活を送ることが求められる。ここで取りあげた学校生活の中でのいじめの問題，家庭生活の中の問題としての親による可逆的な行為，夫婦間の心理的な問題として生じる家族機能の問題などは，どれも児童期の子どもの精神発達を左右すると同時に児童の自己概念形成をも左右する事項である。

家庭において父親に求められることは，子どもの成長発達する家庭環境を整った状態にしておくことであるが，そのためには家族機能形成に果たす影響力，家族機能の核になる夫婦関係に及ぼす父親の影響力について，児童期の年少から年長にいたるまで発達的に検討を加えることが求められる。

また，教育の場としての学校でのいじめなどの問題については，教師の対応に頼ることも必要ではあるが，家庭の中から離れて，地域と学校，家庭と学校による共同の対応として父親・母親が学校との連絡をとる，子どもを学校と一体になって実践的に育てていく新しい方向に向けた姿勢も必要であろう。父親には今後とも上記の取り組みが求められると同時に，具体的な検討を加えていくことが求められる。

3節　青年期

1．その現状

(1) はじめに

子どもが青年期に入ると，子どもとの関係性のとり方に苦労する父親は多いのではないだろうか。息子が自分の背丈を超え，力も強くなって反発してくる。異性として成長する娘にどう接していいのか戸惑う，ということもあるだろう。幼児期や児童期などこれまでとは違い，青年期は，親から離れて，友達や恋人など重要な他者との関係を築き，家庭の外での生活を広げつつ，親子関係を再構築していくむずかしい時期でもある。親からの心理的自立に伴い，いわゆる第二次反抗期も訪れる。しかし一方で，疾風怒濤といわれた青年期は陰を潜め，平穏な青年期も増えているといわれる。このような青年期において，父親にはどのような役割が求められるのであろうか？

仲良し親子がよいことなのか，それとも反抗してぶつかりあうことこそ，この時期必要なのであろうか？

（2）青年期における父親の役割

シュルマンとセフィーゲ－クリンケ（Shulman & Seiffge-Krenke, 1997）によると，父親は母親と比べて，青年期の子どもと距離を保っており，自己開示や相談を受けることが少ないという。しかし，勉強や将来のことについては母親と同じように父親も青年の話し相手になることが多い。父親は，ふだんは青年との心理的距離が遠くても，必要な時にいてくれることが大切であるという。この時期の親の役割は，子どもが小さい時のような身体的ケアや身のまわりの世話ではなく，そこにいてあげて，青年の自己実現を助けてあげることが求められる（Shulman & Seiffge-Krenke, 1997）。相談にのったり，いっしょに出かけたりといった情緒的かかわりだけでなく，ルールを守らせたり，社会の規範を教えたりといった役割も必要である（平田, 2003）。また，青年期は自立の時期でもあるので，むしろ父親の保っている距離は青年の自立をうながすといえ，母親との親密さの方が自立を阻むとも考えられる（Shulman & Seiffge-Krenke, 1997）。母子密着を断ち切るという意味でも，父親の役割は重要だ。

（3）父子関係と子どもの適応

青年期には，父親との心理的距離が遠いとはいえ，多くの研究が，やはり父子関係が良好なほど，青年期の子どもの適応はよいことを示唆している。たとえば細田・田嶌（2009）は，中学生を平均値によって自己肯定感高群／低群，他者肯定感高群，低群のそれぞれ2群に分け，父親からのサポート得点を比較した。その結果，中学生の「自分は自分であっていいんだ」という自己肯定感や，「他者とは信頼できる存在だ」という他者肯定感が高い方が，父親が，子どもといっしょに過ごす共行動サポート，アドバイスをするなどの道具的サポート，気持ちを支える情緒的サポートをより多く行なっているという（表7-1参照）。

アダムスとラウセン（Adams & Laursen, 2007）は，父親と関係がよいほど，攻撃性や不安，抑うつ，非行，ひきこもりが少なく，学校の成績もよいことを報告してい

表7-1 肯定感の高さによる父親からのサポート得点のU検定分析結果（細田・田嶌, 2009）

サポート源	サポート内容	自己肯定感 高群	自己肯定感 低群	他者肯定感 高群	他者肯定感 低群
父 親	道 具	19.00 (5.34)	16.00 (5.32)**	21.00 (5.79)	17.00 (5.29)**
	情 緒	12.00 (4.19)	9.00 (3.87)**	12.50 (4.56)	10.00 (3.94)**
	共行動	16.50 (4.94)	13.50 (4.95)**	17.00 (5.25)	14.00 (4.87)**

**$p < .01$　値は中央値，（　）は標準偏差

る。チェンら（Chen et al., 2000）の縦断研究では，12歳の時に，「父親に悩みごとを打ち明けた後は気分がよくなる」「私といっしょに何かをすることを喜んでくれる」といった父親との温かい関係を築いていると，14歳になった時に友達からの人気が高く，社会性もあり，攻撃性は低く，学業成績もよいという。また，酒井ら（2002）は，中学生の親子関係と学校適応との関連を調べている。それによると，父親と中学生の子どもがともにお互いを信頼していない場合に，子どもが，教室で反抗的な気分でリラックスしていないことが多く，孤立傾向も高かった。

　12〜21歳の501名の家出青年を対象に調査を行なった研究例もある（Stein et al, 2009）。家出をしている青少年は問題行動が多いとされているが，父親とお互いを尊重し，愛情をもち，けんかも少ない場合，薬物使用や犯罪行動が少なかったという。この関連は母親ではみられず，父親とのみみられた。このように，父親とよい関係をもっているほど，青年期の子どもの適応はよいようだ。

（4）母親を通しての間接的影響

　青年期には，父親より母親との心理的距離が近いため，母親を介した父親の間接的影響も大きい。平山（2001）は，母親が評定した父親の家庭へのかかわりの方が，父親自身の評定よりも，中学生の適応との関連が強いことを報告している。さらに，父親の家族へのかかわりに関する父母評定それぞれの平均値をもとに，父母評定がともに高い，あるいは低い一致群と，父親評定が高く母親評定が低い，あるいは父親評定が低く母親評定が高い不一致群の計4群を比較した。すると，図7-2のように，父母ともに父親が家庭によくかかわっていると評定している群の中学生は，ゆううつで

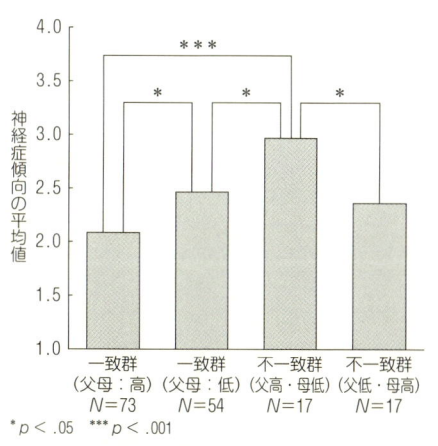

図7-2　父親の家庭関与についての父母評定の一致度別中学生の神経症傾向（平山，2001）

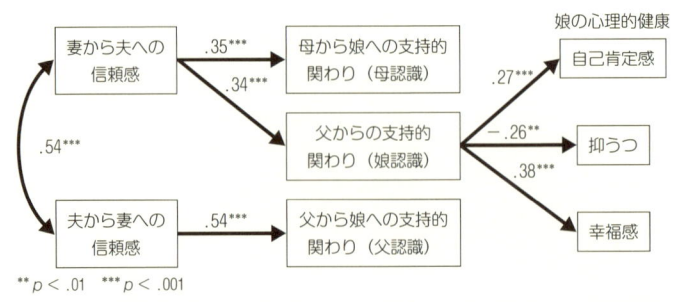

図7-3 夫婦間の信頼感と娘の認識する父親からの支持的関わりと娘の心理的健康の影響関係（大島，2009）

希望がないなどの神経症傾向が最も低かった。そして神経症傾向が最も高い群は，父母が一致して父親のかかわりを低く評定している群ではなく，むしろ，父親は自分が家庭によくかかわっていると思っているのに，母親は低く評定している不一致群であることがわかった。夫婦間の葛藤があるほど，父親のかかわりについて父母評定にズレが生じることは，コーリーとモリス（Coley & Morris, 2002）やミイケルソン（Mikelson, 2008）によっても報告されている。したがって，夫婦間でズレが生じているときの方が，母親の不満を介在して中学生に悪影響を及ぼす可能性が考えられる。

父親に対する母親の評価は，青年期後期の娘にも影響するようだ。大島（2009）は，母親が父親を信頼しているほど，娘は父親からサポートされていると感じており，それが自尊心の高さや抑うつの低さ，幸福感につながることを報告している（図7-3参照）。

(5) 長期的影響

青年期の父親のかかわりは，その時点だけでなく，後々までよい影響を及ぼすようだ。フロウリとブキャナン（Flouri & Buchanan, 2003）は，大規模な縦断研究を行ない，16歳の時の父親のかかわりが，33歳になった時の精神的健康を予測するかどうか検証している。16歳と33歳の時のデータがそろっている8441名を対象とし，精神的健康に関しては，「理由もなくおびえる」「イライラしやすい」などの不安項目を測定した。青年期の父親のかかわりについては，子どもの教育に関心があるかどうかを教師が評定している。その結果，青年期の父親のかかわりが高い群の方が，特に女性において，大人になってからの精神的健康が良好であることがわかった（図7-4参照）。

過去から現在まで父親がかかわっている方が，青年期の子どもの適応にとってよい，という報告もある。平山（2001）は，父親の家庭へのかかわりに関して，現在（中学

生）と過去（0～6歳のころ）それぞれについて評定を得たところ，過去から現在にかけて一貫してかかわりが高いと母親が評価している群で，中学生の神経症傾向は最も低かったという。小さいときからの育児参加の重要性が指摘されるが，継続することも大切なようだ。

（6）父子関係の変化

青年期と一口に言っても，中学生から大学生のころまでと，広範囲の年齢に及んでいる。当然その間に父子関係も変化していくことが考えられる。親からの心理的離乳への過程を明らかにした落合・佐藤（1996）によると，中学生の時期には，"親が子を危険から守る親子関係"が特徴的であるという。そのほかにも，「父親は，私のことには何でも口を出してくる」といった，"親が子を抱え込む親子関係"と，「父親は，私をほったらかしにしている」「私を嫌っているように思える」といった，"親が子と手を切る親子関係"が並存している。"子が困ったとき親が支援する親子関係"も多くみられる。高校生は転換期であり，親子関係の様相は多様である。大学生になると，「父親は，私が大人であることを認めてくれている」「父親は，私が自分の考えで行動しても認めてくれている」といった，"子が親から信頼・承認されている親子関係"が顕著になる。"親が子を頼りにする関係"は，大学生では母娘間でのみみられ，父親との関係では，大学院生になってから出現する（図7-5参照）。

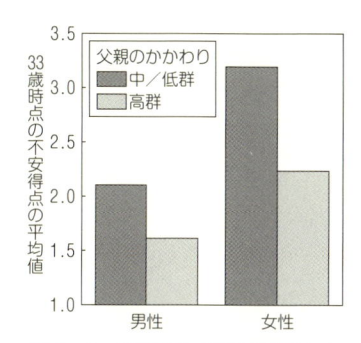

図7-4 33歳時点の精神的健康における16歳時点の父親のかかわりと性別の交互作用（Flouri & Buchanan, 2003）

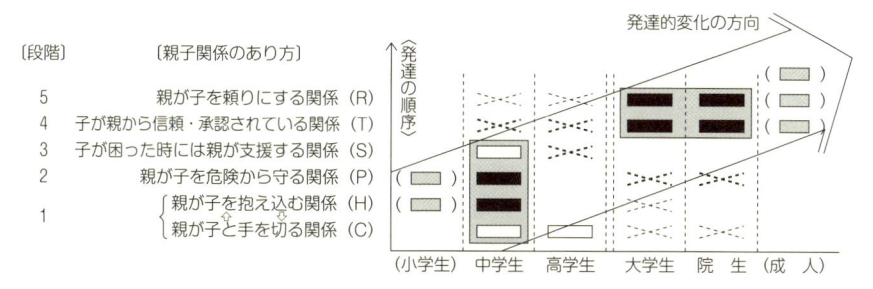

図7-5 親子関係のあり方の変化からみた心理的離乳への過程（落合・佐藤，1996）

2．問題点

　これまで見てきたように，父親との関係がよいほど青年にとってもよい，という研究結果が多い。しかし，友達親子のような関係が望ましいというわけでもないようだ。

　平田（2003）によると，父親が，中学生の子どもと情緒的なかかわりばかりをもっている場合，必ずしも妻との連携がとれていない。情緒的なかかわりはもちろん重要であるが，時には子どもを管理し，社会化をうながして成熟へと導こうとする意識が高く，実際の行動も伴っている父親は，子どものモデルとなるような役割を果たしていることが多いという（平田，2003）。冒頭でも述べた通り，青年の自立の観点からは，父親とある程度の心理的距離を保つことも必要となる。具体的に父親とどの程度の心理的距離を保つのが望ましいかについては研究が少なく，検討の余地がある。

　松平・三浦（2006）によると，「お父さんの考え方はたいてい正しいと思う」「お父さんのような男性になりたいと思う／お父さんのような男性と結婚したいと思う」「お父さんのような生き方が理想だ」などの父親肯定感が低い中学生は，親も自分とは別個の，誤りもある人間的な存在だと感じる度合いが強いという。いったん父親を否定することによって，青年の心理的自立が促進されるという可能性も考えられる。父親を否定するのは，ちょうど落合ら（1996）のいう"手を切る"あるいは"抱え込む"親子関係の時期に対応するのではないかと推察される。しかし，高校生の親子関係には特徴がない（落合ら，1996）など，青年期の親子関係は複雑である。青年期を通して様変わりする父子関係と，青年の自立，適応との関連性をよりきめこまかにとらえていくことが今後の課題といえよう。

第8章 子どもから見た父親

1節　子どもが抱く父親像

　これまでの章で見てきたように，子どもは，誕生直後から身近な他者である親とのかかわりを通して価値や態度を身に付けていく。子どもの発達における父親の役割とその重要性については，近年，研究が蓄積されつつあり明らかにされている。しかし一方で，子どもが父親やその役割をどのように認識し評価しているのかに関する研究は意外にも少ない。子どもは，父親とのかかわりを通して「父親」のイメージを形成し，その役割への理解を深めていく。当然，生活の中で出会う「父親」は自分の親だけではない。友人の親や子どもがいる親戚，街中でみかける親，幼稚園や保育所，学校で出会う教員も「父親」であることがある。また，テレビドラマや小説に登場する父親も子どものイメージ形成の一助となっているだろう。生活の中で出会うさまざまな父親たちとのかかわりを通して形成された父親のイメージはやがて内在化され，「こんな親になりたい／なりたくない」といった自分の将来像にもつながる。

　しかし，父親というもののイメージ形成に最も影響を受けるのは，やはり自分を育てた父親であろう。子どもというものは親や家族をよく見ている。小学1年生の日記ノートを編集した鹿島（1981）の「一年一組　せんせい　あのね」には，家族を題材にした詩が何篇か掲載されている。「おとうさん」という詩では，父親と母親のやりとりを描いたものや父親の行動の不思議さや父親を大切に思う気持ちが，子どもの飾らないことばで綴られている。それらを読むと，子どもが親の姿や夫婦間のやりとりを観察する眼をもっていること，日常的に触れる大人の何気ない言動に心を揺さぶられていることが伝わってくる。日常的に見ている親の姿は，モデルや将来像として映

るだけではなく、子ども自身の家族観の形成や精神的健康にも影響を与えている。たとえば、両親の夫婦間葛藤について子どもがどのように認知しているかは、子どもの家族機能に対する評価に影響している（川島，2005）。また、家族成員の関係性や家庭状況についての認識は、子どもの学校適応や抑うつとも関連していることが明らかにされている（姜・酒井，2006；川島ら，2008；西出・夏野，1997）。父親と娘に関する研究を整理した春日（2000）は、父親に対してよいイメージをもっている女性（子）は、自尊感情が高いことを指摘している。

それでは、子どもは父親やその役割をどのように見て、どのように評価しているのだろうか。父親のイメージや父親に対する評価について尋ねるには、言語能力を要するため、幼児を対象にすることは困難である。そのため、子どもが抱く父親のイメージに関する研究は小学校中学年以上の子どもを対象にしたものが中心である。

神奈川県青少年総合研修センター（1988）が小学校5年生と中学校2年生の児童、生徒とその父親に実施した調査では、「大きくなったらお父さんのような人になりたい」かについて、「なりたい」と回答した児童・生徒は全体の29.1％、「なりたくない」と回答した者は26.0％であった（図8-1）。「なりたい」と回答した者がわずかに多いが、全体の3割弱と少なく、約半数の児童・生徒が「わからない」と回答していることに注目したい。この傾向は他の調査結果（たとえば、佐藤・佐々木，2007）とも一致しており、児童・生徒にとって父親がモデルや同一視の対象となっていないことがうかがえる。さらに、同調査では、「頼りになる」のは両親のうちどちらかを尋ねている（図8-2）。父母両方を頼りにしていると答えたものが最も多く（37.6％）、次いで多かったのが「父親」であった（22.9％）。ここでも「どちらもちがう（4.4％）」や「わからない（14.4％）」という回答がみられた。しかし、「家族の中心は誰か」を尋ねた問いに対しては、「父親」と回答した割合が最も多く、父母両方、母親と続いている（図8-3）。父親のようになりたくないと回答した者でも約6割が「家族の中心は父親」と回答しており、同一視の対象や頼りにしていなくとも父親を家族の中心と認識している子どもが多いことがわかる。

具体的な父親イメージについては、猪野・田中（1992）が小学6年生を対象に父親と母親それぞれについてのイメージを24の形容詞を用いて尋ねて検討している。児童が父親イメージにあてはまると答えた項目を多い方から順に10項目あげると、「仕事熱心（85％）」「強い（80％）」「優しい（79％）」「明るい（79％）」「がんばりや（77％）」「頼りになる（76％）」「責任感が強い（70％）」「頭がいい（69％）」「子ども好き（68％）」であった。一方、母親イメージの上位10項目は「明るい（89％）」「家庭的な（88％）」「話しやすい（87％）」「頼りになる（85％）」「やさしい（84％）」「仕事熱

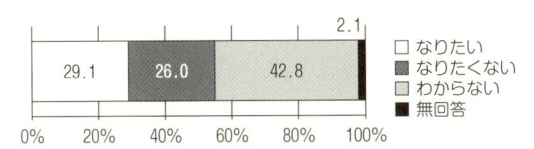

図 8-1 大きくなったら父親のような人になりたいか（神奈川県青少年総合研修センター，1988 より作成）

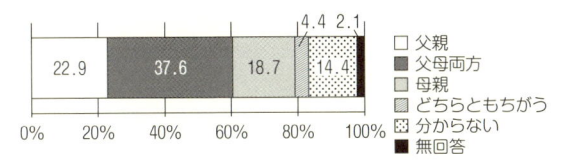

図 8-2 頼りにしているのは，父親か，母親か（神奈川県青少年総合研修センター，1988 より作成）

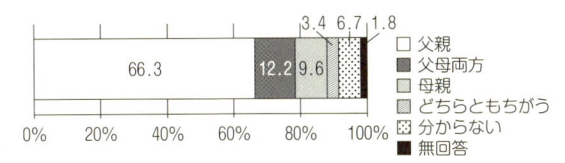

図 8-3 家族の中心は誰か（神奈川県青少年総合研修センター，1988 より作成）

心（83%）」「思いやりがある（83%）」「がんばりや（82%）」「子ども好き（82%）」「責任感が強い（80%）」であった。これらのうち父母間で統計的な有意差が認められたのは，「強い」「話しやすい」「思いやりがある」「家庭的な」であり，そのうち父親のイメージにあてはまると回答した割合の方が高かったのは「強い」のみであった。家族内の関係性や力のイメージを家族イメージ法を用いて検討した新藤ら（2002）でも，小学 4〜6 年生の児童は，家族のなかで父親がいちばん強い権威をもつとイメージしている者が多かった。また，新藤ら（2002）では，父親と母親，母親と子ども，父親と子どもの心理的距離についても尋ねており，子ども自身は，父母間，母子間，父子間の順に長く，父親と自分の距離を最も遠くとらえていた。中・高学年の小学生にとって，父親は仕事熱心で強く，母親に比べて少し遠い存在として認識されていると推測される。

それでは，反抗期のただ中にいる中学生は父親をどのように見ているのだろうか。中学生を対象に父親のイメージや評価を尋ねた研究を見ると，父親の権威や子どもや家族とのコミュニケーションへの評価は学年があがるとともに下がり（松平・三浦，2006），母親よりも父親を「あまりかまわない」「言うことを何でも聞いてくれる」が，

相談したり教えてもらったり、生活について口を出してくる存在ではない（松井，2001）ととらえている。このことから、この時期は、小学生のころに抱いていた「強い」父親のイメージは徐々に薄れ、父親との心理的・物理的距離の広がりを子どもは実感しているようである。中学生の父親については、すでに3章で中国と日本の父親の比較で触れたように、日本の父親は子どもに干渉的である反面、言うことを何でも聞いてくれる、子どもとって甘い面も存在するようである。

次に、大学生が抱く父親イメージや評価について見ていく。就職や結婚など子どものころには遠く感じられた未来が、近い将来のこととして現実味を帯びてくる時期である。父親のありようは1つのモデルとして子どもたちの目にどのように映っているのだろうか。猪野・堀江（1994）では、男女ともに自分を経済的に支えてくれる存在として父親をとらえる傾向が高かった。学費等、生活全般にかかる家計を担っていることに対する感謝の気持ちもそこにはあるだろう。また、「夫」「職業人」「主夫」「（地域）社会の一員」等、父親が担う複数の役割について、大学生に評価を求めた研究においては「職業人としての父親」への評価が最も高かった（登張ら，2007）。既述の小学生から高校生までを対象にした調査でも、父親のイメージとして「仕事熱心」が上位にあがっていた（猪野・田中，1992；上嶋，1997）が、その評価は大学生であっても変わらず、家計の担い手として仕事をする姿が子どもの目には印象深く映るのだろう。しかし、その一方で、「人生の目標や指針を与えてくれる」「人生観の基本を育ててくれる」等の人生観に影響を与える存在としてとらえる傾向は低い（猪野・堀江，1994）。つまり、「家計の担い手」としての父親役割は子どもからも評価されているが、「社会化の担い手」としての父親役割は子どもにあまり認識されていないのである。

かつては生活と職業の場が近く、職業人としての父親を間近に見ることができ、その姿から職業観や社会人としての生き方を学ぶことがあっただろうが、生活と仕事の場が離れていることが多い現代では、働く父親を見る機会は限りなく少ない。「仕事をする父親の姿」といっても、それは、実際に仕事をしている姿ではなく、深夜に仕事から帰ってくる姿や休日も家で仕事をする姿であり、そこから職業観や社会人としての生き方を学ぶことはむずかしいのである。

さて、ここまで小学生から大学生が抱く父親に対するイメージや評価について述べてきたが、こうした父親イメージはいつごろから形成されるのだろうか。25〜55か月児に対して父親、母親、男子、女子に対するイメージを面接によって調査した研究では、自分の性別の認知やその恒常性が理解される以前に、父親や母親それぞれについて明確な色彩や大小のイメージを形成していることが示されている（大瀧，1998）。

第8章　子どもから見た父親

特に43〜55か月児の回答は大学生と有意差が認められず，3歳半ごろから分化したイメージをもつようになることが示唆される。また，それらのイメージは，父親には黒色や大きいものを，母親には赤色や小さいものをあてはめるなど，いずれもステレオタイプ的であり，実際の父親や母親の行動や態度から形成されたイメージというよりも，アニメや絵本，玩具等，日常的に触れている環境が要因として働いていると思われる。

　ところで，子どもが自分との関係を肯定的にとらえているという父親の認知は父親の育児行動をうながす（森下，2006）。しかし，子どもが抱く父親イメージは，父親自身がもつ父親としての自己イメージと必ずしも一致していない（松井，2001；間島，1986；上嶋，1997）。図8-4は，小学校高学年から高校生とその父親を対象に，父親のイメージについて尋ね比較した上嶋（1997）の調査結果である。両者の回答率に10ポイント以上の差があった項目をあげると，「物知りで教えてくれる（子ども：56.9%，父親：28.2%）」「厳しい（子ども：31.8%，父親：17.1%）」「いろいろなものを買ってくれる（子ども：20.1%，父親：4.3%）」「自由にさせてくれる（子ど

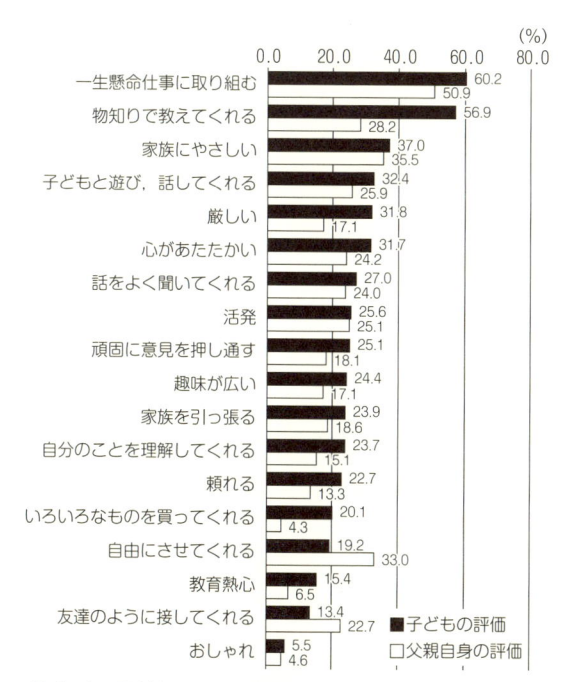

項目	子どもの評価	父親自身の評価
一生懸命仕事に取り組む	60.2	50.9
物知りで教えてくれる	56.9	28.2
家族にやさしい	37.0	35.5
子どもと遊び，話してくれる	32.4	25.9
厳しい	31.8	17.1
心があたたかい	31.7	24.2
話をよく聞いてくれる	27.0	24.0
活発	25.6	25.1
頑固に意見を押し通す	25.1	18.1
趣味が広い	24.4	17.1
家族を引っ張る	23.9	18.6
自分のことを理解してくれる	23.7	15.1
頼れる	22.7	13.3
いろいろなものを買ってくれる	20.1	4.3
自由にさせてくれる	19.2	33.0
教育熱心	15.4	6.5
友達のように接してくれる	13.4	22.7
おしゃれ	5.5	4.6

図8-4　子どもによる父親像および父親自身による父親像
（上嶋，1997より作成）

113

も：19.2%，父親：33.0%）」であった。「自由にさせてくれる」以外の項目はすべて，子どもの回答率の方が上回っていた。この項目のほかに父親の回答が上回っていたのは「友達のように接してくれる（子ども：13.4%，父親：22.7%）」であった。この結果をどのように考えればいいだろうか。「物知りで教えてくれる」「厳しい」「家族を引っ張る」「頼れる」など従来の父親像を反映している項目の選択率が低いことから，父親としての権威や自信を失っている父親が多いともとらえられる。また一方で，「自由にさせてくれる」「友達のように接してくれる」等，子どもと対等で親しみやすい父親像を反映する項目で父親の回答率が上回っていたことから，父親の方が固定的イメージにとらわれず現代的な新しい父親像をもっているとも考えられる。

しかし，中学生のみを対象にした松井（2001）の研究では，父親が自分自身について，子どもにとって怖い存在であるが，よき相談相手であり子どもから尊敬や期待をされていると肯定的に評価する一方で，子どもは言うことを何でも聞いてくれる甘い存在とどちらかというと低い評価を下していた。

上嶋（1997）では，対象児童・生徒の学年層別の平均回答数を比較し，年齢が上がるほど回答数が減少していたことから父親像が希薄化する傾向を示すにとどまり，学年層別に父子間のズレの差異の検討はしていない。しかし，子どもの発達段階に応じて差の大小に変化があることは容易に推測できる。小学生，中学生，高校生を対象に父母への評価を尋ね，父母自身の自己評価とのズレについて検討した間島（1986）では，小学生，高校生，中学生の順にズレが大きくなっていた。松井（2001）の結果とあわせると，親に対して批判的な見方が顕著になる思春期のころに互いの認識のズレは大きくなることが推測される。

子どもは発達し，子ども自身もやがて親になる。その過程で親子の関係はいく度となく変化していく。その過程のどこで，何を機に，どのように父親へのイメージや評価は変化するのだろうか。これについては縦断研究等，今後の研究に期待したい。

2節　子どもの父親イメージや評価に影響するもの

1．父親との接触時間や父親の家族へのかかわり

子どもの父親イメージの形成や評価には，どのようなことが影響しているのだろうか。神奈川県青少年総合研修センター（1988）の調査では，対象児を父親のように「なりたい群」と「なりたくない群」に分け，平日および休日の父親との接触時間を

第8章 子どもから見た父親

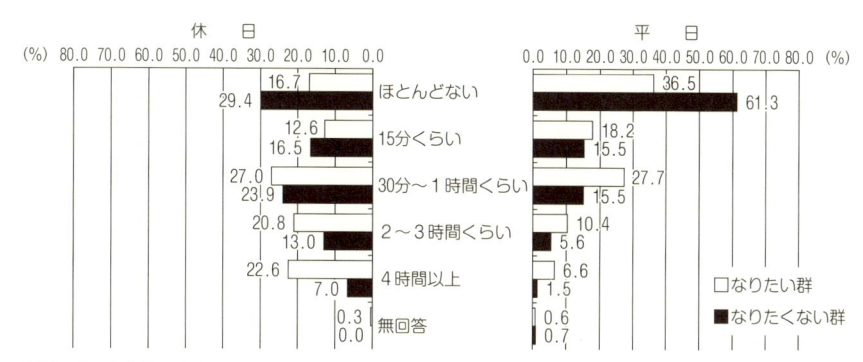

図8-5 「父親のようになりたいか」と接触時間の関連（神奈川県青少年総合研修センター，1988より作成）

尋ねている（図8-5）。

　平日は，どちらの群も「ほとんどない」が最も多いが，その差は「なりたい群」が36.5％，「なりたくない群」が61.3％と大きい。「なりたい群」で次に多いのは「30分～1時間くらい」であり，「15分くらい」「2～3時間くらい」と続き，平日に4時間以上接触時間があると回答した者は6.6％いる。一方で「なりたくない群」は「15分くらい」「30分～1時間くらい」が同率，「2～3時間くらい」「4時間以上」と続くが，その割合は「なりたい群」を下回る。各群では，仕事から帰宅後の父親の過ごし方にも違いがみられる。「なりたい群」では，子どもや家族との団欒や育児に費やす父親が多いのに対し，「なりたくない群」では休息や自分の趣味やテレビ鑑賞に費やすなど帰宅後の時間を自分のために使う父親が多くみられた。

　また，休日の接触時間でも，「なりたくない群」では「ほとんどない」の回答が全体の29.3％で最も多い。「なりたい群」では，「30分～1時間くらい」が27.0％で最も多く，その次が「4時間以上（22.6％）」であった。一方「なりたくない群」で4時間以上いっしょに過ごす割合は7％で，「なりたい群」のおよそ3分の1であった。休日の過ごし方を見てみると，「なりたくない群」の父親は休日もテレビを見て過ごしたり，ゴルフや釣り等趣味のために外出をしたり，持ち帰った仕事をしたり等，1人で過ごす傾向にあった。「なりたい群」の父親でも，「1人でのんびりテレビを見て過ごす」と回答した者が約40％いたが，家族と話をする，子どもと遊ぶ，家族と外出する等，家族といっしょに過ごすと回答した者も各45％前後おり，1人の時間をもちながらも，家族との交流をもっていた。

　父親との接触時間が少ない理由について，「なりたい群」の子どもは父親の仕事の忙しさをあげているのに対し，「なりたくない群」の子どもは，父親の忙しさや帰宅

時間の遅さだけではなく,自分自身の忙しさや父親と遊んでもつまらない,また,「なんとなく」といった回答も多く,特に父親との交流を求めていないようすがうかがえる。さらに,「なりたくない群」の子どもは,父親に対して「話しにくい」「家にいない方が気楽」「自分のことをあまりよくわかっていない」と感じていた。将来,父親のようになりたくないと感じている子どもは,父親との間に心理的距離を感じているようである。

つまり,父親をモデルとして見る背景には,父親との実際の接触時間,心理的距離(親しさ),父親の日ごろの子どもや家族へのかかわり方が影響しているといえる。

2．子どもの性別

子どもの性別によって,父親のイメージや評価に違いはあるのだろうか。小学5,6年の児童がとらえる父親イメージについて検討した猪野・田中（1992）では,「厳しい」というイメージについて男女間で有意差が認められており,男児の方が父親を厳しいと評価していた。しかし,それ以外のイメージについて男女差は認められていない。中学生とその保護者を対象にした松井（2001）では,男子中学生の方が女子学生よりも「（父親は）何かと口出しをする」「父親のようになりたい」「尊敬している」と高く評価していた。一方,女子学生の方が評価が高かったのは「なんでも言うことを聞いてくれる」であった。子どもを叱る役割について男子学生はおもに父親,女子学生は父母どちらでもよいと考えること（高橋,1987）や,先の猪野・田中（1992）の結果とあわせると,男子学生の方が,父親に対して厳しいと感じ,また父親を同一視の対象として尊敬する傾向があることが推測できる。また,いずれの項目も,男子の父親,女子の父親の自己評価の違いと一致していたことから,父親自身もまた息子に対しては厳しく,娘に対してはやさしくしている意識をもっていると思われる。

この男女差は,大学生を対象にした調査でも同様の結果が得られている。猪野・堀江（1994）では,「働くことの大切さや厳しさを教えてくれる」「厳格な姿を見せてくれる」等の項目を含む「社会生活を教える人としての父親」については男子学生の方が女子学生よりも高く評価しており,「私を心から愛してくれる」「私の幸せを考えてくれる」等の項目を含む「愛情表出者としての父親」については女子学生の方が高く評価していた。また,山添（1995）は,大学生男女が幻滅する父親の態度や行動について性差を検討している。そこでは,女子学生は父親の愛情や情緒面の欠乏について幻滅感を抱くのに対して,男子学生は仕事への態度や実行力等,社会的側面の不十分さについて幻滅感を抱くことが示されている。

3. 社会で求められる父親像

　第4章では，現在のわが国で理想とされる父親像について述べた。男女共同参画社会の実現に向けて，家庭における男性と女性の役割についても見直しが図られている。実際の役割が男女ともに変わりつつある現代社会において，男性には父親として家計を担う稼ぎ手や社会化の担い手の役割だけではなく，子どもの世話役割をも求められるようになった。こうした社会の変化を受けて，子どもが抱く父親像や父親への評価は変化しているのだろうか。

　小学6年生の児童を対象に父親に対するイメージや態度について，佐藤・佐々木（2007）は，1987年に同地域の児童を対象に行なった調査と同様の調査を実施し，比較している。それによると，今回の調査では前回調査よりも，「あたたかい」「元気」「責任感がある」など父親に対する肯定的イメージが低下していた。特に「元気」「きちんとしている」「強そう」といったイメージは他の項目よりも変化が大きく，20年前よりも低下していた。元気がないというイメージは近年の経済的不況だろうか。また，強そうというイメージが低下している背景には，男性的な力を発揮する機会が家庭生活の中で失われている，あるいは夫婦関係において母親の方が強く，家庭内での父親の存在が脅かされているとも考えられ，いずれも社会状況や家族内の関係性の変化を反映しているように思われる。しかし，この調査だけでは十分な結論は出すことはむずかしい。この点を明らかにするためにも，各時代における子どもの父親評価やイメージに関する資料を蓄積していくことが求められる。

4. 母親による父親の評価

　神奈川県青少年総合研修センター（1988）の調査では，子どもが父母のどちらを頼りにしているかによって，父親に対するイメージが異なっていた。父親あるいは父母両方を頼りにしていると回答した子ども（以下，父親群，両方群）は，母親を頼りにしていると回答した子ども（以下，母親群）に比べて，父親に対して「仕事熱心」「頼りになる」「話しやすい」「がんばりや」「やさしい」「強い」「男らしい」等，肯定的なイメージを抱く割合が高く，「おこりっぽい」「口うるさい」「自分勝手」等，否定的なイメージを抱いている割合は低かった。そして，母親群では，父親に対して否定的なイメージをもつ傾向がみられた。父親を頼りにしたいと思うかどうかについても，日ごろの接触時間等が関連していたため，日ごろのかかわりが量，質ともに子どもにとって満足したり納得できる状態であれば，父親と心的距離も縮まり，モデルにしたり頼りにしたりするようになるとともに，父親へのイメージも肯定的になるのだ

第II部 父親に関する諸問題

ろう。

さて、同調査で興味深いのは、どちらを頼りにしているかの回答群ごとに父親と母親それぞれに対する気持ちを尋ねた結果である（表8-1）。この結果を見ると、父親群と両方群は、父親に対して、大人になったら大切にしたい、余計な心配をかけたくない、悩み事や苦労を理解しなければならない、自分のことをよくわかっている等、父親を思う気持ちを肯定した回答割合が高い。母親を思う気持ちも、父親より若干低い項目もあるが、ほとんどの項目では父親と同様に肯定率は高い。しかし一方で、母親群の子どもは、母親を思う気持ちに対しては6割〜7割が肯定的であるのに、父親を思う気持ちへの肯定率は低い。「頼りにしているのは、父親と母親のどちらか」と問われて母親を選択していなくても、母親に対しては、自分をよくわかってくれていると感じており、また、父親を選択しても、父親に対しては「話しにくい」と感じている子どもが母親に対してよりも多いのである。母親に対しては、頼りにしているか否かにかかわらず、子どもは親しみや愛情を感じているが、父親に対しては、父親が頼りにならない場合は、父子間に情緒的な関係は築かれていないようである。

子どもの父親イメージや評価へは、父親に対する母親の評価がカギを握っていることは他の研究結果からも推測できる。たとえば、母親が父親を肯定的に評価していると認識している児童は、否定的だと認識している児童よりも、父親に対して「頼もしい」「明るい」「元気」「あたたかい」「責任感がある」等の肯定的なイメージをもっている（佐藤・佐々木、2007）。また、川島（2005）でも、子どもが認知する両親間に生じる葛藤の原因には、男女ともに、父親ではなく母親の認知が影響していた。

表8-1 父親と母親に対する気持ち（神奈川県青少年総合研修センター、1988より作成）

	大人になったら大切にしてあげたい		よけいな心配はかけてはいけない		話しにくい気がする	
	父親	母親	父親	母親	父親	母親
父親群	81.6	77.6	74.0	74.4	18.0	9.2
両方群	91.2	91.5	76.6	85.2	11.7	3.2
母親群	52.5	77.9	55.9	71.6	46.6	5.4
その他群	46.8	47.8	42.0	46.8	29.3	17.2

	悩みごとや苦労をもっと分かってあげないといけない		家にいない方が気楽だ		あなたのことをかなりよく分かっている	
	父親	母親	父親	母親	父親	母親
父親群	56.8	60.8	12.4	11.2	50.4	61.2
両方群	60.1	74.0	10.0	4.4	57.9	73.0
母親群	36.8	60.3	32.4	7.8	23.5	64.2
その他群	23.4	28.3	23.4	15.1	22.0	29.8

（注）表中数字は各項目について「はい」と回答した割合（％）。

母親に対する情緒的サポート等を通して，父親は間接的に子どもの発達に影響を与えることや，夫婦関係の良好さが母親の養育態度に影響し，子どもの発達に寄与すること等，家族が複雑な関係性の相互作用をもつシステムであることはすでに各章で述べられている。父子関係についても，それ以外の関係性，つまり，夫婦関係や母子関係が影響しているのである。子どもの父親イメージや評価において，母親が父親としての夫をどのように評価し，また子どもに伝えているかが要因として働くのは当然である。母親イメージについても同様のことが考えられるが，接触時間の少ない父親と子どもの関係においては，母親の存在はなおさら大きいだろう。日ごろから子どもと接触する機会をほとんどもてず，さらに，妻ともコミュニケーションが不十分で夫婦関係が良好でない場合，母親の養育態度や子どもの発達だけではなく，父親自身にも家族からの孤立や子どもからの敬遠等の危機的状況を招くのである。

第9章 父子家庭

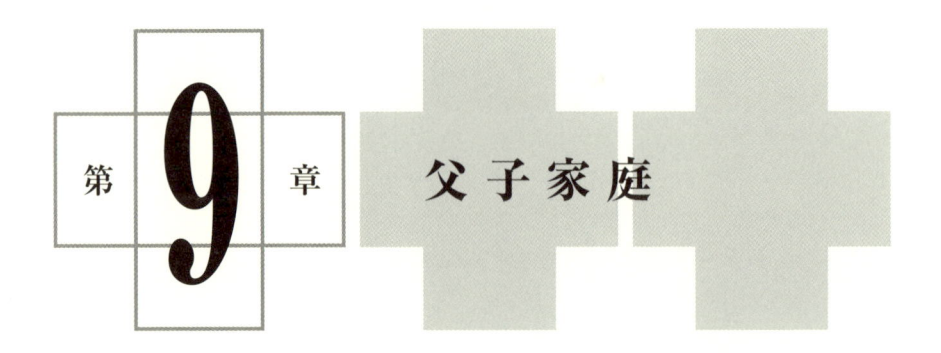

　他章では，おもに両親がそろった家庭を対象とした調査が中心的に報告されてきた。この章では，母親という存在が欠けている父子家庭を取りあげたい。父親の役割は，どうしても母親の補佐的役割になってしまう傾向がある。「男は仕事，女は家庭」という戦後の性役割分業観は，家事の機械化・省力化，労働力の女性化，少子高齢化といった社会変動に伴う女性の社会進出によって，「男は仕事，女は仕事も家庭も」という新しい性役割分業観に変わりつつある（柏木，2003）。本書では，「男も女も，仕事も家庭も」を目指した論を進めているわけだが，父子家庭となると，明らかに男が仕事も家庭もともに責任を負わざるを得ない状況である。父子家庭を研究することは，父親が子どもに必要な役割をどれだけ担えるのかを知ることにもなり，両親のそろった家庭の父親も学ぶところは大きいと思われる。

　父子家庭はその数が少ないため，これまであまり研究が進んでいなかった。しかし，年々増加傾向にあり，ますます父子家庭について明らかにしていくことが必要になってきている。父子家庭の研究は，わが国では社会福祉系の論文や著作が多少あるのみ（有本，2008；岩田，2006；中田ら，2001；西・管，2007など）で，心理学系の研究は驚くほど見あたらない。父子家庭というと，その実態や，政策としてどのように援助すべきかといったことが着目されるため，社会福祉的視点からの検討が多いと考えられる。父子家庭における子どもの問題や家族の幸福，それに関連する要因などを心理学的に検討することも重要なテーマであろう。父子家庭がどのような状態にあり，どのような問題を抱えており，どうすれば父子ともによりよい人生を歩めるのかを探っていくことが重要と考える。

　この章では，まず父子家庭の実態を明らかにし，おもに海外の知見を参考にこれまでの研究を整理し，最後に今後の研究の方向性，課題について考察したい。

1節　父子家庭の実態

1．父子家庭（父子世帯）とは

　総務省統計局・政策統括官（統計基準担当）・統計研修所によると，父子世帯とは，「未婚，死別または離別の男親と，その未婚の20歳未満の子どものみから成る一般世帯（ほかの世帯員がいないもの）」と定義される。ここでの「父子世帯」と「父子家庭」とは，ほぼ同義語として使われている（「家庭」とは，生活をともにする家族成員でつくられる集団，「世帯」とは，住居と家計を同一にしている者の集団を指す）。シングルファーザーということばも，同義に使われているが，子どもと別居している父親を始め，再婚している場合など，多様な形態が含まれている（中田ら，2001）。

　2005年の国勢調査の時点で，父子のみの世帯は約9万2千世帯（一般世帯の0.2％）で，2000年と比べ，5.6％ふえている。母子のみの世帯は約74万9千世帯で，父子世帯はその8分の1程度となる。1人親世帯になった理由別構成割合を見ると，父子世帯の場合，離別が約7万世帯で，全体の76.6％を占めている（図9-1参照）。母子世帯でも，離別が83.0％であり，1人親世帯の増加は，離婚増によるところが大きい。

　また，祖父母などとの同居を含めると，父子世帯は，約20万世帯にのぼる。西・菅（2007）によると，母子世帯では，母子のみで暮らしている核家族が約7割であるのに対し，父子世帯では，核家族は43.6％であり，半数以上は祖父母などといっしょに暮らしているという。

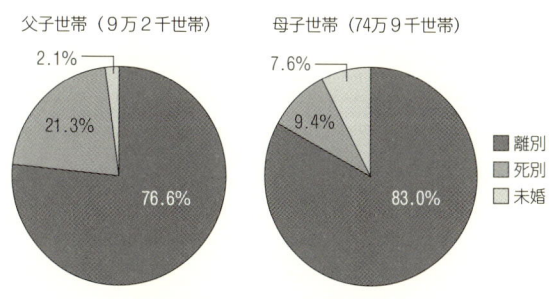

図9-1　ひとり親世帯になった理由別構成割合（総務省統計局，2005より作成）

父子世帯（9万2千世帯）：離別76.6％，死別21.3％，未婚2.1％
母子世帯（74万9千世帯）：離別83.0％，死別9.4％，未婚7.6％

なお，欧米では，離婚率の上昇のほか，未婚で子どもを産む率も高くなっており，そのため，わが国よりも1人親家庭の発生率が高い（中田ら，2001）。わが国では，未婚での父子家庭はまだ数が少ない。後の節で，海外での研究を紹介するが，このように，欧米とは発生率も発生理由も異なる点を念頭に置いて，研究結果を解釈する必要がある。

2．父子家庭の直面する困難

母親が子どもを育てるべきという母性神話は，父子家庭の父親を苦しめる。中田ら（2001）は，父子家庭が直面する困難を，ジェンダーの視点から，①「男らしさ」の規範があること，②子育てや家事が，女性の役割とされていること，③働き方が，「片働き」を基本としていること，④社会福祉制度や教育制度が，父子世帯に適応していないことの4点にまとめている。

（1）「男らしさ」の規範

強く自立する「男らしさ」という通念は，父子家庭援助の壁となる（春日，1989）。たとえば，経済的援助を求めても，男性の場合，健康なら自分で働いてなんとかできるだろうと考えられがちな面がある。援助を求めた父親の側も，弱みを見せにくく，結果的に援助を得にくいといった実態がある。相手を攻撃して援助を勝ちとったとしても，社会的弱者としての立場は変わらず，空しさが残ると春日（1989）はいう。そのため，困った時にも誰かに相談しようとせず，孤立していく傾向がある。厚生労働省が2006年に行なった全国母子世帯等調査によると，母子家庭では，困った時に相談相手がいる割合が8割近い一方で，父子家庭では6割に満たない。また，相談相手は必要ないとする母子世帯は3割程度であるが，父子世帯では半数近い。このことも，男らしさの弊害といえる。

（2）女性の役割としての子育てや家事

子育てや家事が女性の役割とされていることにより，父子家庭になる以前までは，実際に育児や家事をこなしている父親は少ない。その結果，父子家庭の場合，「食事の支度がたいへん」「食事は毎日のことなので考えるのがたいへん」などと，家事の困難さがみられることが特徴的である（岩田，2006）。また，男性には子育て仲間が少ないため，問題を共有し，情報交換できる知人や友人との交流がほとんどないことも，母子家庭とは異なる点である（岩田，2006；中田ら，2001）。

（3）「片働き」を基本としている働き方

妻に家庭のことをまかせて男性が仕事をするという片働きのしくみも，妻がいるうちはよいが，父子家庭になったとたん，男性を苦しめることになる。男性の働き方は，

妻が家庭を支えてくれていることを前提として成り立っているため，企業は，残業や出張などのできる人材を求める。育児をする男性への理解は乏しく，子どもと過ごす時間が制限されてしまうという問題点がある。

（4）父子世帯に適応していない社会福祉制度や教育制度

現状の社会福祉制度や教育制度は，父子家庭の支援には合わないと中田ら（2001）は指摘する。たとえば，既存の保育制度は，短時間で週末出勤のない働き方を基本につくられているため，男性が利用しにくい。幼稚園や小学校でも，専業主婦を前提とした要望がいまだ根強く，父子家庭の父親の子育てを受けとめ，支える学校体制になっていないことが多い（中田ら，2001）。また，母子家庭の場合，社会は，母親が働きながら育児をしやすいよう援助することを念頭に置くが，父子家庭の場合，父親に代わる養育環境を整えることが当然のように考慮される（春日，1989）。祖父母を主とした親族の援助や，子どもを施設に入れることが検討されるのである。このような社会の考え方が，父親も自分の手で子どもを育てたいという場合の障害となる。

事実，父子世帯は祖父母などの親族と同居している割合が高い。しかし，祖父母に頼ることにも限界や問題がある。へたをすると，父親自身も祖父母の面倒になり，妻のいたときと同じような稼ぎ手としての役割のみを担うことになる。けれども，親世代もいずれ高齢になると，いつまでも頼ってはいられなくなる。父子のみで自立していくための社会的援助の必要性が見えにくくなるという問題もある（岩田，2006）。祖父母と暮らす場合でも，父親としての親役割を遂行する努力が必要といえそうだ。

（5）行政面の支援策の少なさ

上記4点に加え，父子家庭の場合，行政面の支援策がほとんどないことも特筆すべき点である。これまで低所得者向けの児童扶養手当は，母子家庭のみを対象としていた。父子家庭のほうが母子家庭よりも経済的な困難は少なく，収入も多いからだ。平均年間就労収入も，2006年の全国母子世帯等調査の時点で，父子家庭は398万円に対し，母子家庭は171万円であった。しかし，図9-2を見ると，父子家庭の約4割は，年間就労収入が300万円未満と，低収入の家庭が多いことも事実だ。男性は父子家庭になる前と同じ職場条件で働くことが多いため，収入面では比較的高いが，その分，前述の通り育児に支障をきたす。子どもとの時間を優先するために仕事や働き方を変えると，母子家庭と同様の貧困の問題に行きあたる（春日，1989；岩田，2006）。

2009年11月に発足した全国父子家庭支援連絡会（全父子連）の働きかけにより，父子家庭約10万世帯を対象にした児童扶養手当てはようやく2010年8月より施行され，12月から支給となった。これは大きな第一歩ではあるが，児童扶養手当の支給に伴う生活保護費の減額や，母子家庭自立支援給付金をはじめとする母子家庭にしか

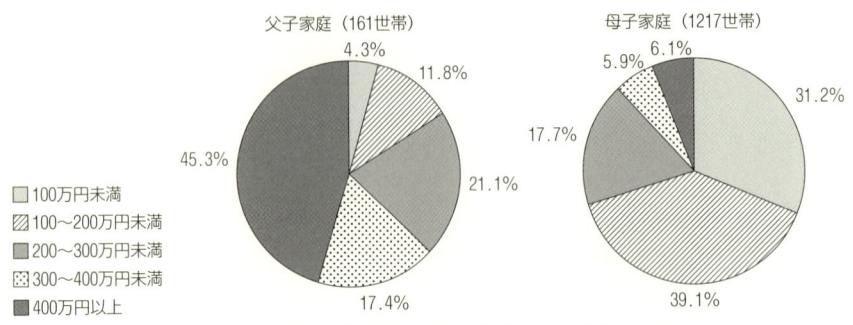

図9-2 父子・母子世帯の年間就労収入の構成割合 (厚生労働省, 2006より作成)

適用されない支援制度など，まだ課題は残されている。

2節　父子家庭に関する研究

わが国の父子家庭研究は非常に数が少ない。そのため，ここでは両親のそろった家庭や母子家庭と比較しながら，父子家庭の父子がどのような特徴をもち，どのような問題をかかえ，またどのような変数が関係しているのかについての海外の研究をおもに紹介する。

1. 父子家庭の父親の特徴

父子家庭の父親は，積極的に子育てに責任をもち，子どもといっしょにいたいという強いモチベーションをもち，父親としての役割を果たそうとする人が多いという（中田ら，2001；Pichitino, 1983；Risman, 1986）。父子家庭の父親の特徴として両性具有性もあげられる。1人で子育てしている父親は，おだやかでやさしい母親的な側面ももちあわせているという（Biblarz & Stacey, 2010；橋口，2007）。その一方で，父子家庭の父親の方が，母子家庭の母親よりも，子どもの自律性，独立性を尊重する傾向があるという（Hilton & Devall, 1998）。ピチティノ（Pichitino, 1983）は，離婚による父子家庭の場合，離婚前から育児に積極的にかかわっていたという特徴があるという。リズマン（Risman, 1986）は，多くの父子家庭の父親が，養育権獲得の経緯や経済的状況にかかわらず，シングルファーザーとして快適で有能感も感じていると報告している。

また，父子家庭と母子家庭は，相違点より類似点の方が多いとの報告がある（Hilton

& Devall, 1998; Schnayer & Orr, 1989）。このことは，性役割の偏見を取り除くのに役立つ。父親は，母親のように子どもを育てるモチベーションやスキルが足りない，と思われてきたが，そうではないことがわかる（Hilton & Devall, 1998）。たとえば，フックとチャラザニ（Hook & Chalasani, 2008）によると，5歳以下の子どもがいる場合，1人親家庭の父親の方が母親と比べると，子どもと過ごす時間が少ない。それはデイケアに預けたり，週末は母親と過ごすことが多いためである。しかし，6歳以上の子どもに関しては，親の勤務時間，専門職か否か，いちばん下の子の年齢，子どもの人数，性別，子どもといっしょにいる時間，ほかに手伝う人がいるかどうかといった要因を統制すると，1人親家庭の父親と母親は，同じくらいの時間を子育てに費やしている（Hook & Chalasani, 2008）。ヒースとオースナー（Heath & Orthner, 1999）は，1人親家庭の父親346名（平均年齢32.8歳）と母親364名（平均年齢30.4歳）を比較したところ，家庭と仕事をうまくこなしているとの自覚に性差はなかったと報告している。

　父子家庭の父親は，結婚している父親よりも母親的な要素が強い。ヒルトンとデヴァル（Hilton & Devall, 1998）の研究では，父子家庭の父親は，ポジティブな養育態度をとっており，子どもと話したり，子どものことによく耳を傾けたりするなど，結婚している父親よりも母親と，養育について類似性があった。また，父子家庭の父親は，結婚している父親と比べると育児時間は多いという（Hook & Chalasani, 2008）。

　これらの知見から，父親であっても，母親と同様，性別は関係なく，育児をやっていけることがうかがえる。父子家庭になる前から育児を行なってきた父親はもちろん，父子家庭になることによって，母親的な性質も身につけ，母親業と考えられてきたことを実践するようになるといえるだろう。

2．子どもの問題との関連

　1人親家庭の方が両親のそろっている家庭よりも問題が多いということは，多くの研究で報告されている（Breivik & Olweus, 2006; Downey, 1994; Hilton & Desrochers, 2002; Hoffmann, 2002; Wen, 2008）。しかしこれらの結果からただちに1人親家庭が劣る，と結論づけるには早い。そこにはいろいろな要因が媒介していることが考えられる。

（1）良好な父子関係に関連する要因

　デマリとグレイフ（DeMaris & Greif, 1993）は，子どもの性別や年齢，そのほかにどのような要因が，離婚後の父子家庭の親子関係に関連しているのかを調べている。親子関係の測定は，「子どもにはイライラさせられる」「子どもとは仲良くやってい

る」「子どものことを心から信頼できる」といった25項目について父親が評定している。表9-1がその結果である。性別と年齢に関しては、13歳未満の女の子だけの父子家庭が、13歳以上の青年のいる家庭や、男の子のいる家庭と比べて、問題が少なかった。年少の女の子の場合、けんかが少ないので扱いやすいからではないかとデマリらは考察している。子どもの人数が多く、子どもたちの年齢差が近いほど親子間の問題が多いかと思われたが、実際にはその点は親子関係とは関連がなかった。子どもの養育権をめぐって積極的に争った父親の方が、受動的に養育権を得た父親よりも、子どもとの問題が少ないと感じていたという。離婚の際に、子どもの母親との関係が悪かった父親ほど、子どもとの関係もうまくいっていないようだ。こういった要因の中でも特に親子関係と関連が強かったのは、ソーシャルサポートがあることと、離婚前から父親が積極的に育児に参加していたことだった。他者からの情緒的・道具的なサポートは、生活上のストレスを軽減し、父子家庭での辛さや孤立を和らげるのではないかとデマリらは推察している。そして、父子家庭になる前から、子どもと積極的にかかわっている方が、子どもとの関係はうまくいくようだ。子どもとよく向き合い、父親自身の支えもあることが、父子家庭の親子関係には大切といえそうだ。

表 9-1 父親の認知した親子関係上の問題についての共分散分析モデルのパラメーター推定値と効果の有意性
(DeMaris & Greif, 1993)

変 数	自由度	パラメーター推定値	偏 F 値
子どもの人数	1	—	.700
子どもの性別分布	2	—	.380
子どもの年齢分布	2	—	4.780**
人数×性別分布	2	—	.160
人数×年齢分布	2	—	2.460
性別×年齢分布	4	—	2.540*
子どもの年齢差	1	-.213	.610
父親の恋人との同居	1	1.833	1.670
父親の性的関係の頻度	1	-.165	.300
父親の年齢	1	-.090	2.440
父親の教育	1	.093	.520
父親の収入	1	.000	.720
父親の養育権争い	1	-1.835	5.590*
ソーシャルサポート	1	-5.633	53.450**
転職回数	1	.096	.200
離婚時の夫婦間葛藤	1	.792	4.400*
現在の葛藤	1	-.127	.170
離婚前の育児へのかかわり	1	-3.482	22.390**
R二乗（調整済み）		.113	
全体的F比			5.63**

*$p < .05$　**$p < .01$

（2）経済的要因

1人親家庭で問題が多い理由の1つに，経済的困難があげられる。ウェン（Wen, 2008）は，1人親家庭と両親のそろった家庭，再婚家庭の比較を行なった。両親のそろった家庭や再婚家庭と比べて，1人親家庭の子どもの健康状態は低く，問題行動も多いとしたうえで，それには経済的困難によるところが大きいとしている。レイノネンら（Leinonen et al., 2003）は，1人親家庭の方が，両親のそろった家庭よりも，経済的困難に直面し，仕事の負担も大きいことを明らかにしている。そして母子家庭，父子家庭ともに経済的困難があるほど，子どもを叱るような養育態度をとりやすいという。特に父子家庭の父親は，仕事の負担が大きいほど，子どもに対するサポートや助言が少ない。両親のそろった家庭では，仕事の負荷と養育態度の問題は関係していなかったという。

しかし父子家庭の場合，経済的資源よりも，対人関係的資源（子どもとのかかわり）の方が，子どもの学業成績や授業態度との関連が強いという指摘もある。ダウニイ（Downey, 1994）は，中学2年生（8th grade）の子どもをもつ父子家庭409名，母子家庭3,483名，両親のそろった家庭14,269名を対象とし，図9-3のようなモデルを検証した。その結果，学業成績や授業態度は，父子家庭と母子家庭では違いがないが，両親のいる家庭と比べるとどちらも劣っていた。しかし，父子家庭と母子家庭では，媒介している要因が異なっていた。母子家庭では，家庭での教材やコンピューターが買えないことや，大学進学のための貯金がないといった経済的要因が大きいが，父子家庭では，学校のことについて子どもと話す，学校行事に参加する，子どもの友達やその親について知っている，宿題を見るといったことの少なさが，学業成績や授業態度の低さにつながっているという。

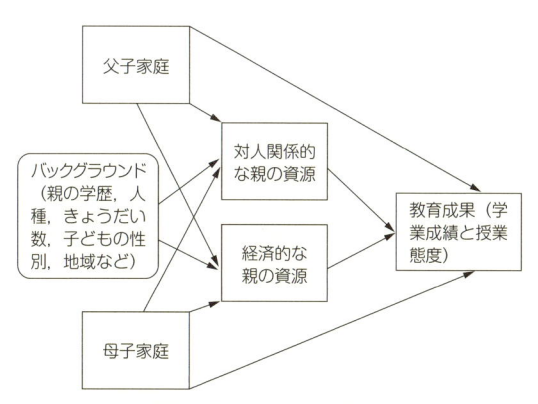

図9-3 家族構成，親の資源と教育成果（Downey, 1994）

(3) 子どもの外在化問題

母子家庭では，抑うつなどの内在化問題や，反社会的行動などの外在化問題が，両親のそろった家庭の子どもより多いが，父子家庭の場合は，外在化問題のみが多いとの指摘がある（Breivik & Olweus, 2006; Hilton et al., 2001; Hilton & Devall, 1998）。外在化問題の例として，薬物使用が欧米では問題になっている。父子家庭の子どもは，他の家庭と比べて，反社会的行動や薬物使用の問題行動が高いことが報告されている（Breivik & Olweus, 2006; Hoffmann, 2002）。ブレイヴィックら（Breivik et al., 2009）は，中学生（7th grade to 9th grade）の父子家庭の子どもで，離婚後2年以上経っている38家族（女子18，男子20）を対象に研究を行なった。その結果，親が子どもの行動を監視（monitoring）できていると，薬物使用や反社会的行動が少ないことがわかった。

親の監視の重要性はワグナーら（Wagner et al., 2010）の研究でも実証されている。ワグナーらは，中学3年生（9th grade）から高校1年生（10th grade）を対象に，父子家庭では親の監視が弱く，子どもの薬物使用率も高いことを明らかにしたうえで，子どもを監視する際の子育てスキルの向上や，ソーシャルサポートの提供によって，子どもの薬物使用を予防できるとしている。

親の監視だけが，子どもの薬物使用と関係しているわけではない。ブロマンら（Broman et al., 2008）は，血のつながった両親のいる家庭3413名，1人親家庭1913名，血のつながっていない親と住んでいる家庭798名の3つのグループの中学・高校生に面接と質問紙調査を行なった。その結果，友達が薬物を使用していること，親の温かさが欠けていること，宗教心の低さが，家族構成と薬物使用との関連を媒介していた。これらの要因をふまえると，1人親や血のつながっていない親の家庭かどうかということは，薬物使用とあまり関係がなくなるという。特に薬物使用をしている友達の影響がいちばん強かった。

外在化問題の例として，薬物使用について取りあげたが，ヒルトンとデロッシェーズ（Hilton & Desrochers, 2002）は，子どもの外在化問題の中でも，攻撃性やアクティングアウト（行動化）といった，情動表出のコントロールが不足している状態に注目している。彼らは，6歳から10歳の子どもがいる母子家庭の母親30名，父子家庭の父親30名，両親のそろった家庭の両親30組を対象とし，インタビューと質問紙による調査を行なった。ここでの1人親家庭は，離婚によっている。

その結果，図9-4のようなモデルが提唱された。これによると，父子家庭か母子家庭かにかかわらず，1人親家庭であることが直接的に外在化問題と関連していた。このことは，1人で子どもを育てることのたいへんさを物語っている。両親がそろっ

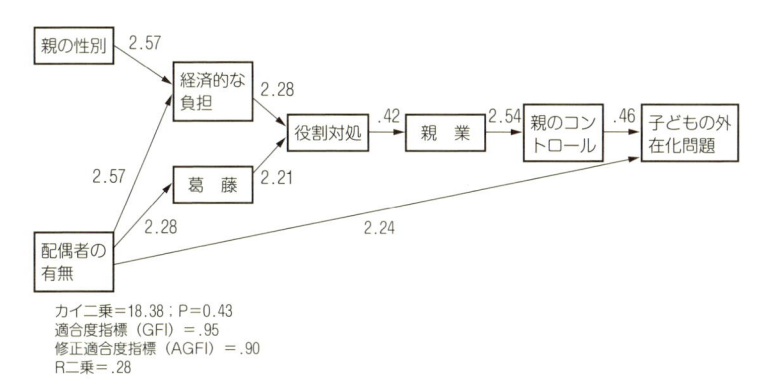

図 9-4 標準化パス係数と適合度指標のパスモデル（Hilton & Desrochers, 2002）

表 9-2 子どもの外在化問題における有意な予測変数の効果（Hilton & Desrochers, 2002）

変　数	直接効果	間接効果	総合効果
親の性別		-.02	-.02
配偶者の有無	-.24	-.02	-.26
経済的な負担		.03	.03
葛藤		.02	.02
役割対処		-.10	-.10
親のコントロール	.40		.46
親業		-.24	-.24

ているかどうかに限らず，父子・母子家庭であっても，少なくとももう1人の大人が育児にたずさわることが重要といえるのかもしれない。

また，1人親家庭においては，離婚後の経済的な負担の増加（特に母子家庭）や，もとの配偶者との間で対立や葛藤があると，仕事と家庭の多重役割に対処することがむずかしくなり，それが親業の質を低下させ，子どもの行動に対する親のコントロールが阻害されて，子どもの外在化問題に結びつくという。表9-2を見ると，特に，1人親家庭であることと，親のコントロールが直接的に，親業の質の低下が間接的に，子どもの外在化問題と強く関連していることがわかる。

3節　今後の課題

父子家庭研究は，まだ発展途上のこれからの分野である。今回取りあげた研究の多くは海外のものであったが，わが国と海外とは事情が違う面もあるので，わが国での

研究を進めていく必要性がある。その際，父子家庭と一口に言ってもさまざまなケースを区別する必要があるだろう。

まず，死別と離別に分けて検討することが求められる。死別の場合は，選択の余地がなく父子家庭になっており，周囲も同情的であるというように，周囲の目も離婚の場合と死別とでは異なる（春日，1989）。離婚の場合は，父子関係をとらえるうえで，離婚にいたるまでの夫婦関係も子どもに悪影響があるであろうし，その後自ら積極的に子どもとの生活を選んだ場合と，母親がさまざまな理由によって養育できないために，父親が子どもと暮らすことを余儀なくされた場合の違いも考慮に入れて研究すべきだろう。欧米では未婚の父も増えている。わが国では未婚による父子家庭は少ないが，将来的に増えていくことが予想され，こういった研究も必要になってくるだろう。父親と子どもだけで生活している場合と，祖父母などとの同居の場合，施設に入れている場合などにも分けて考える必要がある。単純に父子家庭と両親のいる家庭の父子関係を比較しても，このようなさまざまな要因の影響も考慮に入れて考察しないといけないだろう。

子どもからの視点をもっと取り入れることも必要と思われる。春日（1989）の事例の中で，親は，子どもが将来立派な人間になってほしいと願い，子どもとの関係の中で，親による保護，子どもの従属という面を強調しがちという。そして，親になれば気持ちがわかってもらえる，と父親は未来に望みを託す。しかし，子どもからすると，現在の子どもの気持ちをわかってほしいと思っている，という親子間のギャップが存在することを紹介している。子どもは父親と，自立し，共感し合う関係を望んでいるというのだ。このようなギャップを明らかにすることは，父子がお互いに理解して歩み寄るプロセスに役立てることができると考える。したがって，父親からの目線だけではなく，子どもの声を取り入れた研究も必要になってくるだろう。

父子家庭の父親がどうすれば子どもの問題が少なくなるかだけではなく，どうすれば父親も子どもも，ともに幸せを追求できるか，ということに貢献できる研究もこれからは大切だと思われる。

第III部
父親研究の「これから」

第10章 未来志向の父親

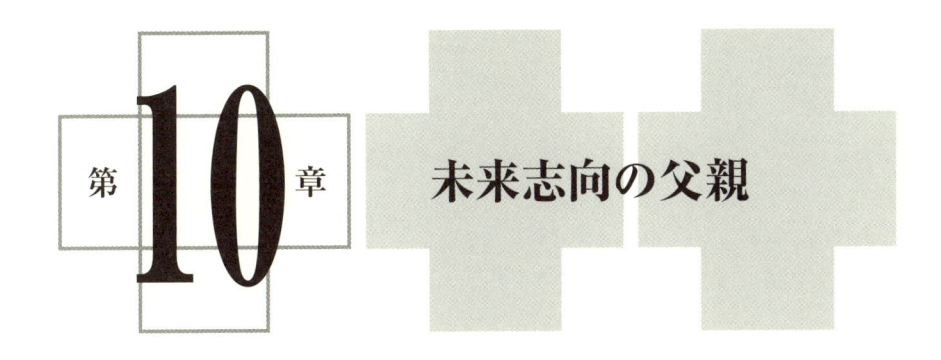

1節 父親に求められる役割の構造的変化

　父親の役割に関して，特にわが国では伝統的な役割意識が根強く残っており，父親は家庭の外での仕事を中心とする役割観が依然として強い。

　しかし，既述のように女性の社会進出の増加に伴う共働き家庭の増加は，今までのような役割分担では家庭の機能が成り行かなくなりつつあることに警鐘を鳴らしているのである。基本的な方向としては，父親は今まで以上に子育てをはじめとして家庭関与を多くもつことが不可欠である。

　これに関して，舩橋（1999）は，父親に期待される子育て役割は「権威としての父親（稼ぎ手・子どもの社会化）」から近代家族の「父親不在（稼ぎ手）」の時代へと移行し，現在では「新しい父親（稼ぎ手・子どもの社会化・子どもの世話）」の模索がされているとしている。そして，父親の役割として①扶養者，②子どもの社会化の担い手，③子どもを世話するもの，の3点を取りあげ，新しい父親とはその3つを行なうトータルな存在であるとしている（図10-1）。

　父親の子育ての構造化の視点から図10-1に示したような基本的な変化が現代社会

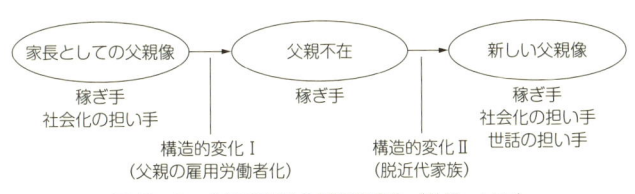

家長としての父親像 → 父親不在 → 新しい父親像
稼ぎ手　　　　　　　　稼ぎ手　　　　稼ぎ手
社会化の担い手　　　　　　　　　　社会化の担い手
　　　　　　　　　　　　　　　　　世話の担い手
　　　構造的変化Ⅰ　　　　構造的変化Ⅱ
　　（父親の雇用労働者化）　（脱近代家族）

図10-1　父親の役割の構造的変化（舩橋，1999）

において必要とされ，それに伴い男性の意識と行動に多くのことが求められているようになってきている。

上記の「世話の担い手」に関して，舩橋（2004）は東京都内の女性（25歳～39歳）を対象とし，父親役割観，母親役割観，就業意識，家族観に関する意識調査を実施し3つの育児観を見いだしている。それは，A．父親も母親も職業と育児を両立すべきである（約4割），B．父親は職業と育児を両立し，母親は育児を優先すべきである（約3割），C．父親は職業優先，母親は育児優先（約1割），のような育児観である。Bのタイプについてさらに分析を加えてみたところ，このタイプに属するのは，子育てをしている若い主婦で夫婦の愛情を中心に置き，仕事志向が比較的低い女性であることを指摘している。

さらに，舩橋（2006）はその後の調査において，「世話の担い手」と「稼ぎ手」のバランスについてわが国の父親と母親に対して「自分のパートナーに子育てと職業のバランスをどのように望むのか」を問い，次のような結果を得ている。夫から妻に対して「職業より子育て優先」58.3％，「両方とも同じくらい」38.0％，「子育てより職業優先」3.7％である。一方，妻から夫に対しては「職業より子育て優先」22.1％，「両方とも同じくらい」73.2％，「子育てより職業優先」4.6％である。妻に対しては，「職業より子育て優先」を希望し，夫に対しては「両方とも同じくらい」を希望していることが報告されている。妻は，稼ぎ手としての夫と子育てへの参画者としての夫という2つの役割を求めており，夫は，妻に子育ての役割を求めており，夫と妻の子育てに対する意識のズレが強く存在することが理解できる。

妻の意識と夫の意識のズレについては，その意味するところについてより検討を加える必要があるが，少なくとも現実的な面から見て実際の子育て・家事にかかわることの多い妻に心身ともに多くの負担がかかり，その結果問題が生じやすいという現実を論点の基本に置くべきである。既述のように，女性が男性に対して子育て・家事などの労働に対する援助の支えを訴えているということが指摘されている。

夫に求められる「稼ぎ手」「社会化の担い手」「世話の担い手」の役割は，夫婦間の認識にも若干のズレがある。とりわけ「稼ぎ手」と「世話の担い手」に関して，妻は夫に対して，両方ともかかわることのできる夫としての理想像を求めているのであり，より柔軟な対応を求めていることがわかる。

夫として，仕事に十分にかかわる一方でふだんから子育てに関心があり，妻のことを気にかけている夫は，子育ての重要さとたいへんさを妻自身の話から知ると同時に，各種の情報を媒介として多くのことを知識としてもっているものとも考えられる。このような夫が多くなることを期待したいものである。

さて，既述のように父親に求められる役割の構造的変化が進行しつつある現在，この変化に伴って次のことが必然的に父親に求められるようになっていると考えられる。

　まず，子育てそのものに父親も参画するようになってきている中で，父親の育児へのかかわり方や育児の質の問題が問われる。本来子育ては，父親・母親それぞれが育児関与を区別することなく，父親であっても母親であっても1人の個性のある人間として子育てをするわけであり，人間として親として自分の未熟な子どもの養育にあたる姿勢が問われる。いわゆる育児性（親性）をもった子育てということが不可欠である。父親，あるいは男性の育児性については最近徐々に検討が始められている。育児性は子育てに積極的に関心をもつことが前提として存在するのであり，男性として子育てあるいは乳幼児に積極的な関心をもつことが必要である。この育児性を男性にいかに育てるのかということが課題として存在する。

　次に，夫として父親として妻（母親）といっしょに育児にかかわる際に夫婦間の意志の疎通が十分に図られていることが不可欠である。夫婦関係において男性の側からのコミュニケーション力が不足しているとの指摘（平山・柏木，2001）にもあるように，子育ての中での夫婦間の意思疎通はきわめて重要である。

　さらに，子育てと仕事の両立に向けて父親として夫としてかかわる際に，時間的な制約を受けやすいという現実がある。父親の育児参画は職場の時間的余裕が左右している（岩井・稲葉，2000）との指摘にもあるように，職場の労働時間のあり方を再度見直すことが不可欠である。このことに関連して松田（2002）は，父親の育児参加の1つの基準として子どもの年齢，子どもの数，母親の年収と父親の帰宅時間を取りあげているが，父親の帰宅時間について見ると，帰宅時間が17時～20時台までの場合は一定の育児水準を保つが21時以降の帰宅時間になると育児関与が急激に低下すること報告している。勤務時間のあり方については会社のみならず政治的な政策などの組織的な問題として扱っていく必要がある。

　以上のような今後に向けた重要課題が山積しており，1つ1つ解決していくことが求められる。

　以下これらのことについて今後の課題にも触れながら順に考えていきたい。

2節　父親と親性

　親性とは何かということについて改めて見た場合，この用語が用いられ始めたのは1980年以降であり，青年期の「親性準備性」との関連で報告されている（伊藤，

2003)。また，親性の定義として「ある個人が情緒的にも態度的にも，そして知識的にも親の役割を果たすための十分なレディネスができているかどうか」（井上・深谷，1986)，「心理的準備状態に限らず，行動面・身体面など育児行動を行なうために必要な資質を形成していく，あるいは形成された状態」（滝山・斎藤，1997）などがあげられる。

　性差にこだわらず，子どもを育てるということにかかわる親性は現代社会の夫婦平等の育児参加を求める子育て世代にたいへん大きな問題として存在する。幼い子どもを愛おしく思う，大事にしたいと思うなどの気持ちは女性特有のものではなく，男性にも多くみられるものである。親性は子育てを進めるうえで母親・父親問わずたいへん重要なものと考えられており，それをいかにして発揮すべきが問われている。実際問題として，男性でも母親以上に子育てにのめり込むエングロスメントといわれる父親もいるのであり（Greenberg, 1985)，このような父親は子どもをかわいがらない母親以上に子どもにとって重要な存在である。

　それでは親性をいかにして育てていったらよいのであろうか。そこには，できるだけ早い時期に幼い子どもにかかわることにより，青少年の心に親性を育てる準備を進めようとする考えが存在する。

　親性を育てる対象として青年後期の大学生が多く扱われていたが，大学生は社会人になる前段階として位置づけられ，発達段階の視点から見れば社会人として活躍し結婚する前段階としてのライフステージであり，結婚との関係で考えたときには適切な時期とも考えられるのであるが，親性そのものは基本的にはより早い段階から育てることが必要ではないだろうか。子どもにかかわることが基本にあるのであり，そのことにできるだけ違和感をもたない心理的準備状態を形成する作業が求められると思われる。幼い子を大事にする感覚，かわいいと思う感覚を育てることは，青年前期の高校生や中学生への導入がより積極的に進められることが望ましいと思われる。このような観点から最近では中学・高校への取り組みが多くなっている。

　この考え方の背景にあるのは，社会状況の変化があげられるが，伊藤（2003）は次のように指摘している。まず第一に，女性の社会進出に伴う共働き家庭の増加がある。女性の社会進出に伴い家庭内の育児・家事の夫婦による平等化を促進するきっかけとなっているのであり，この傾向は今後とも確実に進行していくと考えられる。この状況は少なくとも従来の役割分担意識を基本的に見直す必要性を示したものであり，このような意識改革に基づく子育て論を早くから進めておくことが求められている。そのためには，大学生以前の段階としての中・高生段階が1つの適した段階として浮上してくるのである。第二に，中・高生を取り囲む環境の変化である。少子化，核家族

化の進行により家庭内でも子ども自身が幼い妹や弟と接する機会が減少し，幼い子どもへの接触を肌で体験する場そのものが減っていることが指摘できる。このことは，子育てにかかわる基本的な感覚というものを早い時期に形成することが求められているとも考えられる。第三に，最近の大学生の青年期のモラトリアム化があげられる。大学を卒業した後に就職せず，家庭にとどまり自己の世界で生活する若者が増加している。さらには，女性もキャリア志向のため仕事にかかわり結婚時期が遅くなる傾向にある。つまり，青年期の延長と同時に，結婚，出産，子育てというサイクルが変化し始めているのである。このような現状を考えた場合に，大学生の親性の準備は少しずつ遅れ始め，子育てに向けた意識形成も遅れ始め，そしてズレ始めているということが指摘できる。第四にあげられるのは，文明の進歩に伴い，物質が豊かに溢れている状況を目にする。子どもが幼い時期からさまざまな欲しいものに触れることができ，不自由のない生活を送ることが可能になってきている。この傾向は，物質優先に走り，人の心を大事にするという人間として基本的な感覚が麻痺してしまうことになりかねないとのことである。このような中で，人の命を大事にするという視点から考えると，中学・高校生への親性準備がより重要な位置づけをもつものと考えられる。

　このような背景の中で伊藤（2003）は，中学生と高校生の親性を育てるための準備として，中学生・高校生を対象とした意識調査を行なっている。その結果，「子ども・子育てに関する意識」については中学生よりも高校の2・3年生になると高くなることが示されている。中学生から高校生にかけて心身の発達と自立が進むことが示され，「子ども・子育てに関する意識」を構成する「子どもへの親和」「親になることの受容」についても同じ結果がみられ，子どもへの親和性が高まり，親になることを受け入れていくことが明らかにされている。男女を比較すると，「子ども・子育てに関する意識」は女子の方が中学・高校を通じて高く，学年差が小さいが，男子は高校の上の学年で高くなることも明らかにされている。

　さらに，高校生の親性準備性の構成要素として取りあげた「子どもへの親和」「親になることの受容」「子ども・子育てに関する意識」は「対子ども社会的自己効力感」との間に正の高い相関関係があることを示している。「対子ども社会的自己効力感」とは，①1人で遊んでいる子どもに話しかける，②泣いている子どもに声をかけたり，だきあげて慰める，③子どもから「だっこして」とか「おんぶして」と頼まれたら，だっこやおんぶをしてあげる，④数人の子どもたちが，遊んでいるところに近づいていって，仲間に入れてくれるように頼む，などの子どもとのかかわりを円滑に進め子どもとの関係を深める内容に関するものである。

　ここで注目されるのは，「対子ども社会的自己効力感」が子どもとの親和性を高め

ることであり，親性に十分な関連性を有しているということである。中学生や高校生の段階において，幼い子どもとのかかわりを想定した中での意識として，子どもとのかかわりを苦にせず楽しもうという姿勢のある生徒は，親性ももちあわせているという結果である。

伊藤（2006）はこの結果に関連して，中学生と高校生の保育体験が「対子ども社会的自己効力感」形成にどのように影響しているのか検討を加えている。その結果，中学生・高校生ともに保育体験学習によって「対子ども社会的自己効力感」が高くなることを報告している。しかしその中で，中学生よりも高校生の方が高く，男女別で比較すると女子の方が高いものの，保育体験学習前後の上昇率では男子の方が高く，男子への効果が高いことが示されているのである。父親の育児参与がこれから本格的に取り組んでいく必要性が増している現在，中学生・高校生男子生徒の保育体験は今後の父親としての子育ての方向を左右することも十分にあり得るであろう。

親性を育てる試みに関連する研究として，その他にも大学生（18歳～19歳）を対象に医学的・生理学的・内分泌的指標に基づいて，乳幼児との接触がどのような影響をもたらすのか多角的な視点から検討が加えられている（佐々木ら，2007）。それによると，心理学的変化がいちばんみられているとのことである。具体的には，『親性準備性』について，①「乳幼児への好意感情」では体験前後の比較で，男性は体験後に有意に高く女性では前後で有意な差はみられなかった。②「育児の積極性」では男女ともに体験後の方が有意に高かった。『子どもに対する感情面』については，①「接近感情」で男性は体験後の方が有意に高いことが示されたが，女性では体験前後の差がみられなかった。②「回避感情」については，体験前は男性は女性よりも高かったが，体験前後の男女それぞれについては有意な差はみられなかった，とのことである。つまり，乳幼児に対する親性準備性ついては青年男子の方がポジィティブな変化を遂げていることが明らかにされているのである。

上記の報告以外にも乳幼児との接触経験が青年の対乳幼児感情をポジィティブな方向に高めるとする報告が多くみられる（武藤・伊藤，1995；田中ら，1998）。それと同時に，男子生徒の場合に，接触体験を通して親を今までとは異なる視点からとらえる機会にもなり，自己の視点の変化と同時に親子関係にも影響することが報告されている（石川ら，1997）。

このように保育体験，接触体験は青年期におけるポジィティブな対乳幼児感情を育て，自己の視点の変化をも生じさせ得るという結果が報告されている。

すでに2000年4月の中央教育審議会の報告「少子化と教育」では，すべての高等学校で保育体験学習を推進するなど，幼稚園，保育所，児童館等での保育体験学習を

充実するとともに，乳幼児をもつ地域の人々を学校に招いて具体的・実際的な授業を行なうなどの指導方法の工夫改善が必要であるとしている。

　中学生・高校生は10代であるが，子どもとのかかわりに関しては中学校・高校にいたるまでの間に体験している比率は少子化現象に伴って年々低くなっていることが推測されるだけに貴重な示唆を与えている。親性育成にかかわる乳幼児との保育体験については新学習指導要領とその解説で強化しているのであるが，各高校・中学校ともに今以上に浸透させていく必要性がある。親性研究についての研究成果が報告されているものの，教育機関の中での十分な取り組みが必ずしも浸透しているとはいえない面もあると考えられるからである。しかしユニークな1つの取り組みとして，千葉県の鎌ヶ谷高校では「家庭科基礎研究」の中に育児体験を取り入れ，地域の育児サロンとして周囲の子育て中の親子に来てもらい子育てに参画しているとのことである。同校では市の協力を得て「子育てサポーター」も授業に入り生徒の援助をしながらかかわっている。参加した母親も，育児にかかわっている母親どうしの会話の場になりストレス発散になるだけでなく，高校生から感謝されることにより自己肯定感が得られて新たな気持ちで子育てにかかわっているとのことである（朝日新聞，2010）。これは地域の協力を得ながらの1つの試みを紹介したものであるが，このような地域連携に基づくより踏み込んだ内容と実践を継続していくこともさらに求められる。

　その一方で，現実的な視点から見て，このような環境でかかわった親性が将来の父親としての子育てにどの程度，あるいはどのように影響するのかということは従来の家庭で育成される親性との比較において確かめられるべきことであり，きわめて重要な関心事である。なぜなら，上記の各報告は親性の育成のためにあらかじめ設定された環境の中で育成される側面が強いと考えられるために，従来のような自然でダイナミックな家庭環境や地域環境の中で育まれる親性育成準備とは質的に異なる側面が存在することが十分に予測されるからである。また，乳幼児との接触経験が中学・高校生の対子どもの感情的な面の高揚をもたらしたりすることは明らかにされてはいるものの，この結果はこのような試みが実施された時に生じる感情であり，親性育成への導入部分とも受け取れるが，そのときに生じた感情だけでは将来の父親としての子育てに役立ち得るとは考えにくい。その感情が継続的にそして発展的に維持されていくことが基本的に重要である。子どもの時間的展望の発達を含めて，継続的に発展させていくための方法とプログラムをより具体的に検討することが求められる。

　親性育成の考えは，父親の子育てへの関与を高め質の高い子育てを推進するための1つの方向性を示していることはまちがいないが，現代社会において試みられている親性育成が将来の父親としてのあり方にどのようにつながっていくのか，ということ

についてはさらに詳しく検討していくことも忘れてはならない。

3節　夫婦のコミュニケーション

　育児をはじめとして，夫婦がともに理解し合い行なっていかなくてはならないことは家庭の中だけでもかなりある。このことに関してはⅠ部2章において既述のように，父親の母親とのコミュニケーション，あるいは子どもとのコミュニケーションがきわめて重要であることを示した。夫婦間の相互性とコミュニケーションの欠如は夫婦関係の終わりを意味する（Vannoy, 1996），といわれるように，コミュニケーションは夫婦のあり方を決定的に左右するものである。コミュニケーションの重要性についての指摘はされているものの，子育てや家庭のあり方の基本となる夫婦間のコミュニケーションの問題についての研究は，わが国ではまだ十分に行なわれていないのが現状である（柏木・平山，2003）。夫婦間のコミュニケーションの問題解明はこれから期待されるところが大きいのである。

　その中でも，平山・柏木（2001）は，中年期の夫婦のコミュニケーションの特色を分析している。具体的には夫婦それぞれの相手に対するコミュケーション態度について比較した（表10-1）。コミュニケーション態度として，①共感：「親身になっていっしょに考える」「優しいことばをかける」「有益な意見を言う」，②依存・接近：「悩み・迷い事があると相談する」「重要なことの決定は相手の意見に従う」，③無視・回避：「いい加減な相づちをうつ」「上の空で聞く」「黙り込む」，④威圧：「命令口調で言う」「すぐ怒る」の4種類をとりあげ夫婦相互に比較したところ，「共感」「依存・接近」は妻の方が夫よりも有意に高く，「無視・回避」「威圧」は夫の方が有意に高いことが示されているのである。妻は夫に対して共感的に働きかけ，相談しようとするポジィティブなコミュニケーション態度が特徴であるのに対して，夫は「無視・回避」「威圧」などを主とするネガティブなコミュニケーション態度が特徴といえる。また，難波（1999）は2組の中年期夫婦の語りから類似した結果を得ている。

　さらに，平山・柏木（2001）はコミュニケーションの特徴についてさらに詳しく調べるために，妻の経済的状況もあわせて検討している。それによると，妻の収入が高い家庭ほど夫の妻に対する共感的態度が高いことを指摘している。この結果はいろいろと解釈できる面があるが，少なくとも妻の収入が多いのは妻が仕事をしている共働き家庭などであり，夫婦間のコミュニケーションに基づく協力が不可欠な状況が家庭生活の中に存在しているために生じた結果とも考えられる。

第10章　未来志向の父親

表10-1　パートナーへのコミュニケーション態度得点および夫婦関係コミュニケーションの特徴を表すイメージ図（平山・柏木，2001）

態度次元	コミュニケーション態度の方向と程度
威圧 　日常生活に必要な用件を命令口調で言う 　話の内容が気に入らないとすぐ怒る 　相手より一段上に立って小ばかにした受け答えをする	夫 ──▶ 妻
無視・回避 　相手の話しにいい加減な相づちをうつ 　他のことをしながら上の空で聞く	夫 ──▶ 妻
依存的接近 　あなた自身の悩み・迷い事があると，相手に相談する 　会話が途切れると相手の方から話題を提供する	夫 ◀── 妻
共感 　相手の悩み事の相談に対して，親身になっていっしょに考える 　相手に元気がないとき優しい言葉をかける	夫 ◀── 妻

（注）矢印部分は夫婦間得点差をもとに作図したイメージ図。

　一方，伊藤ら（2007）は，中年期夫婦と子育て期の夫婦のコミュニケーション構造の違いを調べるために同一の質問紙を用いて分析している（図10-2）。ここでは，「会話時間」と「自己開示〈自己開示とは自分の情報（感情，経験，人生観など）を他者にことばで伝えることを指す。ここでは妻から夫へ，あるいは夫から妻へ〉」をコミュニケーションの指標として用いている。それによると，妻に関しては中年期よりも子育て期の方が，夫との会話時間と夫から妻への自己開示はともに夫婦関係満足度への寄与が大きく，夫とのコミュニケーションが保障されることが夫婦関係満足度を規定していることが示されており，また，妻から夫への自己開示は子育て期・中年期いずれにおいても夫の夫婦関係満足度を高めていた。さらに，ライフステージの特徴について見ると，子育て期では，妻は夫とのコミュニケーションにより夫婦関係満足を高めるが，夫は妻とのコミュニケーションにあまり規定されないことも示されている。その一方で，中年期になると妻の夫に対する自己開示は夫の夫婦関係満足度に大きく寄与するだけでなく，妻自身の夫婦関係満足度にも寄与していることが示され，夫にとって妻とのコミュニケーションが重要であることが示されている。

　子育て期の夫婦のコミュニケーションは，妻の感じる夫婦関係満足度に大きな影響をもたらすものの，夫の感じる夫婦関係満足度にそれほど大きな影響力をもたないとする結果は，夫が妻からの働きかけを十分に受け取っていないことを示すものとも考えられる。この結果についての解釈の1つとして，子育て期は夫として仕事にも熱が入り，一心不乱に取り組んでいる状況があり，そのことが家庭への貢献と同時に自己の満足に繋がっている可能性があると考えられることである。したがって，仕事中心

第Ⅲ部 父親研究の「これから」

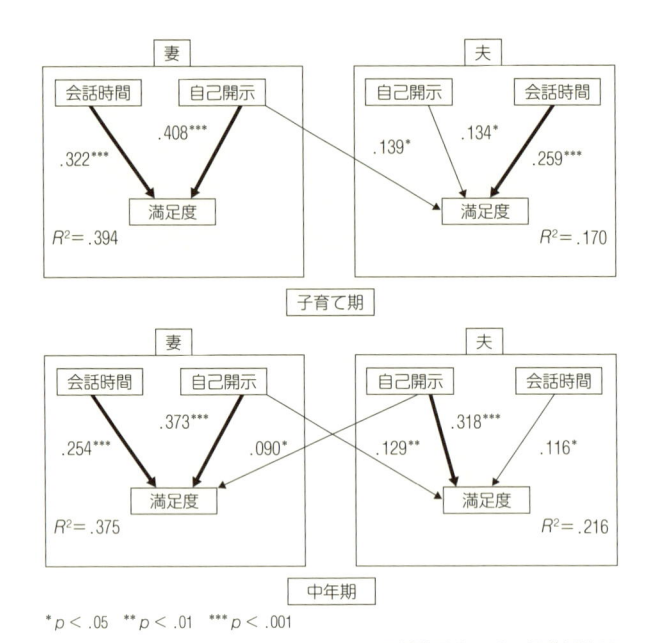

```
          妻                              夫
  ┌─────────────────┐          ┌─────────────────┐
  │ 会話時間  自己開示 │          │ 自己開示  会話時間 │
  │      .408***    │          │  .139*  .134*   │
  │ .322***          │          │             .259*** │
  │      満足度      │          │      満足度      │
  │   R² = .394     │          │   R² = .170     │
  └─────────────────┘          └─────────────────┘
                     子育て期

          妻                              夫
  ┌─────────────────┐          ┌─────────────────┐
  │ 会話時間  自己開示 │          │ 自己開示  会話時間 │
  │      .373***    │          │  .318***        │
  │ .254***    .090*│          │ .129**    .116* │
  │      満足度      │          │      満足度      │
  │   R² = .375     │          │   R² = .216     │
  └─────────────────┘          └─────────────────┘
                     中年期
```

$*p < .05$　$**p < .01$　$***p < .001$

図10-2　夫婦のコミュニケーションと関係満足度の重回帰分析結果
（伊藤ら，2007）

の生活による満足感が大きい時期ゆえの結果とも考えられるのである。また，夫婦の会話の内容が，夫の仕事のことが中心になっているとも考えられる。少なくともこのような解釈が成り立つとすれば，平山・柏木（2003）の指摘するような，中年期夫婦のコミュニケーション形態の中に見られる夫としての特徴（無視・回避）に類似した特徴が，子育て期夫婦のコミュニケーションの基本構造として存在しているようにも思われる。夫として妻から発信されることばや感情，気持ちを理解し受け取れることが，夫婦関係を円滑にしていくだけでなく，子育てという重要な取り組みを進めていくうえできわめて重要なことである。

　夫婦間のコミュニケーションが妻と夫の精神的適応と子どもの発達・適応にも何らかの影響をもたらすことについては第Ⅰ部ですでに述べたように，夫婦間の問題だけではすまないこともあわせて確認しておくことが必要である。

　それと同時に既述のように（第3章），乳幼児の子育てにあたっている父親が「自分は妻に必要とされている」に関する質問に対して，2005年では肯定的な回答が89.2%であったが，2009年では81.5%に減少していることが指摘されている（ベネッセ次世代育成研究所，2011）。この結果は少なくとも，夫婦間のコミュニケーショ

ンの問題が一部反映されているとも考えられる。夫としていかに妻の気持ちを理解し応えられるかという基本的なやりとりが不足しているのではないかと考えられるのである。

夫婦平等の家族形態が進行しつつある現在，夫婦相互に話し合い，理解し合い，家庭生活を進めていく必要がさらに増しているが，子育て期の夫婦のコミュニケーション構造については，男性の受容的な態度そのものについて解明するとともに，その構造についても解明されなければならない。

4節　夫婦の家事・育児分担と夫婦関係満足

夫婦が結婚してから満足感をもつことは重要なことであるが，結婚満足感にもたらす影響についてはいろいろな要因が考えられる。充実した夫婦生活を送るためにも相互の精神的満足感は避けては通れない問題である。

既述のように，夫婦の満足感を維持するためには，特に妻の育児や家事に対する夫の精神的支えが重要である。しかし，現実的な問題としてより具体的に考えておかなければならないことは，子育て期にある夫婦の家事や育児をいかに分担して取り組んでいるかということである。これは，現実的な問題である。

Ⅰ部3章においてすでに触れたように，子育て期にある夫婦の役割分担は母親がその大半を担っているのであり，精神的肉体的ストレスの大きさが想像できる。

夫婦の結婚満足度を規定する要因について池田ら（2005）が分析を加えている。それによると，結婚満足度が低い夫婦の妻は，夫との情緒的つながりを低くして，一方では家計の担い手，子どもの親としての役割に徹して夫を評価して夫婦関係を維持しているというショッキングな結果を報告している。夫にあわせ，自分の生き方を抑えているのである。しかし，夫婦が役割分担に関して結婚満足感が高いか否かということは，単に夫婦の役割分担によるものでなく，夫婦それぞれが自分の役割をいかに認識しているかということに左右されるとする研究報告もある。諸井（1996）は，幼児をもつ夫婦に対する調査から，夫婦間の衡平性は妻が夫の分担の衡平性についてどのように認知しているかということに左右されることを指摘している。つまり，家事，育児について夫が分担している仕事量について妻が夫婦内の比較をすれば夫の方が楽をしていると考えるし，そうではなく夫婦外に比較の焦点をあてた場合には，必ずしも不衡平な認知をもたないこともあり得るのである。

しかし，現実的な問題の1つとして，結婚する際の妻と夫の育児や家事への関与に

ついての理想があり，現実との差が夫婦関係の満足度にも影響しているのでないかと考えられる。このことについて，相良ら（2008）は児童期の子どもを育てている家庭と中年期の夫婦を対象とした調査を行なっている。その結果，子育て期の妻の育児についてのズレが結婚不満足度に強く影響しており，夫に子育てをもっと担ってほしいという不満がみられた。子育て期は中年期よりも，夫の子育て参画を望んでおり，それに伴いかなりの不満が生じていることが示されている。

上記の研究報告は，子育て期の夫婦の育児・家事の分担意識についてのズレが夫婦関係満足度に及ぼす影響について見たものである。夫婦相互の評価の視点にズレがなく夫婦間の満足度に支障がない場合には多くは問題がないのであるが，場合によっては精神的支えとして夫がかかわることと同時に，その具体的証としての行動が不可欠であることを示している。夫婦そろって結婚にあたりお互いの役割についての意識があり，夫として，パートナーとして家庭関与をしようと思っている場合が多いと思われるが，その気持ちを縮小させることなく実行していくことが求められる。つまり，夫の明確な意識とそれに基づいた確固とした行動をとる努力が求められる。

5節　父親と家族

1．発達精神病理学的アプローチ

発達精神病理学とは，人間の発達の複雑さを理解するために構築された概念的アプローチであり，さまざまな学問領域が融合し方法論的にも互いに協働して，ある問題を検討するという特徴を有している。また，問題の原因となる要因を複数考慮し，発生のプロセスを力動的にとらえることも重視されている（Cummings et al., 2000/ 2006）。

カミングスら（2000/ 2006）があげるこれらの発達精神病理学の特徴から勘案すると，このアプローチを用いて父親と家族の研究を行なうことで，以下のようなことが可能になると考えられる。

まず，父親の発達や家族の適応問題については，複合的な科学的知見からよりよい理解を得ることが可能になるであろう。発達精神病理学は，異常心理学，発達臨床心理学，精神医学，発達心理学などの領域があわさり，さらに分子生物学や行動遺伝学といった他の関連領域とも融合しているためである。

また，この学問では，健常・ハイリスク・不適応の個人のそれぞれの発達について

同時に検討することができるので，特定の対象群のみの理解にとどまることなく，さまざまな状態にある父親，あるいは，家族成員の発達プロセスをより理解することが可能になる。

そして，人間の発達への影響要因としてポジティブなものとネガティブなものの両方を扱うため，不適応に陥った父親や家族のリスク因子のみならず，逆境的な出来事に遭遇しても不適応に陥らなかった防御要因や，よりよい発達を遂げている父親や家族に関与するポジティブ要因を同時的に明らかにすることが可能になる。

さらに，精神病理を力動的・個体発生的プロセスの結果ととらえているため，精神病理を発生した父親や家族の介入や，それらの予防に対して，複雑な相互作用を念頭に置いた理論を展開することが可能になる。

このように，発達精神病理学的アプローチにより，さまざまな状態にある父親や家族の発達を多様な学問領域から包括的かつ力動的，相互影響的に把握することができると考えられる。

2．父親の家庭関与と家族機能

中村（2003）は，乳幼児を養育している時期の家族機能モデルを構築し，この時期の家族システム維持に重要な要因は，「家族間コミュニケーション」「家事」「家族内ルール」だとしている。「家族間コミュニケーション」に関しては，夫婦間で話し合いながら判断・解決することが重要である。慣れない子育てを母親にまかせきりにするのではなく，父親は，母親の考えや悩みに耳を傾けること，一方的に解決策を押しつけることなく互いに納得いくまで話し合って解決策を導くこと，これらを意識して行なう必要がある。こうしたコミュニケーションには時間を要する。そのため，特に，仕事が煩雑な父親は「自分は，妻（母親）を信頼している。だから，すべて妻にまかせる」などといって，すべての決定権を妻に委譲するが，これはコミュニケーションを放棄しているにすぎない。家族システムを円滑にするためには，父母が粘り強くやりとりしていくことが大切である。「家事」に関しては，父母間の役割配分の公平化，オーバーワークの解消が肝要である。近年，共働き世帯は増加傾向にあるが，「共働き世帯」の夫の家事関連行為時間は「男性雇用者と無業の妻からなる世帯（専業主婦世帯）」の夫のそれとほとんどかわらない（図10-3）。このような母親のオーバーワークは子育てストレス，さらには抑うつ傾向へつながることから（小泉ら，2001），家族機能の不全に陥らないよう母親の分担軽減が望まれる。「家族内ルール」に関しては，それが強すぎても弱すぎても家族システムはうまく機能しない（Olson, 1993）ことが知られており，適度なバランスを保てることが機能的な家族とされる。こうし

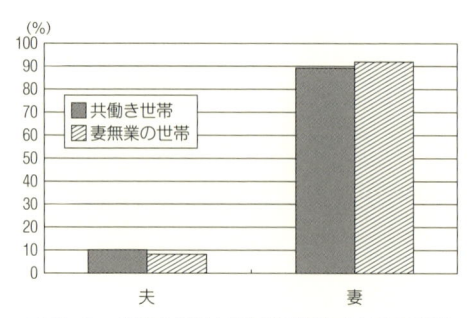

図10-3　共働き世帯と妻無業世帯における家事関連行為（時間）の分担率（総務省統計局，2007a より作成）

たルールは家庭内の問題解決に必要不可欠である。中見・桂田（2008）は，問題解決に関して父親に権威がある方が，対処が的確になされると報告しており，これらをあわせて考えると，父親が家族内のルール執行の先頭に立ちながらも家族の状況に応じて柔軟に対応することが効果的といえる。

このように，父親のさまざまな側面での家族関与が機能的な家族システムの安定化を図るうえで必要なのではないだろうか。

3. 家族成員の精神的発達

アタッチメントは精神発達を見るうえで重要な指標の1つとされる。特に幼少の子どもの場合，これまで主たる養育者である母親へのアタッチメントが重視されてきた。しかし，子どものアタッチメント関係の発達についてさまざまなモデル（表10-2）がある中，最近では，統合的組織化モデルのように母親だけでなく，父親を含めた複数の人々にアタッチメントが形成されていくという主張が優位となっている。統合的モデルの場合，母親のみと安定したアタッチメントを形成するよりも父母ともに安定したアタッチメントを形成する方が，情緒的社会性の発達を促進し，また，母親と安定的なアタッチメントを形成できなくても，父親と安定的なアタッチメントを形成することでその発達が補償されるといわれる。

また，福田・宮下（2006）は，父子の接触時間が短い場合，母親が評価する夫婦関係と子どもの母親へのアタッチメントに正の相関（夫婦関係が悪いと子どものアタッチメントも良好でない）を示し，父子の接触時間が長い場合そのような相関がみられないことを明らかにした。これは，夫婦関係がよくないうえ，父親の子どもへの関与が希薄であると，子どもは安定したアタッチメントを形成しにくいことを意味する。

表10-2 アタッチメント関係発達のモデル（数井, 2001 より作成）

モデル	特徴
単一モデル Monotropy Model	ひとりの人物（たいていの場合，主たる養育者である母親）が重要なアタッチメント対象者。
階層的組織化モデル Hierarchy Model	ひとりの人物（母親）がアタッチメントの対象者であり，中心であるが，他の保育者も安全の基地として，母親がいない場合には機能しうると考える。
統合的組織化モデル Integration Model	アタッチメント関係のネットワークを形成し，あるアタッチメントが不安定であると，他の安定したアタッチメントがそれを保証するように機能しうる。母子，父子，保育者と子というアタッチメントネットワークのうち，1つよりは2つ，2つよりは3つという関係が安定的であることが，子どもの情緒社会性の発達と肯定的に関連すると考える。
独立組織化モデル Independence Model	子どもは同様に複数の人物をアタッチメント対象者とする。ただ，アタッチメント関係は，その人物とある一定の時間を過ごした範囲によって機能する。各保育者はそれぞれの範囲で特化し，その範囲でのみ安全の基地となることができる。

　これらは，父親の子どもへの関与のあり方は子どものアタッチメント形成，精神的発達に大きな影響を及ぼすということを表わしている。これまでは，父親の育児関与の少なさが問題視され，とにかく「父親が子育てに関与すること」の重要性が叫ばれてきた。しかし，この先，父親の育児関与は量のみならず，質にも着目していく必要がありそうである。たとえば，子どもの安定的なアタッチメント形成には，父親は単に子どもとかかわればよいわけではない。子どものシグナルに迅速に気づき，それを正確に解釈し，さらに迅速かつ適切に対応することが必要である（Ainsworth et al., 1974）。このように，今後は，父親が子育てに関与することはもちろんのこと，その質を問うくらいにまで，父親の子育てに対する社会的期待が高まることが望まれる。

4．家庭関与と父親（専業主夫）の人格的発達

　父親の家庭関与は，父親自身の人格的発達に大きく貢献していることが研究で報告されている。たとえば，菊地（2008）によれば，父親が家事育児に参加する度合が高いほど，自身の精神面のタフさ，他人の立場や気持ちの汲み取り，我慢強さなどの精神的発達にプラスに働くという。島崎・田中（2007）も同様の結果を示している。

　また，森下（2006）は，育児方針について夫婦で話し合ったり，子育てについて身近な人に話したり，子育て関連の本や新聞記事を読むといった「育児への関心」が高い父親について次のような発達がみられるとしている。①家族の愛情が深まって家族のことを考えるようになったり，家族への責任感が増す（「家族への愛情」）。②仕事に積極的に取り組み，仕事への責任感が増し，突発的な異変に動じなくなる（「責任感や冷静さ」）。③親子連れに関心が向き，つき合いの幅が拡大し，寛大になる（「子

どもを通しての視野の広がり」)。④自分自身の親がどのように自分を育ててくれたのか考えたり，将来の自分と子どもとのかかわりを想像する（「過去と未来への展望」）。さらに，実際に子どもと遊んだり入浴したり寝かしつけたりといった「遊びや世話」を多くする父親も，「家族への愛情」や「過去と未来への展望」が促進されるという。森下（2006）の研究対象はほぼ専業主婦世帯の夫であるため，フルタイムの就業者であることが推測される。となると，家庭関与もある程度制限されていることであろう。その中でも，上記のような発達がみられるということは家庭関与が父親にとってどれだけ有意義であるかがうかがえる。

　では，さらに家庭関与が多い父親，つまり専業主夫の父親の発達にはどのような特徴が見いだせるだろうか。近年，家族に対する価値観が多様化する中，専業主夫世帯も増加傾向にある（総務省統計局，2002；総務省統計局，2007b）。その世帯数は，未就学児のいる世帯で0.4％，9歳以下の就学児のいる世帯で0.5％となっており，現在は専業主夫でなくてもゆくゆくは（今すぐにでも・子どもが大きくなったら）専業主夫にと考えている世帯が，未就学児世帯，9歳以下の就学児世帯ともに1.4％となっている（厚生労働省，2009）。子どもをもつ専業主夫を対象に調査を行なった八木（2007）によれば，専業主夫たちは，主夫として生きることにより，「主婦的視点」「新しい世界への気づき」「家族との時間」などを獲得しているという。また，就業経験を有する専業主夫の多くは，主婦の世界や仕事がどういうものなのかに気づき理解することによって，企業で働いていた時より視野が広がったという経験も有している。中には，専業主夫にならずとも，1か月でも男性が家事育児だけを担当しそのたいへんさを知ることで妻を理解することができ，離婚率も下がるのではないかと語る者もあるという（八木，2009）。専業主夫の場合，家庭関与による発達もさることながら，専業主夫の選択に行き着くまでに社会からの疎外感，男のプライドなどさまざまな葛藤を経験しているケースも少なくなく，それらを乗り越えて現在にいたっているという点で，専業主夫選択までのプロセスにおける発達も重要であると考えられる。

　とりわけ，高度経済成長期以降，男性の家庭関与は激減し，子育てに関する研究対象は母親に限定されることが多かった。しかしながら，近年では徐々に男性の家庭関与が増加し，これまで焦点化されなかった「父親の育児不安」についても研究が進んでいる。川井ら（2009）は，父親にも育児不安が認められること，また，その育児不安の構造は母親の育児不安と同様であることを見いだした。そこには，妻や自身の不安・抑うつ状態や家族機能の問題のほか，子どもの夜泣きがひどい，一晩に何度も起こされるといった「Difficult Baby」因子，子どものことでどうしたらよいかわから

ない，育児に自信がもてないといった「育児困難感タイプⅠ」因子，子どもをとめどなく叱ってしまう，子どもに八つあたりをしては反省して落ち込むといった「育児困難感タイプⅡ」因子など多岐にわたる育児不安が含まれている。父親の育児不安は，そのものが虐待へのハイリスク要因である（川井ら，2009）ため，それらが過剰に高まることは母親の育児不安と同様問題視されるべきである。しかし，"父親は育児にほとんどかかわらないのだから，父親の育児不安など存在しないだろう" と考えられてきた時代から一歩抜けだし，このような議論がなされることは飛躍的な発展といえるのではないだろうか。

第11章 新しい父親の出現

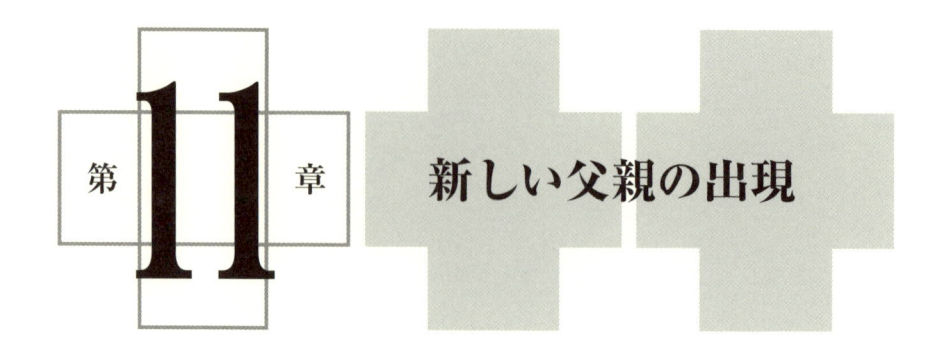

1節 新しい夫婦関係

　夫は仕事，妻は家事・育児という伝統的な役割分担意識は若い世代ほどその意識が低くなっているのであるが，それでもわが国の意識は諸外国と比較して固定的といわれる。しかし，年々変化するその比率から，徐々に男女の固定的な役割分担意識が薄れていることは事実であり，これからの夫婦の生活に変化が生じつつあるといえる（図11-1）。

　それに伴って男女共同参画に関して，男性自身がどのような意識の変化を経ているのかについての詳細な検討が必要となると考えられる。このことに関してすでに第2章で触れたように，矢澤ら（2003）は都市部の若い父親の意識調査から3類型の意識が存在することをあげている。1つは「性別役割分担型」（父親は仕事，母親は育児・家事優先とする従来型），2つ目は「二重基準型」（父親は仕事と育児に同じようにかかわり母親は育児を優先する），3つ目は「平等両立型」（父親母親ともに育児と仕事に同じようにかかわる）とするものである。最近の男性の意識は図でも示したように，女性を配慮しまた男性も家庭へかかわることに違和感をもたないような方向で変化しているだけに，たいへん興味深い結果である。二重基準型は最近指摘されている家事・育児に十分にかかわる夫を表現しているとも考えられるが，少なくとも若い男性の中でも，二重基準型，平等両立型のような，男性自ら家事・育児にかかわることを当然とする意識が芽ばえているようである。

　また，このことに関連して大野（2008）は育児にあたっている夫婦391組を分析対象として父親の育児意識と家庭生活満足の関連性を調べている。家庭，仕事，個人的

第11章 新しい父親の出現

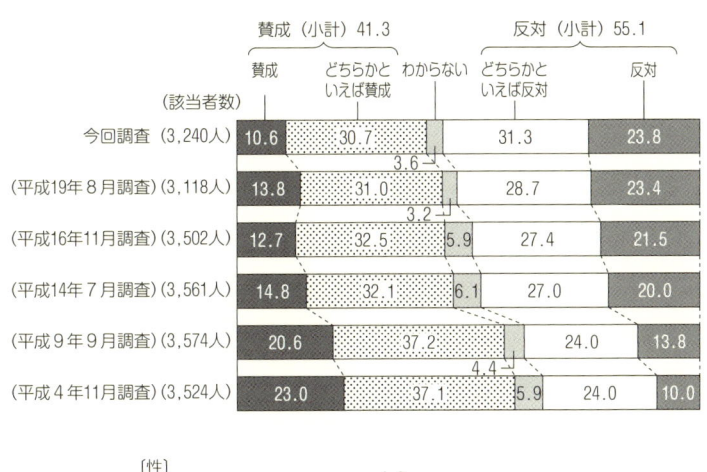

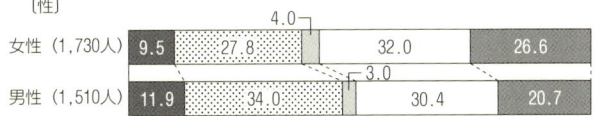

図11-1 男女の役割分担意識の変化（内閣府大臣官房政府広報室, 2009）

活動それぞれにエネルギーを費やす程度を調べ、3タイプを抽出している。それは「仕事＋余暇型」（家庭生活だけでなく個人的活動にも関与する余裕のある父親）、「仕事中心型」（生活の中心が仕事であり、家庭生活へのエネルギーがかろうじて残されている父親）、「仕事＝家庭型」（仕事が第一ではなく家庭に対して仕事と同等かそれ以上のバランスで関与している父親）のそれぞれである。この中で注目すべきことは「仕事＝家庭型」の男性は「仕事」と「家庭生活」に満足しており、しかも稼得面で自分の分担率が低いほど自分の生き方に対する満足度が高くなるのである。つまり、妻の稼得率が高くなるほど自分の生き方に対する満足度が高くなるのである。また、（大野ら、2004）によれば、このような「仕事＝家庭型」の父親は仕事を多少犠牲にしても家庭へのかかわりを重視しており、現実の生活スタイルと理想のズレが最小であった。

　上記の報告は子育てにあたっている父親を対象にした意識調査であり、今後の父親の意識変化の方向性を探るうえで貴重な報告である。少なくとも、「仕事＝家庭型」の男性は家庭に対する意識の中に、子育ては男女共同で行なうものであり、しかもそれは平等に行なうべきものであるという意識が基本にあるのではないだろうか。これは、矢澤ら（2003）の指摘する「平等両立型」の父親の中にみられるタイプではないかと考えられる。しかし、大野（2008）の報告では、「仕事＝家庭型」の男性は自分

151

の年収があがるほど，また性別分業が進むほど自分の生き方に満足するということも指摘されているのである。これは矛盾した結果のようであるが，「仕事＝家庭型」の男性にはすべての点において肯定的な面があるのではなく，従来の性別役割分担に基づく意識が一面には存在することが示されているとも思われる。もしこのように考えれば，子育て期の男性には役割分業意識が存在する反面，「仕事＝家庭」の意識も存在し，それが少しずつ「仕事＝家庭」へと移行しているのではないかとも考えられるとも指摘している。これは，現代社会の女性の社会進出と価値観の変化に伴う女性の立場の変化が男性をはじめとする周囲にそのような意識を芽ばえさせているのかもしれない。

　このような，仕事と家庭との両立に向けた努力はワーク・ライフ・バランスという問題と対峙することとなり，新しい人生の送り方として模索がくり返されている。このような中で，乳幼児をもつ父親のワーク・ライフ・バランスと父親自身の子育て観についての報告がある（許ら，2008）。それによると，子育てに不可欠な，「いっしょに夕食」「着替えの世話」「室内での遊び」「送り迎え」「戸外での運動」についての実施程度と重要性認識度を調べ，両方とも高いグループ（HH）と認識度が高いグループ（LH），両方とも低いグループ（LL）の3グループを抽出し父親の子育て観との関連性について調べたところ，HH群は子どもと過ごす時間が約2時間多く，他の2群よりも子どもの理解（子どもの友達，性格，食べ物の好き嫌いを知っているか），子育て支援施設の理解度が有意に高かった。また，HH群は子育ての肯定感（父親としての自己肯定感，充実感）が他の2群よりも有意に高かった。さらに，LH群では「趣味や遊び」を大切であるとする程度が他の2群よりも有意に高かった。この結果から導かれる結論は，父親が子育てへの関与によって仕事と家庭関与の両立においてワーク・ライフ・バランスを図っている場合，ことばを換えれば少なくとも子育てを中心として家庭に深く関与している場合には，子どもとの良好な関係が形成され，父親自身の自己肯定感と充実感を促進し，父親の人間としての成長発達を促進しているということである。子育ては大切なこととして認識していても，実際にかかわることは時間的，肉体的制約があり簡単なことではない面もあるが，子育ての大切さを理解しようとする姿勢，実践しようとする強い意識と行動力がこれからの新しい父親にさらに求められる。

　一方，幼児の子育てをしている家庭ではなく，大学生をもつ中年夫婦家庭に焦点をあてて，その大学生が父親のワーク・ライフ・バランスをどのようにとらえているのか，また，そのことが自己の家庭生活にどのような影響をもたらしているのかを検討した報告がある（尾形，2010）。それによると父親が仕事と家庭に同じ比率でかかわ

っているか，あるいは仕事よりも家庭により強くかかわっている場合に夫婦関係満足度が高いことが示されている。しかも，仕事よりも家庭関与が高い場合において夫婦関係満足度がより高いのである。さらに，このような家庭の子どもは家族といっしょに過ごす時間や，家族との会話時間が長いと感じ，家族との関係や家庭での生活にポジティブな感情を抱いていることが明らかにされている。この結果は対象となる子どもの年齢が異なるものの，父親の家庭関与と仕事関与にかかわるワーク・ライフ・バランスの視点から見て「仕事＝家庭型」の男性の家庭では家族成員の生活にも積極的な影響力をもつことを示唆している。

　上記の報告は，ライフ・ステージの違いに基づいて，子育ての状況，夫婦関係の状況などをさらに詳細に比較して検討を加えていく必要性があるが，ワーク・ライフ・バランスの視点から家庭生活を優先させながら仕事にあたる男性の出現が待望されているようである。

2節　父親・母親のワーク・ライフ・バランスと家族

1．ワーク・ライフ・バランスとは

　ワーク・ライフ・バランス（Work-Life Balance）とは何か。日本の社会は，少子高齢化社会を迎え，仕事のあり方・働き方を考える大きな過渡期に来ている。1995年には，人口が減少に転じ，今までのように企業活動や社会制度を維持するためには，男性のみならず女性が働きやすい労働環境と社会制度を整えていくことが必要である。働く人の置かれた状況も大きく変化している。雇用形態が多様化し，非正規雇用の増加もいちじるしい。正規雇用と非正規雇用労働者の待遇の違いが大きく，この差が生活レベルでの格差を引き起こしている。

　派遣労働が急増する中で，働く人たちは職場を頻繁に変え，不安定な雇用に身を置かざるを得ない。その一方で，正規雇用の労働者は，長時間労働により心身をすり減らす人も少なくない。一日の大半を職場の労働が占めることにより，家庭生活や地域での活動に余裕がなくなってしまう。共働き家庭が増加しているが，核家族が多く，仕事と家事・育児を両立させるためには，社会的な支援が欠かせない。それにもかかわらず，保育施設の不足が指摘され，有職の女性にとっては，家事と育児の負担が男性以上に大きくなる（山西，2008）。

　このような厳しい労働環境が続くなら，働く人も企業も会社も，活力を失ってしま

う。会社や仕事に全エネルギーを注ぎ込むのではなく，家庭生活を楽しみ，地域の活動に参加し，友達との交友に喜びを見いだす。仕事も生活もほどよく調和・充実させる。これがワーク・ライフ・バランスといわれるものである。年齢や性別を問わず，すべての人の働き方を対象にする。仕事と生活のどちらに重きを置くのか，どのようなバランスを求めるかは，個人の選択による。「仕事かそれ以外の生活かというジレンマに悩み，二者択一を迫られる従来の状況から脱して，仕事もそれ以外の生活も，個人の生活全体の中で折り合っていけるように，いかに働き方を選択できる環境をつくっていくか」，ワーク・ライフ・バランスの問題意識はこの点にある（労働調査会，2008）。

　専業主婦に比べ，職業をもつ母親の方が，育児不安が小さい。離職し，育児に専念する専業主婦は，一手に家事と育児を引き受け，家庭内の活動が多くなる。働く母親の場合は，夫の協力と保育園など外部の施設・機関を利用し，支援を受ける機会が多くなり，孤立することが少なくなることが一因であろう。ワーク・ライフ・バランスを妨げる最も大きな要因は，仕事と家庭の両立である。「日本で仕事と家庭の両立をむずかしくするのは，女性が外に出て仕事をしなければならない上，内では引き続き，家事全般を負担しなければならないということが，最大の原因なのだ」（パク，2002，p.19）。「男は外，女は内」とする，伝統的文化の影響はいまだに強い。

2．子どもとワーク・ライフ・バランス

　今，子ども・若者は楽な生活をしているのか。必ずしもそうではないようだ。子どもや若者が成長し，精神的に成熟していくうえでのむずかしさを現代の社会はつくり出している。若者が学校から社会へ巣立つとき，両者の接続はよくない。以前は，学校卒業と同時に無理なく，当然のこととして仕事に就いた。誰かが仕事を紹介・世話することが自然に行なわれてきた。今では，就業していない若者がいても，周囲は何も言わない社会になった。十分に機能している公的な職業斡旋システムもなく，若者の就職難は，結婚し家庭を築くうえで大きな問題だ。地域社会にも問題がある。かつては，地域の中で，青年組織を通じて子どもや若者を育てる場があった。今では，地域に根づいた若者の自治組織はほとんどなくなった。

　ワーク・ライフ・バランスを考えるうえで，子どもの生活の場が，家庭と学校に狭められ，限定される傾向が強くなっていることも問題だ。仕事と社会との結びつきを，両親の日常の姿を通して，子どもは学んでいく。朝晩，家族でいっしょに過ごすことは，親しい交流と家族のまとまりを生み出すために欠かせない。家族の交流はワーク・ライフ・バランスの重要な基盤だ。親が社会に出て生き生きと活動することで，

子どもの社会的な意識や責任感を育み，社会の構成員であることを自覚させる契機になるからだ。子どものころから，仕事に就くこと働くこと（労働）に充実を感じ，家庭を協同して営み楽しむ親の姿を見，日々体験することは，子どもがワーク・ライフ・バランスの感覚を身につけるうえでなくてはならない。

家庭生活を充実させるには，父親の労働時間が大きくかかわる。「家庭と親の就労に関する調査」（名古屋市子ども青少年局，2009）では，週休2日が60％，週休1日が35％，無休が3％である。始業は朝8時，9時台が8割を占め，終業時刻は20時以前が7割強で，それ以降が23％であった。帰宅が9時過ぎになる父親は42％であった。子どもが平日親と顔を合わせるのは，朝か夕方以降である。朝食を家族全員でとる子どもは，21％にすぎない。1人で食べる子は27％もいる。夕食も家族全員で食べる子どもは43％で，半数に満たない。日常家族全員がそろう機会はきわめて少ないことがわかる。女性の7割が，結婚前後に離職している現実は，共働き家庭の仕事と家事・育児の両立が厳しいことを示唆する。

3．家庭生活とワーク・ライフ・バランス

父親と母親は，仕事と生活のバランスはとれていると感じているのだろうか。全体的に，「仕事が中心となっており，もう少し家庭生活の比重が高まるとよい」（37％）と考える父母が最も多い。なかでも，未就学児（44％）と小学生（38％）の親はその思いが強い。「仕事と家庭生活（育児含む）のバランスがとれている」（23％）と考える父母は4～5人に1人の割合である。「仕事が中心となっているが，今のままでよい」（20％）と考える親もほぼ同じ割合で，「父親は仕事，母親は家事・育児」という伝統的性役割観が根強い。このことは，母親の「仕事と家事のバランス」の現状に対する認識によって裏づけられる。「育児が中心となっているが今のままでよい」（31％）が最も多く，特に未就学児のいる親では45.7％が肯定している。就労時間の短縮や，育児休業者介護休業制度と家庭生活を両立する職場環境の整備を7割の人が求めており，現状に満足している人はわずか5％である。ワーク・ライフ・バランスを図るには，子育てしやすい企業風土を育成し，育児と仕事を両立させやすい雇用・労働時間などの制度の充実が必要である。特に，未就学児をもつ親にとって，ワーク・ライフ・バランスの実現は切実な問題である（各83％，87％）（図11-2）。

子どもにとって父親と母親の存在は大きい。一般に，父親に比べ母親と子どもの関係の方が密である。自分のことも友達のこともよく知っていて，子どもの信頼度が高いのが母親である。悩み事の相談相手も，父親（23％）より母親（55％）の方が圧倒的に割合が高い。

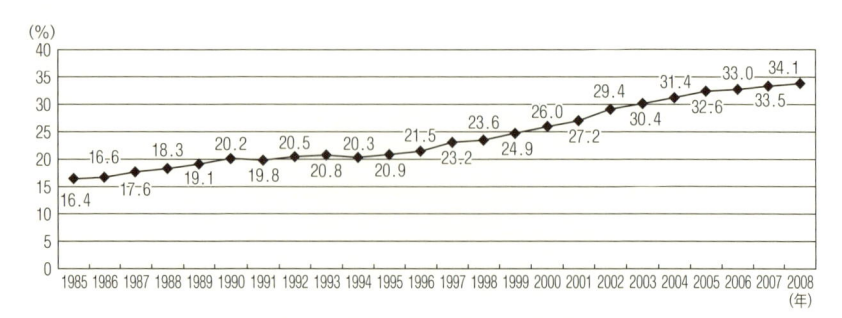

図11-2　役員を除く雇用者に占める正社員以外の雇用者の割合（厚生労働省，2010）
資料：総務省統計局「労働力調査特別調査」，「労働力調査（詳細集計）」
（注）1985～2001年は各年2月，2002～2008年は年平均である。

その一方で，親による子どもに対する暴力や虐待の増加もいちじるしい。子どもと親・家族の人間関係の希薄化も深刻である。希薄化を防ぐためには，一定の頻度で親子がお互いに接触し，話をすることが必要だ。友達関係でも家族関係でも同じことである。会話を通して，ことばを通じて親は，日々子どもとどれだけ接触をしているのか。ことばには，私たちの行動を将来に向かって組み立てる力がある。ことばによって私たちの感情や行動を整理したり，抑制したりすることができるのだ。ことばのもつこの力を伸ばし，子どもの内面にコミュニケーション能力，想像力や未来を展望する力をしっかりと定着さなければならない。親子のふだんの生活の中でのやりとりやコミュニケーションによって，子どもの社会的能力は発達する。家庭生活を楽しむ時間がなければ，親子のかかわりは弱くなってしまう。父親と母親のワーク・ライフ・バランスの達成は，子どもの発達に密接にかかわる重要な課題である。

3節　ワーク・ライフ・バランスの現状

1．ワーク・ライフ・バランスの現状

私たちは1年間にどのくらいの時間働いているのか。20世紀初頭の製造業従事者の1日の平均労働時間は，10時間以上だった（日本リサーチ総合研究所，2009）。年間では合計3,000時間以上も働いていた。労働者が，実際に働いた時間を年間総労働時間といい，残業や休日労働を含み，年次有給休暇などは除外する。高度経済成長期の1960年の年間総労働時間は，1945年以降最高の2,432時間であった。労働時間は，

労働法や景気の動向によって変化し，1980年代に広がったいわゆる週休二日制の導入は，労働時間の削減に大きく影響した。1973年には，「第1次石油ショック」が起こり，経済活動の停滞により，1975年の年間総労働時間は最低の2,064時間であった。

　2011年の年間の日曜日・祝日数は84日，土曜日は66日，両者の重複は2日であり，休日は計148日である。このほかに，お盆休みと年末年始の休みが，それぞれ3日から6日程度あると仮定すると，年間の休業日は約157日になる。1960年には週休1日であり，祝祭日も現在より少なかったことを考慮し，年間の休日を仮に80日とすると，当時の1日の労働時間は9.9時間（2,432時間／245日）になる。土曜日なしに，毎日10時間働いたのである。1983年には労働基準法が改正され，週40時間労働が規定された。40時間を越えて労働する場合は，労働者と使用者（雇用者）が協定を結び（36協定），合意する必要がある。

　ワーク・ライフ・バランスを実現するには，母親と父親が家庭で過ごす時間が必要だ。「労働時間の短縮の促進に関する臨時措置法」（時短促進法）が制定され，労働時間の短縮が図られている。パートタイム労働者以外の一般の正規労働者の1割以上は，週60時間以上働いている（厚生労働省，2006）。特に子育ての時期にある30歳から40歳台の男性の20％は，これに該当する。女性は家事労働に従事し，男性はもっぱら仕事を担う，伝統的な男女の性役割分業が維持されている。

　ワーク・ライフ・バランスを実現するには，職場の上司の理解が必要である。坂爪（2009）は，正規の社員が育児をするために，勤務時間を短縮するなど，ワーク・ライフ・バランス施策をもうける場合，管理職の認識の仕方により，部下に対する行動が異なることを明らかにしている。女性を積極的に活用する組織風土があり，短時間勤務制度の導入が従業員に積極的な影響を及ぼすことを目的とし，従業員の子どもが幼少時に限定された育児制度だと理解する時，管理職は勤務時間を短縮することに，より肯定的になる。一方で，社員の仕事内容が定型的・補助的な場合やきちんと制度化されていない場合には，管理職は勤務時間の短縮に否定的である。管理職の自覚をうながすには法律に基づいて，育児休業・勤務時間の短縮を制度化することが大切である（このことに関連しては，5節でさらに触れることにする）。

2．職場環境とワーク・ライフ・バランス

　私たち労働者にとって，仕事と家庭生活，そして個人的活動はともに必要であり，生き生きとした日常を営むうえでどちらも欠かせない。他方，企業・会社にとって，ワーク・ライフ・バランスは，どのような意味をもつのであろうか。ワーク・ライフ・バランスを推進することは，企業の業績に積極的な効果をもたらす（小池，

2010)。人事データが公表されている国内企業358社を対象に、次の仮説を検証した。①ワーク・ライフ・バランスの実施はその後の業績を高める。②ワーク・ライフ・バランス施策と女性活用施策の組み合わせは、その後の業績をさらに高める。③もともと業績が良好な企業ほどワーク・ライフ・バランス施策を実施する傾向がある。いずれの仮説も支持され、企業活動自体も、仕事生活と個人の生活の均衡がとれているほど活発になることを示すものであった。特に、女性が仕事と個人の生活を両立させやすい職場環境を整えることが、企業や会社にも有益な効果を生むことは強調されるべきである。

　ワーク・ライフ・バランスと一言でいっても、勤務年数、役割、年代によっても、バランスのとり方は違ってくる。新人社員、管理職や独身社員と、低年齢の子どもを育てる社員等、それぞれにとってのワーク・ライフ・バランスのあり方は異なる。杉田（2009）は、ワーク・ライフ・バランスに配慮した企業（ファミリー・フレンドリー企業等）を対象に、その実態と従業員の満足度の関係を調査した。厚生労働省によれば、「ファミリー・フレンドリー企業とは、仕事と育児・介護とが両立できるようなさまざまな制度をもち、多様でかつ柔軟な働き方を労働者が選択できるような取組を行なう企業」を指す。具体的には以下の4つの柱があげられている。①法を上回る基準の育児・介護休業制度を規定しており、かつ、実際に利用されていること（分割取得できる育児休業制度、通算93日を超える介護休業制度、年5日を超える子どもの看護休暇制度等）。②仕事と家庭のバランスに配慮した柔軟な働き方ができる制度をもっており、かつ、実際に利用されていること（育児や介護のための短時間勤務制度、フレックスタイム制等）。③仕事と家庭の両立を可能にするその他の制度を規定しており、かつ、実際に利用されていること（事業所内託児施設、育児・介護サービス利用料の援助措置等）。④仕事と家庭を両立させやすい企業文化をもつこと（育児・介護休業制度等の利用がしやすい雰囲気であること、特に、男性労働者も利用しやすい雰囲気であること、両立について、経営トップ、管理職の理解があること等）。

　調査では、「仕事中心の生活」を5とし、「仕事以外が中心」を1として評定させた（ワーク・ライフ・バランスの実態）。このワーク・ライフ・バランス状態に対する満足度を「望んでいる状態」5から「望んでいない状態」1の5段階で評定させ、両者（ワーク・ライフ・バランスの現状と現状に対する満足度）の関係を見た。その結果、男性ではどの年代（20歳～59歳）でも仕事生活が中心の割合が大きかった。女性では、仕事生活と仕事以外の生活がほぼ同比率の割合が大きかった（表11-1）。男女とも「仕事中心の生活」をする人の満足度は低かった。

　年代で見ると、男性では30歳代と50歳代、とりわけ30歳代の仕事中心の生活が

表11-1 ワーク・ライフ・バランスの実態(仕事中心の程度)とワーク・ライフ・バランスの現状に対する満足の関係(20歳~59歳)(杉田, 2009)

WLB実態尺度	性別	該当者数/総数(%)	WLB満足尺度		
			2.0以下(WLBワーストブレンド) 該当者(%)	3.0以下(WLBミーントブレンド) 該当者(%)	4.0以上(WLBベストブレンド) 該当者(%)
4.0以上	男性	127/239 (53.1)	44.9	37.0	16.5
	女性	72/230 (31.3)	47.2	37.5	12.5
3.0以下	男性	85/239 (35.6)	22.4	47.1	30.6
	女性	115/230 (50.0)	21.7	40.9	35.7
2.0以下	男性	22/239 (9.2)	31.8	31.8	36.4
	女性	38/230 (6.5)	18.4	52.6	26.3

(注)両尺度は1~5で,数値が小さいほど,それぞれ「仕事以外中心の生活」(実態)と「強い満足」(満足)を表す。

際だっている。女性では,20歳代と50歳代が仕事中心の生活をし,40歳代は生活に比重を置いた生活をする傾向がある。30~40歳代の女性のワーク・ライフ・バランスでは,出産・育児に重きが置かれることが示唆されている。

3. 家事・育児とワーク・ライフ・バランス

女性にとって,家事と育児は,ワーク・ライフ・バランスの成立の可否を左右する。女性が安心して働くためには,子どもを預かる場所,世話をしてくれる施設が必要である。保育所については,2007(平成19)年4月1日現在で22,484か所,202万人が利用している。問題は,保育所に入所できない多くの待機児童がいることだ。平成19年度には1万7,926人もの待機児童がいた。この事態は,都市部にいちじるしい(厚生労働省,2009)。かつては,二世代,三世代が同居する家も多く,夫婦が就労する昼間は祖父母が子どもを預かり,世話をした。核家族化が進行する今,家庭内保育は望めず,保育施設の充実がなければ,女性が仕事を続けることはむずかしくなる。

子どもの世話をし,育児を担うのは誰か。保育士を希望する学生を例に,彼女らが展望するワーク・ライフ・バランスについて見てみよう。女子短期大学生が描くワーク・ライフ・バランスは,学生の職業志向によって異なる(三國,2010)。保育者志望の学生は,それ以外の学生より子育てを重視し,出産後は育児に専念し,保育施設に子どもを預けず自分の手で育てたい,と考える傾向が強い。保育を専門にする保育士(希望する学生)が,自分の子育てでは,保育所を利用しない。これは,保育現場では,勤務が厳しくワーク・ライフ・バランスの実現はむずかしい,と学生が感じるからであろうか。

夫婦にとってワーク・ライフ・バランス実現のためのあらゆる対策は「時間を捻出

159

するための工夫」に集約される。時間調整がカギを握るのだ（中谷，2010）。特に，育児に力を注ぐ時期には，仕事時間を短縮する勤務制度の利用や職場に拘束される時間の短い仕事への配属等により，①仕事時間を削ること，②保育所の利用や配偶者・親族等の協力を得ること，③育児の時間を削減すること，④職場までの通勤時間を短縮すること，等の工夫を組み合わせることが重要である（中谷，2010）。

地域における子育て支援としては，地域子育て支援拠点事業（つどいの広場，地域子育て支援センター等），一時保育（一時預かり事業），サポート・センター，生後4か月までの全戸訪問事業（こんにちは赤ちゃん事業），育児支援家庭訪問事業といった子育て支援事業が実施されている。子育て支援サービスについても全般的に「量」が不十分で，子育て家庭を支える基盤を整える自治体や地域の取り組みの強化が求められる（厚生労働省，2009）。

働く女性は，ワーク・ライフ・バランスをどのようにとらえているのか。20代から70代までの働く女性を対象にした調査では（中村・木村，2010），1日のエネルギーの配分は，おもに「仕事（55％），プライベート（22％），生活時間（19％）」であった。自分だけの時間を確保している人の割合は，20〜39歳までの若い世代では65％，40〜59歳では48％で，60歳以上では29％と減少している。仕事にかけるエネルギーは，世代差がなく55％前後であった。ワーク・ライフ・バランスに満足している割合は77％と高かった。仕事が好きな人，仕事上のストレスがない人は，他の人に比べワーク・ライフ・バランスもライフスタイルも満足度が高い。職場環境の整備とともに，働く人がやりがいと充実を感じ，仕事への積極的態度をもてるよう諸条件を調整することも重要である。

共働き女性は，家庭における父親の育児行動をどのように見，どんな期待をもっているのか。実態は，「母親以上に父親が子どもの世話をする」（2％），「母親と同程度」（23％），「母親のサポート」（37％），「たまにお手伝い」（32％）となっており，母親を手伝う程度の子どもとのかかわりが多くの父親の育児行動だ。「まったく何もしない」父親が6％いる。母親が父親に期待する育児行動は，「母親のサポート」が最も多く49％，次いで「母親と同程度の世話」が43％であった。多くの母親は，母親と同程度の育児を父親に期待している。この傾向は，幼稚園児より保育園児をもつ母親に強い傾向だ。幼稚園・保育園の子をもつ母親は，子どもを育てるには経済面（60％，73％），精神面（39％，41％），制度的な面（18％，30％）の支援が必要だと考える割合が大きい。

4．就学・職場復帰とワーク・ライフ・バランス

　女性の育児休業の取得率は，上昇している（1996年45％，2005年72％）。男性の「育休（育児休業）」は少ない（1996年0.16％，2005年0.50％）。保育所入所は，年度当初に限られることが多く，年度途中の入所はむずかしい（厚生労働省，2009）。従業員が少なくぎりぎりの人数で業務をこなす職場も多い。そのため，職場によっては，有給休暇や育児休業も従業員間で調整できなければ取得することがむずかしい。結婚や出産を機に離職する女性が多いのにもこうした理由が背景にある。育児休業が取得できたとしても，夫婦双方のワーク・ライフ・バランスが確保できないと，女性の職場復帰はますます困難になる。育児休業明けの保育所への円滑な入所など，母親の職場復帰を促進する支援が必要である。勤務時間短縮等の措置の普及状況を見ると，当該制度のある事業所の割合は42％である。希望しても利用できないケースがあり，多様で柔軟な働き方を選択できるように，制度を実効あるものにすることが求められる。

　子育てに手がかかるのは，乳幼児期だけではない。学齢期の子どもを育てる家庭では，放課後の子どもの過ごし方も気にかかる。放課後児童クラブの実施数は，2007（平成19）年5月1日現在で16,685か所，放課後子ども教室の2007年度実施数は6,328か所である。2007（平成19）年度からは，「放課後児童クラブ」と「放課後子ども教室」とを連携するための「放課後子どもプラン」が実施されている。放課後児童対策でも保育所と同様，待機児童がいる。利用希望の増加に伴い，放課後児童クラブが大規模化するなど，質・量の確保・充実が必要となっている（厚生労働省，2009）。とりわけ，就学前の子どもと小学生をもつ核家族家庭では，子育てと仕事を両立させるには，保育と子育て上の社会的支援と職場の理解や育児にかかわる制度の充実が不可欠である。名古屋市子ども青少年局（2009）の調査でも，市の育児支援や子育てをしやすくする職場の労働環境・制度の整備・拡充に期待する父母の割合は7割から8割に達している。

　ワーク・ライフ・バランスは，次世代の育成にも強くかかわる。未婚者の9割はいずれ結婚したいと考えている。既婚者および結婚希望のある未婚者が希望する子ども数の平均は，男女とも2人以上であるが，出生率は低下傾向にあり，希望と現実のかい離が生じている。結婚・出産・子育てと就労の両立を可能にする社会的な選択肢が拡大しなかった結果，二者択一を迫られ，希望を犠牲にせざるを得ない。「寿退社」が死語になっていない現状は，ワーク・ライフ・バランスの施策が企業・会社に十分に広がっていないことを示している。

4節　父親と地域ぐるみの子育て

　すでに第1章で紹介したように厚生労働省によるイクメンプロジェクトが開始され，父親の子育て参加が今まで以上に叫ばれるようになってきている。この呼びかけにいくつかの反応があり，NPO法人による子育て講座が開講され，仕事帰りの子育て中の父親が参加し子育ての勉強をしているとのことである。子育て講座に参加する父親は少なくとも育児への参画が不可欠として感じているのであり，実行しているわけであるから，まさに意識の変化に基づく現代的な父親であるといえる。これは時代の必要性に伴って必然的なものとして行なわれるようになってきたものであり，これからもさらに試行錯誤をくり返しながら発展していくと思われる。

　またその一方で，全国各地で「親父の会」といわれる団体が出現している。この団体はおもに各地区の小学校や中学校を拠点として父親が中心となって会をつくり，子どもが育つ環境づくりや，子どもとの交流，学校との交流を図り活動を続けている。

　活動の内容はその地域によって特色が異なるものの，地域ごとの父親の会でいろいろな催し物を展開している。愛知県の例として，「親子のソフトボール大会」「ウォーキング」「昭和の文化に触れる親子体験」「河川敷の清掃」「家族での野菜づくり」など，1年を通して季節ごとに父親と子どもとの交流を図りながらイベントを進めている。そして，年に一度県全体での集会をもち，その中で研修を実施している。具体的には子育て，子どもへのかかわり，子どもの問題を生み出す環境について考え，幅広い取り組みを行なっている。また，各地域の活動状況についての報告会を開催し，情報交換などを行ない，これから子育てにいろいろと役立てている。この会の特色として，参加している父親の年齢層が幅広く，乳幼児の子育てを行なっている父親から，高校生・大学生をもつ父親まで各年齢層の父親が集まることが多く，子育てについての体験などの話を聞くこともでき，子育てにあたっている父親にとってはたいへん役立つことが多いようである。

　参加している父親が子育てで抱える問題や悩み，取り組み方など個人差は大きいものの，基本的に多くの父親は「子育て」という共通した意識基盤をもっており，たいへんエネルギッシュな活動を展開している。少なくともこのような活動が各都道府県において展開されるようになってきており，定期的に全国大会も開催されている。父親の子育てが求められている現代社会に新しい風となっているのは事実である。現在全国でも3,000〜4,000団体が存在するともいわれており，その分，地域ごとの取り

図11-3　父親の活動

組みの内容も多岐にわたる面もあるが，子どもの年齢段階に応じた深刻な問題が存在する現在，今後これらの現代的・現実的な問題に焦点をあてて，より体系化された具体的な取り組みが必要になってくると思われる。また，京須・橋本（2007）は事例を通して，「親父の会」に2つの機能が存在することを指摘している。それは，①従来の性別役割分業を維持する中で，妻や世間への対面を図り，自らの葛藤を解消しようとする子育てモデルの提示，②学校と密接な関係を結ぶことでコミュニティにその位置を見いだし，既存のコミュニティの機能を修復する役割をもっていることである。このような指摘は，子育てそのものを自主的・自発的に模索する父親，家庭と地域とのかかわりを模索する新しい父親の役割を示しているともいえる（図11-3）。

5節　父親のこれから

Ⅰ部3章，Ⅱ部8章において触れたが，父親として自分の姿をどのようにとらえるかということは自分自身の行動を左右する問題である。少なくとも，父親としての自己概念形成に関して，良好な状態を保つことが必要であるが，そのためにはどのようなことを考えたらよいのであろうか。

岡・上田（2002）の指摘する「仕事」「社会性」「家庭管理」「運動能力」「養育」「容姿」「道徳性」「親しい関係」「知性」「ユーモア」「援助」「子どもとの関係」の13領域の中でも，「仕事」「家庭管理」「養育」「子どもとの関係」に関連する領域が諸外国と比較して低い傾向にある。父親としての自己概念そのものについてはまだ研究が深まっていない面もあり，自己概念を構成している各要素の相互の関連などの検討を進めるなどして，父親の自己概念の状況をさらに具体的に明らかにすることが求められる。しかし，基本的なことは，父親として，夫として，男性としてできるだけさまざまな領域にかかわることが必要ではないだろうか。行動することによって得られる

達成感は貴重な体験といえる。子育てにおいても，子どもと多くかかわる父親ほど人格的な発達がみられるという過去の研究報告から考えれば，自然な解決の方向といえよう。子育てにかかわり，いろいろと考え行動することが子どもとの関係，妻との関係を増幅させて父親を1人の人間として成長させ変化させることになるからである。

また，さらに重要なこととして指摘できるのは，「道徳性」「援助」とも関連して，父親が自分の子どもに対して，誤った行動をとったときには叱ったり諭したりする，子どもが悩んでいる時には相談にのりリードする，プッシュするなど，子どもが社会的行動を学び進んでいけるようにかかわりをもつことも，尊敬される父親像を形成するうえで重要である。

しかし，現実的な問題が存在していることも頭に入れておくことも不可欠である。それは，父親としてワーク・ライフ・バランスの視点から仕事と家庭にかかわることは理想ではあるものの，会社での勤務時間，育児休暇の取得にかかわる会社の抱える問題が存在する。このことは会社ぐるみで取り組む必要があると同時に，日本全体として政策的な取り組みを進めることが求められる。つまり，日本全体の問題として国単位で取り組むことが不可欠と考えられるが，労働者や企業側の意識に関する調査結果（労働政策研究・研修機構，2007）があるので紹介したい。その中で，育児休暇を取る男性が依然として少ない現状に関する企業調査の結果から，「男性自身に育児休業を取る意識がない」（68％）とする本人の意識の問題をいちばんにあげる結果が紹介されている。次に，「取得した前例がない」（55.5％），「代替要員確保が困難」（54.9％）としている。また，職場の管理職の意識調査では「代替要員が困難」（63.0％），「男性自身に育児休暇を取る意識がない」（48.2％），「取得した前例がない」および「上司・同僚の理解不足」（45.3％）とし，職場の環境の問題に焦点化された結果が報告されている。この結果は，①意識に関する課題（経営層，管理職，職場の同僚，男性自身や家族の意識改革），②職場の労働環境（長時間労働の是正，経営者・管理職の時間管理についての意識），③制度内容と運用，などの問題としてまとめられる。しかし，その一方で，上記の報告にあるように「男性自身に育児休業を取る意識がない」とする父親の意識の問題に関して，今まで夫婦の間で男性の育児休暇を前提としないで子育てが行なわれてきた事実があるとの指摘や，男性が職場で整備されている両立支援制度のことをあまり知らないために協力を得ることもできなかった，との指摘もされている（松原，2008）。この結果は，労働環境の改善を図ることはもちろんではあるが，今後，子育ての責任ある父親として職業人として職場に置かれている両立支援制度に積極的に関心をもつ，また，必要に応じて積極的に利用することが求められる。

その一方で国によるワーク・ライフ・バランスにかかわる取り組みも少しずつではあるが進行している。特に男女の職業生活と家庭生活の両立へ向けた支援が進行しており，①仕事と家庭の両立に関する意識啓発，②仕事と子育て・介護の両立のための制度の定着促進，③育児や家族の介護を行なう労働者が働き続けやすい環境の整備，の各領域において進行している。②に関しては，「育児・介護休業法」に規定されている時間外労働の制限の制度，深夜業の制限の制度，勤務時間短縮などの措置についての事業主に対する指導，平成17年4月から導入された一定期間の期間雇用者の育児休業の取得の指導，また，育児休業の申し出や申請により不利な扱いを受けたことについての相談がある場合の事業主への指導，育児休業給付の給付率の引き上げ，さらに，従業員の仕事と子育ての両立を図るために必要な雇用環境の整備などに関する「一般事業主行動計画」を行なっている。「一般事業主行動計画」については平成20年3月末現在，策定・届出が義務づけられている300人を超える企業の届出率は99.4％となっている。300人以下の企業では，次世代育成支援対策推進センターと地方公共団体が連携して支援を行なっている。
　上記の方針に基づいて職場の労働環境の改善へ向けた取り組みは年々進行しており，その具体的な展開例として女性の仕事と家庭の両立を念頭に置いた企業連携があげられる。愛知県刈谷市の駅付近に託児施設が開設されたが，近くの大手の企業5社が社員のワーク・ライフ・バランスの支援を図るという目的のために出資してつくった施設である。これは，女性の仕事と家庭の両立支援と同時に女性管理職の増加に向けたキャリア形成の一環としての狙いもあり，女性のワーク・ライフ・バランスを推進する1つの動きである。このような動きはダイバーシティ（社員の性別や年齢，国籍にとらわれず，多様な価値観や発想，働き方を認めていこうとする取り組み）といわれるが，今回参画している企業のダイバーシティ課で検討した結果，企業間の考えが一致としたとのことである（朝日新聞，2011）。このような発展的な取り組みは全国にも広がっていくものと考えられたいへん期待される。
　しかしきわめて根本的なこととして，すでに第4章でも触れたように，わが国では男性において男女に課せられたジェンダー意識に根強いものがあることも意識しておくことが求められる。男性は仕事，女性は家庭と子育て，という根強い分担意識が依然として存在することである。このことは，何度となくくり返し言い尽くされてきたのであるが，それでもまだ依然として根強く存在する。女性の社会進出と意識の変化に伴い，女性は子育てのみならず自分の仕事や余暇を人生の一部として取り入れ，幅広い生き方を求めてくるようになった。それは，仕事と家庭と余暇を自分にあったペースで過ごし自分なりの人生を歩もうという，ワーク・ライフ・バランスに基づく生

き方である。女性としてのこのような生き方は人間としてごく自然なものであることを理解しておくことが求められる。つまり，従来のような男女役割意識に基づく夫婦関係は，男性のワーク・ライフ・バランスが優先され過ぎて，女性のワーク・ライフ・バランスは犠牲になっていたということを改めて確認することが求められる。

　ここまで，日本の父親の現状とそれによって生ずる問題点について述べてきた。子育てを始めとする家族の営みは時代の流れとともに変化しており，家族の中核を成すと考えられる夫婦の役割も並行して変化している。

　父親，母親の役割をはじめとして，男性と女性の役割はその軸が緩やかになり，どちらもその役割を行なうことが求められつつある。しかし，その軸の変化をより敏感に感じ，積極的に対応し，自己の能力を発揮しているのは女性の方ではないだろうか。

　男性として，女性として，社会の変化を冷静に，そして詳細，正確にとらえていく能力，それに基づく行動力が今まさに求められている。

◆引用文献◆

●第1章

浅井春夫（2002）．子ども虐待の福祉学　小学館
朝日新聞（2011）．出産願望，日本は極端に低い？　3月9日朝刊
Casanova, G. M., Domanic, J., McCanne, T. R., & Milner, J. S. (1992). Physiological responses to non-child-related stressors in mothers at risk for child abuse. *Child Abuse and Neglect*, 16, 31-44.
Chan, Y. G. (1994). Parenting stress and social support of mothers who physically abuse their children in Hong Kong. *Child Abuse & Neglect*, 19, 261-269.
井上輝子・江原由美子（編）（2005）．女性のデータブック　第4版——性・からだから政治参加まで——　有斐閣
柏木惠子（1993）．父親の発達心理学——父性の現在とその周辺——　川島書店
柏木惠子（2001）．子どもという価値——少子化時代の女性の心理——　中公新書　p. 177.
柏木惠子・若松素子（1994）．「親となる」ことによる人格発達——生涯発達的視点から親を研究する試み——　発達心理学研究, 5 (1), 72-83.
国立社会保障・人口問題研究所（2005）．第13回出生動向基本調査　結婚と出産に関する全国調査——夫婦調査の結果概要——
厚生労働省（2004）．年間総労働時間の国際比較　2005年5月20日　〈http://www.mhlw.go.jp/shingi/2005/05/s0520-7c.html〉（2010年11月8日）
厚生労働省（2009）．人口動態統計年報　主要統計表（最新データ，年次推移）　2010年9月2日　〈http://www.mhlw.go.jp/toukei/saikin/hw/jinkou/kakutei09/index.html〉（2010年10月20日）
厚生労働省（2010）．雇用均等・児童家庭局保育課　保育所入所待機児童数（平成21年10月）について　2010年3月25日　〈http://www.mhlw.go.jp/stf/houdou/2r9852000000584s.html〉（2010年11月4日）
厚生労働省大臣官房統計情報部（2002）．社会福祉行政業務報告（福祉行政報告例）平成12年度　厚生統計協会
厚生労働省大臣官房統計情報部（2005）．社会福祉行政業務報告（福祉行政報告例）平成15年度　厚生統計協会
厚生労働省大臣官房統計情報部（2008）．社会福祉行政業務報告（福祉行政報告例）平成18年度　厚生統計協会
牧野暢男（1996）．父親にとっての子育て体験の意味　牧野カツコ・中野由美子・柏木惠子（編）子どもの発達と父親の役割　ミネルヴァ書房　pp. 50-72.
Mash, E. J., Johnston, C., & Kovitz, K. (1983). A comparison of the mother-child interaction of physically abused children during play and task situations. *Journal of Clinical Child Psychology*, 12, 91-99.
松田茂樹（2002）．父親の育児参加促進の方向性　国立社会保障・人口問題研究所（編）少子社会の子育て支援　東京大学出版会　pp. 313-330.
Milner, J. S. (2001). Social information processing and physical child abuse: Theory and research. *Nebraska Symposium on Motivation*, 45, 39-84.
文部科学省（2008）．平成19年度「児童生徒の問題行動等生徒指導上の諸問題に関する調査」について　2008年11月20日　〈http://www.mext.go.jp/b_menu/houdou/20/11/08111707.htm〉（2010年11月9日）
森下葉子（2006）．父親になることによる発達とそれに関わる要因　発達心理学研究, 17 (2), 182-192.
日本教育新聞（2010）．4月19日
尾形和男・宮下一博（1999）．父親の協力的関わりと母親のストレス——子どもの社会性発達および父親の成長——　家族心理学研究, 13 (2), 87-102.
大日向雅美（2002）．母性神話のたたかい　草土文化
労働政策研究・研修機構（2010）．平成21年度日本人の就業実態に関する総合調査　2010年12月28日　〈http://www.jil.go.jp/press/documents/20101228.pdf〉（2011年3月8日）
庄司順一（1992）．小児虐待　小児保健研究, 51, 341-350.
庄司順一（1998）．少子化と子ども虐待　臨床精神医学, 27（臨時増刊号）, 89-94.
菅原ますみ（1999）．子育てをめぐる母親の心理　東　洋・柏木惠子（編）社会と家族の心理学　ミネルヴァ書房
氏家達夫（1996）．親になるプロセス　金子書房
氏家達夫（1999）．親になること，親であること　東　洋・柏木惠子（編）社会と家族の心理学　ミネルヴァ書房　pp. 137-162.
Whipple, E. E. (1991). The role of parental stress in physically abusive families. *Child Abuse & Neglect*, 15, 279-291.
横浜市教育委員会・預かり保育推進委員会（2001）．横浜市預かり保育に関する研究　平成11・12年度文部科学省預かり保育調査研究最終報告書

引用文献

●第2章
Baumrind, D., & Black, E. (1967). Socialization practices associated with dimensions of competence in preschool boys and girls. *Child Development*, **38**, 291-327.
Belsky, J., Crnic, K., & Gable, S. (1995). The determinants of coparenting in families with toddler boys: Spousal differences and daily hassles. *Child Development*, **66**, 629-642.
ベネッセ次世代育成研究所 (2011). 第2回乳幼児の父親についての調査 ベネッセコーポレーション
Berman, P. W., & Pedersen, F. A. (1987). *Men's transitions to parenthood.* New Jersey: Lawrence Erlbaum Associates, Inc.
Bowlby, J. (1951). *Maternal Care and Mental Health. WHO Monograph Series No. 2.* Geneva: World Health Organization. 黒田実郎 (訳) (1967). 乳幼児の精神発達 岩崎学術出版社
Bronstein, P., & Cowan, C. P. (Eds.) (1988). *Fatherhood today: Men's changing role in the family.* New York: Wiley.
Buehler, C., Anthony, C., Krishmakumar, A. S., Stone, G., Gerard, J., & Pemberton, S. (1997). Interpersonal conflict and youth problem behaviors: A meta-analysis. *Journal of Child and Family Studies*, **6**, 233-247.
Chibucos, T. R., & Kail, P. R. (1981). Longitudinal examination of father-infant interaction and father-infant attachment. *Merrill-Palmer Quarterly*, **27**, 81-96.
Clinton, F. J. (1986). Expectant father at risk for couvades. *Nursing Research*, **35**, 290-295.
Cohen, R. S., Cohler, B. J., & Wessman, S. H. (1984). *Parenthood: A psychodynamic Perspective.* New York: The Guilford Press.
Cox, M. J., Owen, M. T., Henderson, V. K., & Margand, N. A. (1992). Prediction of infant-father and infant-mother attachment. *Developmental Psychology*, **28**, 474-483.
Crokenberg, S. B. (1981). Infant irritability, mother responsiveness and social support influences on the security of infant-mother attachment. *Child Development*, **3**, 16-36.
Cummings, E. M. (1994). Marital conflict and children's functioning. *Social Development*, **3**, 16-36.
Easterbrooks, M. A., & Goldberg, W. A. (1984). Toddler development in the family: impact of father involvement and parenting characteristics. *Child Development*, **7**, 313-326.
Emery, R. E. (1982). Interparental conflict and the children of discord and divorce. *Psychological Bulletin*, **92**, 310-320.
Engfer, A. (1988). Interrelatedness of marriage and the mother-child relationship. In R. A. Hinde, & J. Stevenson-Hinde (Eds.), *Relationships within families: Mutual influences.* New York: Oxford University Press. pp. 104-118.
Eurostat. (2004). How Europeans Spend Their Time Everyday Life of Women and Men.
Freud, S. (1905). Drei Abhandlungen zur Sexualtheorie. 懸田 克・吉村博次 (訳) (1969). フロイト著作集 5 性欲論3編 人文書院
舩橋惠子 (1999). 父親の現在 渡辺秀樹 (編) 変貌する家族と子ども 教育出版 pp. 85-105.
冬木春子 (1997). 父役割が父親の役割満足感と役割意識に与える影響 家族関係学, **16**, 25-37.
冬木春子 (2008). 父親の育児ストレス 大和礼子・斧出節子・木脇奈智子 (編) 男の育児・女の育児——家族社会学からのアプローチ—— 昭和堂
Goldberg, W. A., & Easterbrooks, M. A. (1984). Role of marital quality in toddler development. *Developmental Psychology*, **20**, 504-514.
Grossmann, F. K., Pollack, W. S., & Golding, E. (1988). Fathers and children: Predicting the quality and quantity of fathering. *Developmental Psychology*, **24**, 82-91.
Grych, J., & Fincham, F. (1990). Marital conflict and children's adjustment: A cognitive-contextual framework. *Psychological Bulletin*, **108**, 267-290.
原 孝成・江崎明子・弦巻千文・石橋英子・田嶋英子 (1998). 父親の育児態度が母親の満足度に及ぼす影響 日本発達心理学会第9回大会発表論文集, 348.
原田悦子・落合幸子・長谷川寛子・岡島京子・渡辺弥生 (1984). 父性意識の形成過程 日本教育心理学会第26回総会発表論文集, 280.
Hardy, D. F., Power, T. G., & Jaedicke, S. (1993). Examining the relation of parenting to child's coping with everyday stress. *Child Development*, **64**, 1829-1841.
Hawkins, A. J., Christiansen, S. L., Sargent, K. P., & Hill, E. J. (1995). Rethinking father's involvement in child care. A developmental perspectives. In W. Marsiglio (Ed.), *Fatherhood.* California: Sage. pp. 41-56.
Heath, D. H., & Heath, H. E. (1991). *Fulfilling lives: Paths to maturity and success.* San Francisco: Jossey-Bass.

引用文献

平山聡子（2001）．中学生の精神的健康とその父親の家庭関与との関連 父母評定の一致度からの検討 発達心理学研究, **12**, 99-109.

Jenkins, J., & Smith, M. (1993). Marital disharmony and children's behavioural problems-aspects of poor marriage that affect children adversely. *Journal of Child Psychology and Psychiatry and Allied Disciplines*, **32**, 793-810.

柏木惠子（1993）．父親の発達心理学――父性の現在とその周辺―― 川島書房

柏木惠子（1999）．社会変動と家族の変容・発達――社会変動の発達心理学へ―― 東 洋・柏木惠子（編）社会と家族の心理学 ミネルヴァ書房 pp. 9-15.

柏木惠子・若松素子（1994）．「父親となる」ことによる人格発達――生涯発達的視点から親を研究する試み―― 発達心理学研究, **5**, 72-83.

Kitzmann, K. M. (2000). Effects of marital conflict on subsequent triadic family interactions and parenting. *Developmental Psychology*, **36**, 3-13.

Klaus, M. H., & Kennell, J. H. (1976). *Maternal-Infant Bonding*. The C. V. Mosby Co. 竹内 徹・柏木哲夫（訳）（1979）．母と子のきずな 医学書院

Kotelchuk, M. (1976). The infant's relationship to the father: Experimental evidence. In M. E. Lamb (Ed.), *The role of father in child development*. New York: Wiley.

鯨岡 峻（2002）．「育てる者」から「育てられる者」へ――関係発達の視点から―― 日本放送出版会

Lamb, M. E. (1975). *The relationships between infants and their mothers and fathers*. Unpublished doctoral dissertation, Yale University.

Lamb, M. E., & Sagi, A. (1983). *Fatherhood and family policy*. New Jersey: Lawrence Erlbaum Associates, Inc.

Lewis, M. (1984). *Beyond the Dyad*. Plenum Press.

Lewis, M., & Feiring, C. (1979). The child's social network: social object, social function and their relationships. In M. Lewis & L.M. Rosenblum (Eds.), *The Child and Its Family*. Plenum Press. pp. 9-27.

Lieberman, M., Doyle, A. B., & Markiewicz, D. (1999). Developmental patterns in security of attachment to mother and father in late childhood and early adolescence: Associations with peer relations. *Child Development*, **70**, 202-213.

Lindahl, K. M., Howes, P. W., & Markman, H. J. (1988). Exploring links between marital communication, parental-child interactions, and the development of empathy. Poster presented at the Meeting for the Association for Advancement of Behavior Therapy, New York.

Lynn, D. B (1974). *The father: His role in child development*. Monterey, California: Brooks-Cole. マイケル・E・ラム（編著）久米 稔・服部広子・小関 堅・三島正英（訳）（1981）．父親の役割――乳幼児発達とのかかわり―― 家政教育社

牧野カツコ・中西雪夫（1985）．乳幼児を持つ母親の育児不安――父親の生活および意識との関係―― 家庭教育研究所紀要, **6**, 11-24.

牧野カツコ・中野由美子・柏木惠子（編）（1996）．子どもの発達と父親の発達 ミネルヴァ書房

正高信男（2002）．父親力 中公新書

Mash, E. J., Johnston, C., & Kovitz, K. (1983). A comparison of the mother-child Interactions of physical abused and non-abused children during play and task situations. *Journal of Clinical Child Psychology*, **12**, 337-346.

目良秋子（2001）．父親と母親の子育てによる人格発達 発達研究, **16**, 87-98.

Mitscherlich, A. (1963). *Auf dem Weg zur vaterlosen Gesellschaft: Indeen Zur Sozialpsychology*. Munich: R. Piper & Co. Verlag. 小宮山 実（訳）（1972）．父親なき社会――社会心理学的思考―― 新泉社

無藤 隆・安藤智子（2008）．子育て支援の心理学 有斐閣

長津美代子（1993）．親子関係と子どもの発達 柚井孝子・岡村清子・長津美代子・三善勝代 共働き家庭 家政教育社 pp87-112.

内閣府（2009）．男女共同参画白書平成21年版 2009年6月26日〈http://www.seikatubunka.metro.tokyo.jp/index8files/t_wlb/shiryo/data/01.pdf〉（2011年5月30日）

中野由美子（1992）．3歳児の発達と父子関係 家政教育研究所紀要, **14**, 124-129.

中野由美子（1996）．はじめの3年間の子どもの発達と父子関係 牧野カツコ・中野由美子・柏木惠子（編）子どもの発達と父親の発達 ミネルヴァ書房, pp. 31-49.

尾形和男（1995）．父親の育児と幼児の社会生活能力――共働き家庭と専業主婦家庭の比較―― 教育心理学研究, **43**, 335-342.

尾形和男（2004）．父親の協力的関わり，夫婦関係と家族機能――夫婦の認知のずれに基づく分析的検討・父親のみる夫婦関係に基づく分析―― 学校法人昌賢学園論集, **2**, 93-116.

引用文献

尾形和男・宮下一博(1999). 父親の協力的関わりと母親のストレス,子どもの社会性発達および父親の成長 家族心理学研究, 12, 87-102.

尾形和男・宮下一博(2000a). 父親と家族――夫婦関係に基づく妻の精神的ストレス,幼児の社会性の発達及び夫自身の成長発達―― 千葉大学教育学部研究紀要, 48, 1-14.

尾形和男・宮下一博(2000b). 父親の協力的関わりと子どもの共感性および父親の自我同一性――家族機能も含めた検討―― 家族心理学研究, 14, 15-27.

尾形和男・宮下一博(2002).「父親の協力」に対する夫婦間の認識のずれと夫婦関係及び家族成員の適応との関連 千葉大学教育学部研究紀要, 50, 9-19.

尾形和男・宮下一博(2003). 母親の養育行動に及ぼす要因の検討――父親の協力的関わりに基づく夫婦関係,母親のストレスを中心にして―― 千葉大学教育学部研究紀要, 50, 5-15.

尾形和男・宮下一博・福田佳織(2005). 父親の協力的関わりと家族成員の適応――母親役割・妻役割達成感,子どもの攻撃性,父親のストレス・コーピングとの関係―― 家族心理学研究, 19, 18-32.

小川祐子・山田勝美・吉武久美子・山口結佳(2005). 子育て不安に関する研究その1――親の育児不安の現状と求められるサポートについて―― 日本発達心理学会第16回大会発表論文集, 381.

岡本祐子(1996). 育児における女性のアイデンティティ様態と家族関係に関する研究 日本家政学会誌, 47, 849-860.

岡野雅子・佐藤睦恵・依田多恵(2005). 父親の親性の発達――第1子の出生前後を中心に―― 日本発達心理学会第16回大会発表論文集, 607.

小野寺敦子・青木久代・小山真弓(1998). 父親になる意識の形成過程 発達心理学研究, 9, 121-130.

大野祥子(1998). 父親であること子どもの養育者としての役割 柏木惠子(編)結婚・家族の心理学――家族の発達・個人の発達結婚・家族の心理学―― ミネルヴァ書房

Parke, F. (1978). Perspectives in father-infant interaction. In J. Osofsky (Eds.), *Handbook of infancy*. New York: Wiley.

Pedersen, F. A. (1980). T*he father-infant relationships: Observational studies in the family setting*. New York: Prager.

Pedersen, F. A., & Robson, K. S. (1969). Father participation in infancy. *American Journal of Orthopsychiatry*, 39, 466-472.

Robinson, B. W., & Barret, R. L. (1986). *The developing father-emerging roles in contemporary society*. New York: Guilford Press.

総務省(2006). 社会生活基本調査

Strickland, O. L. (1987). The occurrence of symptoms in expectant fathers. *Nursing Research*, 36, 184-186.

菅原ますみ(1999). 子育てをめぐる母親の心理 東 洋・柏木惠子(編)社会と家族の心理学 ミネルヴァ書房

菅原ますみ・八木下暁子・詫摩紀子・小泉智恵・菅原健介・北村俊介(2002). 夫婦関係と児童期の子どもの抑うつ傾向との関連――家族機能及び両親の養育態度を媒介として―― 教育心理学研究, 59, 129-140.

諏訪きぬ・戸田有一・堀内かおる・田丸尚美・角本典子(1997). 埼玉県における子育ての実態と母親の育児ストレス――1歳児を保育園に預けて働く母親の場合―― 鳥取大学教育学部研究紀要報告, 39, 83-129.

高橋直美(1998). 両親間および親子間の関係と子どもの精神的健康との関連について 家族心理学研究, 12, 109-123.

田辺昌吾・川村千恵子(2009). 乳幼児をもつ父親の育児・家事行動とウェルビーング 日本発達心理学会第20回大会発表論文集, 458.

UFJ総合研究所(2003). 子育て支援に関する調査研究報告書

氏家達夫・二宮克美・五十嵐 敦・井上裕光・山本ちか・島 義弘(2010). 夫婦関係が中学生の抑うつ症状に及ぼす影響――親行動媒介モデルと子どもの知覚媒介モデルの検討―― 発達心理学研究, 21, 58-70.

U.S. Bureau of Labor Statistics. (2006). American Time-Use Survey Summary.

Weiraub, M., & Wolf, B. M. (1983). Effects of stress and social supports on mother-child interactions in single- and two-parent families. *Child Development*, 54, 1297-1311.

Williams, E., Radin, N., & Allegro, T. (1992). Sex role attitude of adolescents reared primarily by their fathers: An 11 years follow up. *Merrill-Palmer Quarterly*, 38, 457-476.

大和礼子・斧出節子・木脇奈智子(編)男の育児・女の育児――家族社会学からのアプローチ―― 昭和堂

矢澤澄子・国広陽子・天童綾子(2003) 若い父親の「父アイデンティティ」――子育てのジレンマ―― 矢澤澄子・国広陽子・天童睦子 都市環境と子育て 勁草書房 pp. 77-96.

Zahn-Waxler, C., Radke-Yarrow, M., & King, R. A. (1979). Child-rearing and children's prosocial initiations towards victims of distress. *Child Development*, 50, 319-330.

Zelazo, P. R., Kotelchuck, M., Barber, L., & David, J. (1977). *Father and sons: An experimental facilitation of attachment behaviors.* Paper presented at meetings of the Society in Child Development, New Orleans.

●第3章
Barnett, R. C., & Baruch, G. K. (1985). Women's involvement in multiple role and Psychological distress. *Journal of Personality and social Psychology,* 48, 135-145.
ベネッセ次世代育成研究所 (2011). 第2回乳幼児の父親についての調査 ベネッセコーポレーション
Bureau of Labor Statistics of the U. S. (2006). America Time-Use Survey Summary.
第一生命経済研究所 (2005). 保育園に子どもを預けている共働き夫婦に聞いた「共働き夫婦の仕事と家庭生活に関する調査」 2005年7月 〈http://group.dai-ichi-life.co.jp/dlri/ldi/news/news0507.pdf〉 (2010年12月9日)
土肥伊都子・広沢俊宗・田中國夫 (1990). 多重な役割従事に関する研究――役割従事タイプ, 達成感と男性性, 女性性の効果 社会心理学研究, 5, 137-145.
独立行政法人国立女性教育会館 (2006). 平成16年度・17年度家庭教育に関する国際比較調査報告書 p. 71.
Eurostat. (2004). How Europeans Spend Their Time Everyday Life of Women and Men.
深谷昌志 (1996). 変わりつつある父親像 牧野カツコ・中野由美子・柏木惠子 子どもの発達と父親の役割 ミネルヴァ書房
深谷昌志 (2007). 育児不安の構造に関する国際比較研究 (中間報告) 東京成徳大学子ども学部研究年報, Vol. 6.
舩橋惠子 (2004). 現代父親役割の比較社会学的検討 黒柳春夫・山本正和・若尾祐司 父親と家族――父性を問う―― 早稲田大学出版会
樋口惠子 (1984). 共働きの子育て――共働きは非行の温床か―― フレーベル館
河合隼雄 (1976). 母性社会日本の病理 中央公論社
国立社会保障・人口問題研究所 (2005). 第13回出生動向基本調査 結婚と出産に関する全国調査 夫婦調査の結果概要
厚生労働省 (2002). 第1回21世紀成年者縦断調査 p. 16.
Langan-Fox, J., & Poole, M. E. (1995). Ocupational stress in Australian business and professional women. *Stress Medicine,* 11, 113-122.
牧野カツコ (1983). 働く母親と育児不安 家庭教育研究所紀要, 4, 67-76.
牧野カツコ・中野由美子・柏木惠子 (編) (1996). 子どもの発達と父親の役割 ミネルヴァ書房
正高信男 (2002). 父親力 中公新書
永久ひさ子 (1995). 専業主婦における子どもの位置と生活感情 母子研究, 16, 50-57.
内閣府 (2010). 平成21年版男女共同参画白書 〈http://www.gender.go.jp/whitepaper/h21/zentai/html/zuhyo/index.html〉 (2010年12月8日)
尾形和男・宮下一博 (1999). 父親の協力的関わりと母親のストレス, 子どもの社会性の発達および父親の成長 家族心理学研究, 12, 87-102.
岡 洋子・上田礼子 (2002). 中年期の親の主観的健康状態と子育て評価 沖縄県立看護大学紀要, 3, 94-97.
大日向雅美 (1991). 「母性／父性」から「育児性」へ 原 ひろこ・館 かおる (編) 母性から次世代育成力へ――産み育てる社会のために母性から次世代育児力へ―― 新曜社
大日向雅美 (1999). 子育てと出会うとき 日本放送出版社
大野祥子 (1998). 父親であること子どもの養育者としての役割 柏木惠子 (編) 結婚・家族の心理学――家族の発達・個人の発達―― ミネルヴァ書房
Parson, T. (1954). The father symbol: An appraisal in the light of psychoanalytic and sociological theory. In L. Bryson, L. Kinkelstein, R. MacIver, & P. Makron (Eds.), *Symbols and Values.* New York: Harper & Row.
総務省 (2006). 社会生活基本調査
総務省 (2007). 社会生活基本調査
総務庁青少年対策本部 (1996). 子供と家族に関する国際比較調査報告書 大蔵省印刷局
汐見稔幸・佐藤博樹・大日向雅美・小宮信夫・山縣文治 (2008). ワーク・ライフ・バランス ぎょうせい pp. 248.
湯 慧云 (2011). 中学生の社会的責任感に及ぼす家庭要因の日中比較研究――父親の家庭関与に基づく夫婦関係満足度, 養育態度を中心として―― 愛知教育大学教育学研究科修士論文

●第4章
ベネッセ次世代研究所 (2010). 第2回乳幼児の父親についての調査 (速報版) ベネッセコーポレーション
長谷川麻衣 (2008). 母親の育児ストレスと母子関係――縦断研究による検討―― 発達研究, 22, 37-48.

引用文献

林　道義（1996）．父性の復権　中公新書
舩橋惠子（1999）．父親の現在　渡辺秀樹（編）　変容する家族と子ども――家族は子どもにとっての資源か――　教育出版　pp. 85-105.
柏木惠子（1993）．父親の発達心理学――父親の現在とその周辺――　川島書房
柏木惠子（2000）．子どもという価値　中公新書
河合隼雄（2004）．父親の力母親の力――「イエ」を出て「家」に帰る――　講談社＋α新書
子ども未来財団（2001）．子育てに関する意識調査事業調査報告書　平成12年度
国立社会保障・人口問題研究所（2002）．第12回出生動向基本調査
小玉亮子（2010）．父親論・母親論　広井多鶴子・小玉亮子（編著）　現代の親子問題――なぜ親と子が「問題」なのか――　日本図書センター　pp. 267-295.
厚生労働省（2010）．「平成21年度雇用均等基本調査」結果概要　厚生労働省報道発表資料　2010年7月16日〈http://www.mhlw.go.jp/stf/houdou/2r9852000000civ3-img/2r9852000000ciwk.pdf〉（2011年7月21日）
桑名行雄・桑名佳代子（2006）．1歳6か月児をもつ父親の育児ストレス――親役割認知および性役割態度との関連――　心の健康, 21 (1), 42-54.
松田茂樹（2006）．男性の育児休業取得はなぜ進まないか――求められる日本男性のニーズに合った制度への変更――　ライフデザインレポート, 176, 32-34.
宮本知子・藤崎春代（2008）．日本における乳幼児期の子どもをもつ父親研究の動向　昭和女子大学生活心理研究所紀要, 11, 57-66.
森下葉子・岩立京子（2007）．産前教室への参加が初めて親になる男性にもたらす変化　東京学芸大学紀要総合教育科学系, 58, 67-74.
森田亜希子・森　恵美・石井邦子（2010）．親となる男性が産後の父親役割行動を考える契機となった妻の妊娠期における体験　母性衛生, 51 (2), 425-432.
内閣府（2008）．仕事と生活の調和（ワーク・ライフ・バランス）に関する特別世論調査
中谷奈美子・中谷素之（2006）．母親の被害的認知が虐待的行為に及ぼす影響　発達心理学研究, 17 (2), 148-158.
岡田みゆき（1998）．日本における父親の権威（第2報）――明治期家父長制度下の父親の権威と現実の父親像との比較――　日本家庭科教育学会誌, 41 (2), 25-32.
小野寺敦子・柏木惠子（1997）．親意識の形成過程に関する縦断研究　発達研究, 12, 59-78.
大野祥子（1997）．父親の存在感と家族に関する価値観　山村女子短期大学紀要, 9, 68-79.
大豆生田啓友（2006）．支え合い，育ち合いの子育て支援　関東学院大学出版会
Parsons, T., & Bales, R. F. (1955). Family socialization and the interaction process. New York: Free Press. 橋爪貞雄・高木正太郎・山村賢明・溝口謙三・武藤孝典（訳）（1981）．家族――核家族と子どもの社会化――　黎明書房
酒井計史（2007）．父子の平日の接触時間の日韓比較――接触時間の短さの影響と接触時間の規定要因――　国立女性教育会館研究ジャーナル, 11, 11-22.
菅原ますみ（1999）．子育てをめぐる母親の心理　柏木惠子・東　洋（編著）社会と家族の心理学　ミネルヴァ書房　pp. 47-112.
汐見和恵（2009）．乳幼児の子育てと親の悩み・不安　松田茂樹・汐見和恵・品田知美・末盛　慶　揺らぐ子育て基盤――少子化社会の現状と困難――　勁草書房　pp. 39-60.
多賀　太（2006）．男らしさの社会学――揺らぐ男のライフコース――　世界思想社
高橋　一（1987）．現代の父親像（1）――父親に対する調査データを手がかりとして――　聖隷学園聖泉短期大学人文・社会科学論集, 1, 103-124.
田中佑子・中澤　潤・中澤小百合（1996）．父親不在が母親の心理的ストレスに及ぼす影響――単身赴任と帯同赴任の比較――　教育心理学研究, 44 (2), 31-40.
脇坂　明（2010）．育児休業が男性の仕事と生活に及ぼす影響――ウィン-ウィンの観点から――　学習院大学経済論集, 47 (1), 41-59.

●第5章

赤川利枝・近藤恵美・木戸晶子・藤原裕子・木ノ内幸子・後藤祐貴子（2009）．妊娠期から出産1ヶ月後における対児感情の変化と今後の両親への関わりについて――分娩室で父母による早期接触を試みて――　日本看護学会論文集　母性看護, 40, 117-119.
青野篤子（2009）．「男性の子育て」支援の現状と課題　福山大学こころの健康相談室紀要, 3, 9-14.
ベネッセ次世代育成研究所（2010）．第2回乳幼児の父親についての調査（速報版）　ベネッセコーポレーション
傳馬淳一郎（2007）．今日の児童福祉における児童館機能の再検討――「子育て支援」の視点から――　北星学園

大学大学院社会福祉学研究科北星学園大学大学院論集, 10, 63-74.
福田佳織・柳沢志津子 (2010). 一般大学生の乳幼児への関与行動に及ぼす要因の探究Ⅰ 東洋学園大学紀要, 18, 63-73.
舩橋惠子 (2004). 現代父親役割の比較社会学的検討 黒柳晴夫・山本正和・若尾祐司 (編) 父親と家族——父性を問う—— 早稲田大学出版部 pp. 136-168.
菱谷純子・落合幸子・池田幸恭・高木有子 (2009). 青年期の次世代育成力尺度の開発とその検討 母性衛生, 50, 132-140.
Huston, A. (1983). Sex typing. In E. M. Hetherington (Ed.), *Handbook of child psychology, Vol. 4: Socialization, personality, and social development.* New York: Wiley. pp. 387-467.
糸魚川直祐 (2001). 霊長類としての人の母性・父性 根ヶ山光一 (編著) 母性と父性の人間科学 コロナ社 pp. 31-46.
海妻径子 (2004). 近代日本の父性論とジェンダー・ポリティクス 作品社
小嶋秀夫 (1999). 母親と父親についての文化的役割の歴史 ヒューマンサイエンス, 12, 20-25.
国立社会保障・人口問題研究所 (2007a). 平成17年第13回出生動向基本調査 (結婚と出産に関する全国調査) 第Ⅰ報告書 わが国夫婦の結婚過程と出生力
国立社会保障・人口問題研究所 (2007b). 平成17年第13回出生動向基本調査 (結婚と出産に関する全国調査) 第Ⅱ報告書 我が国独身層の結婚観と家族観
厚生労働省 (2010). 平成22年度版厚生労働白書〈厚生労働改革元年〉生活者の立場に立つ信頼される厚生労働省——参加型社会保障の確立に向けて——
厚生労働省大臣官房統計情報部 (2011). 平成21年人口動態統計
Lewin, K. (1951). *Field theory in social science; selected theoretical papers.* In D. Cartwright (Ed.), New York: Harper & Row. 猪股佐登留 (訳) (1979). 社会科学における場の理論 増補版 誠信書房
目黒依子・舩橋惠子・渡辺秀樹・矢澤澄子・直井道子・岡本英雄・村松泰子・庄司洋子 (1996). 小産化時代の母親意識に関する総合的研究 平成7年度科学研究費補助金研究報告書
三浦小織・加納尚美 (2004). 初めて父親になるプロセスに関する研究 茨城県母性衛生学会誌, 24, 28-38.
宮中文子・松岡知子・大城洋子・前川一代 (1993). 父親の育児参加と意識との関連 母性衛生, 34, 57-63.
村上由希子・内山 忍・川越展美・山本聖子・平塚志保・良村貞子・清野喜久美 (1995). 妻の妊娠期における父性性 (第1報) ——父性性を構成する要因—— 母性衛生, 36, 250-258.
内閣府 (2006). 平成17年版国民生活白書 子育て世代の意識と生活
中間美砂子・中山麻衣子 (2000). 家庭科男女共学履修によるジェンダー観・家庭観の変化 千葉大学教育学部研究紀要Ⅰ教育科学編, 48, 95-110.
奥田雄一郎・後藤さゆり・大森昭生・呉 宣児・平岡さつき・前田由美子 (2010). 共愛学園前橋国際大学論集, 10, 187-196.
小野寺敦子 (2003). 親になることによる自己概念の変化 発達心理学研究, 14, 180-190.
大日向雅美 (2000). 母性愛神話の罠 日本評論社
佐々木裕子 (2009). はじめて親となる男性の父親役割適応に影響する要因 母性衛生, 50, 413-421.
Selman, R. L. (2003). *The promotion of social Awareness: Powerful lessons from the partnership of developmental theory and classroom practice.* New York: Russell Sage Foundation. pp. 13-25.
清水嘉子 (2008). 父親の育児幸福感——育児に対する信念との関係—— 母性衛生, 48, 559-567.
新道幸恵・和田サヨ子 (1990). 母性の心理社会的側面と看護ケア 医学書院
津守 宏 (編) (1970). 性差心理学 朝倉書店
津島範子・松岡厚子・中村幸夫 (1986). 父性意識に関する調査——児出生後1ケ月目の夫婦と医療短大男女学生との比較—— 母性衛生, 27, 262-267.
内田伸子・田中京子・荻原万紀子・菊池美千世・増田かやの・富山尚子 (2004). ジェンダーフリー教育の実践研究とその普及——高大連携カリキュラムの開発—— お茶の水女子大学子ども発達教育研究センター紀要, 2, 101-120.
内田伸子・田中京子・荻原万紀子・菊池美千世・増田かやの・富山尚子 (2006). ジェンダーフリー教育の実践研究とその普及——ジェンダーをめぐる高校生とその両親の意識—— お茶の水女子大学子ども発達教育研究センター紀要, 3, 89-96.
Weaver, R. H. & Crankey, M. S. (1983). *An exploration of paternal-fetal attachment behavior.* 工藤美子 (訳) (1988). 父親-胎児愛着行動の探究 看護研究, 21, 313-319.
White, K. M., Speisman, J. C., & Costos, D. (1983). Young adults and their parents: Individuation to mutuality. In H. D. Grotevant & C. R. Cooper (Eds.), *Adolescent development in the family.* San Francisco: Jossey-

引用文献

Bass Inc.
山岸裕子（2000）．青年期男子の結婚観　昭和学院短期大学紀要, 37, 43-57.
山本聖子・内山　忍・川越展美・村上由希子・平塚志保・良村貞子・清野喜久美（1995）．妻の妊娠期における父性性（第2報）——妊娠前・中期と後期における父性性の変化——　母性衛生, 36, 259-357.

●第6章
Carter, B., & McGoldrick, M.（2005）. *The expanded family life cycle: individual, family, and social perspe*. 3rd ed. New York: Pearson Allyn & Bacon.
榎本博明（1997）．自己開示の心理学的研究　北大路書房
Erikson, E. H.（1982）. *The life cycle completed*. New York: W. W. Norton. 村瀬孝雄・近藤邦夫（訳）（1989）. ライフサイクル, その完結　みすず書房
Haley, J.（1973）. *Uncommon therapy*. New York: Ballantine Books.
Havighurst, R. J.（1972）. *Developmental tasks and education*. New York: McKay. 児玉憲典・飯塚裕子（訳）（1993）. ハヴィガーストの発達課題と教育　川島書店
国立社会保障・人口問題研究所（2007）. 平成17年第13回出生動向基本調査（結婚と出産に関する全国調査）第Ⅱ報告書　我が国独身層の結婚観と家族観
厚生労働省大臣官房統計情報部（2011）. 平成21年人口動態統計
望月　嵩（1980）. 現代家族の生と死　望月　嵩・木村　汎（編）現代家族の危機——新しいライフスタイルの設計——　有斐閣　pp. 2-22.
森岡清美（2003）. ライフサイクル　森岡清美・望月　嵩　新しい家族社会学（四訂版）　培風館　p. 69.
岡堂哲雄（2008）. 総括「家族のライフサイクルと危機管理の視点」高橋靖恵（編）家族のライフサイクルと心理臨床　金子書房　pp. 103-132.
最高裁判所事務総局情報政策課（2003）. 平成14年司法統計年報3家族編
最高裁判所事務総局情報政策課（2004）. 平成15年司法統計年報3家族編
最高裁判所事務総局情報政策課（2005）. 平成16年司法統計年報3家族編
最高裁判所事務総局情報政策課（2006）. 平成17年司法統計年報3家族編
最高裁判所事務総局情報政策課（2007）. 平成18年司法統計年報3家族編
最高裁判所事務総局情報政策課（2008）. 平成19年司法統計年報3家族編
最高裁判所事務総局情報政策課（2009）. 平成20年司法統計年報3家族編
最高裁判所事務総局情報政策課（2010）. 平成21年司法統計年報3家族編
佐藤悦子（1984）. 離婚——危機とその克服——　オール出版　p. 11.

●第7章
Adams, R. E., & Laursen, B.（2007）. The Correlates of Conflict: Disagreement Is Not Necessarily Detrimental. *Journal of Family Psychology*, 21（3）, 445-458.
American Psychiatric Association（1987）. *Diagnostic and statistical manual of mental disorders*. 3rd ed Revised. Washington, DC: Author.
青木聡子（2009）. 幼児をもつ共働き夫婦の育児における協同とそれにかかわる要因——育児の計画における連携・調整と育児行動の分担に着目して——　発達心理学研究, 30（4）, 382-392.
Belsky, J.（1981）. Early human experience: A family perspective. *Developmental Psychology*, 17（1）, 3-23.
Belsky, J., & Kelly, J.（1994）. *The transition to parenthood*. New York: Delacorte Press. 安次嶺佳子（訳）（1995）. 子供をもつ夫婦に何が起こるか　草思社
Borke, J., Lamm, B., Eickhorst, A., & Keller, H.（2007）. Father-infant interaction, paternal ideas about early child care, and their consequences for the development of children's self-recognition. *The Journal of Genetic Psychology*, 168（4）, 365-379.
Bowlby, J.（1982）. *Attachment and Loss, Vol. 1: Attachment*. 2nd ed. London: The Tavistock Institute of Human Relations. 黒田実郎・大羽　蓁・岡田洋子（訳）（1991）. 母子関係の理論Ⅰ——愛着行動——　岩崎学術出版社
Cabrera, N. J., Shannon, J. D., & Tamis-Lemonda, C.（2007）. Fathers' influence on their children's cognitive and emotional development: From Toddler to Pre-K. *Applied Development Science*, 11（4）, 208-213.
Chen, X., Liu, M., & Li, D.（2000）. Parental Warmth, Control, and Indulgence and Their Relations to Adjustment in Chinese Children: A Longitudinal Study. *Journal of Family Psychology*, 14（3）, 401-419.
Coley, R. L., & Morris, J. E.（2002）. Comparing Father and Mother Reports of Father Involvement Among

Low-Income Minority Families. *Journal of Marriage and Family*, 64 (4), 982-997.
Fleming, J. E., David, R., & Offord, D. R. (1990). Epidemiology of childhood Depressive Disorders: A critical review. *Journal of the American Academy of Child and Adolescent Psychiatry*, 29, 571-580.
Flouri, E., & Buchanan, A. (2003). The role of father involvement in children's later mental health. *Journal of Adolescence*, 26, 63-78.
Flouri, E., & Buchanan, A. (2004). Early father's and mother's involvement and child's later educational outcomes. *British Journal of Educational Psychology*, 74, 141-153.
Goeke-Morey, M. C., & Cummings, E. M. (2007). Impact of father involvement: A closer look at indirect effects models involving marriage and child adjustment. *Applied Development Science*, 11 (4), 221-225.
Harrington, R., Bredenkamp, D., Groothues, C., Rutter, M., Fudge, H., & Pickles, A. (1994). Adult outcomes of childhood and adolescent depression. III. Links with suicidal behaviours. *Journal of Child Psychology and Psychiatry and Allied Disciplines*, 35, 1309-1319.
平田裕美（2003）．青年期前期の子どもに対する父親の関わり――分類と特性―― 家族心理学研究, 17 (1), 35-54.
平山聡子（2001）．中学生の精神的健康とその父親の家庭関与との関連――父母評定の一致度からの検討―― 発達心理学研究, 12, 99-109.
細田 絢・田嶌誠一（2009）．中学生におけるソーシャルサポートと自他への肯定感に関する研究 教育心理学研究, 57, 309-323.
五十嵐哲也・萩原久子（2004）．中学生の不登校傾向と幼少期の父親および母親への愛着との関連 教育心理学研究, 52, 264-276.
神谷哲司（2005）．育児期夫婦における親役割観の異同と共育て意識の関連 いわき短期大学研究紀要, 37, 1-23.
神谷哲司・菊池武剋（2004）．育児期家庭への移行にともなう夫婦の親役割観の変化 家族心理学研究, 18 (1), 29-42.
加藤邦子・石井クンツ昌子・牧野カツコ・土谷みち子（2002）．父親の育児かかわり及び母親の育児不安が3歳児の社会性に及ぼす影響――社会的背景の子となる2つのコホート比較から―― 発達心理学研究, 13 (1), 30-41.
数井みゆき・無藤 隆・園田菜摘（1996）．子どもの発達と母子関係・夫婦関係――幼児を持つ家族について―― 発達心理学研究, 7 (1), 31-40.
木田淳子（1981）．父親の育児参与と幼児の発達に関する調査研究――共働き家族を対象に―― 滋賀大学教育学部紀要, 31, 79-97.
小林佐知子（2009）．乳児をもつ母親の抑うつ傾向と夫からのサポートおよびストレスへのコントロール可能性との関連 発達心理学研究, 20 (2), 189-197.
松平久美子・三浦香苗（2006）．中学生の父親存在感認識と情緒的自律の発達との関連 昭和女子大学生活心理研究所紀要, 9, 106-117.
目良秋子（1997）．父親と母親のしつけ方略――育児観・子ども観と父親の育児参加から―― 発達研究, 12, 51-58.
Mikelson, K. S. (2008). He Said, She Said: Comparing Mother and Father Reports of Father Involvement. *Journal of Marriage and Family*, 70 (3), 613-624.
中井大介・庄司一子（2007）．中学生の教師に対する信頼感と幼少期の父親および母親への愛着との関連 パーソナリティ研究, 15 (3), 323-334.
落合良行・佐藤有耕（1996）．親子関係の変化からみた心理的離乳への過程の分析 教育心理学研究, 44, 11-22.
尾形和男（1995）．父親の育児と幼児の社会生活能力――共働き家庭と専業主婦家庭の比較―― 教育心理学研究, 43, 335-342.
尾形和男・宮下一博（1999）．父親の協力的関わりと母親のストレス，子どもの社会性発達および父親の成長 家族心理学研究, 13 (2), 87-102.
尾形和男・宮下一博（2000）．父親の協力的関わりと子どもの共感性および父親の自我同一性――家族機能も含めた検討―― 家族心理学研究, 14, 15-27.
尾形和男・宮下一博・福田佳織（2005）．父親の協力的関わりと家族成員の適応――母親役割・妻役割達成感，子どもの攻撃性，父親のストレス・コーピングとの関係―― 家族心理学研究, 19, 31-45.
岡堂哲雄（1999）．家族のライフ・コースと発達段階 岡堂哲雄（編著）家族心理学入門 補訂版 培風館 pp. 87-97.
岡堂哲雄（2006）．家族というストレス――家族心理士のすすめ―― 新曜社
小野寺敦子（2005）．親になることにともなう夫婦関係の変化 発達心理学研究, 16 (1), 15-25.

引用文献

大島聖美（2009）．妻から夫への信頼感が青年期後半の娘の心理的健康に与える影響　発達心理学研究, 20 (4), 351-361.
Paquette, D. (2004). Theorizing the Father-Child Relationship: Mechanisms and Developmental Outcomes. *Human Development*, 47 (4), 193-219.
酒井　厚・菅原ますみ・眞榮城和美・菅原健介・北村俊則（2002）．中学生の親および親友との信頼関係と学校適応　教育心理学研究, 50 (1), 12-22.
佐々木裕子（2009）．はじめて親となる男性の父親役割適応に影響する要因　母性衛生, 50 (2), 413-421.
Shulman, S., & Seiffge-Krenke, I. (1997). *Father-adolescent relationships: Developmental and clinical perspectives*. London: Routledge.
Stein, J. A., Milburn, N. G., Zane, J. I., M. S. W., & Rotheram-Borus, M. J. (2009). Paternal and Maternal Influences on Problem Behaviors Among Homeless and Runaway Youth. *American Journal of Orthopsychiatry*, 79 (1), 39-50.
Sugawara, M., Mukai, T., Kitamura, T., Toda, M. A., Shima, S., Tomoda, A., Koizumi, T., Watanabe, K., & Ando, A. (1999). Psychiatric disorders among Japanese children. *Journal of the American Academy of Child and Adolescent Psychiatry*, 38, 444-452.
菅原ますみ・八木下暁子・詫摩紀子・小泉智恵・瀬地山葉矢・菅原健介・北村俊則（2002）．夫婦関係と児童期の子どもの抑うつ傾向との関係――家族機能および両親の養育態度を媒介として――　教育心理学研究, 50, 12-140.
Tamis-LeMonda, C. S. (2004). Conceptualizing fathers' roles: Playmates and more. *Human Development*, 47 (4), 220-227.

● 第8章

猪野郁子・堀江鈴子（1994）．両親像について（2）――大学生の捉える父親の現実像と理想像――　島根大学教育学部紀要（人文・社会科学）, 28, 9-15.
猪野郁子・田中由紀子（1992）．両親像について　島根大学教育学部紀要（人文・社会科学）, 26, 31-37.
姜　信善・酒井えりか（2006）．子どもの認知する親の養育態度と学校適応との関連についての検討　人間発達科学部紀要, 1 (1), 111-119.
神奈川県青少年総合研修センター（1988）．子どもが求める理想的な父親――「子どもと父親に関する実態調査」クロス集計による分析――　青少年関係調査研究集録, 4, 1-26.
鹿島和夫（編）（1981）．一年一組せんせいあのね　理論社
春日由美（2000）．日本における父娘関係研究の展望――娘にとっての父親――　九州大学心理学研究, 1, 157-171.
川島亜紀子（2005）．家族成員による夫婦間葛藤の認知と子どもの家族機能評価との関連――中学生とその家族を対象に――　発達心理学研究, 16 (3), 225-236.
川島亜紀子・眞榮城和美・菅原ますみ・酒井　厚・伊藤教子（2008）．両親の夫婦間葛藤に対する青年期の子どもの認知と抑うつとの関連　教育心理学研究, 56 (3), 353-363.
間島英俊（1986）．親子関係に関する心理学的研究（Ⅰ）――評価における認知的ズレについて――　北海道駒澤大学研究紀要, 21, 107-139.
松平久美子・三浦香苗（2006）．中学生の父親の存在感認識と情緒的自律の発達との関連　昭和女子大学生活心理研究所紀要, 9, 106-118.
松井　洋（2001）．日本の中学生の親子関係　川村学園女子大学研究紀要, 12 (1), 171-180.
森下ربい子（2006）．父親になることによる発達とそれに関わる要因　発達心理学研究, 17 (2), 182-192.
西出隆紀・夏野良司（1997）．家族システムの機能状態の認知は子どもの抑鬱感にどのような影響を与えるか　教育心理学研究, 45, 456-463.
大瀧ミドリ（1998）．幼児の父親と母親に対するイメージの分析　上越教育大学研究紀要, 17 (2), 1007-1017.
佐藤宏治・佐々木久長（2007）．児童からみた「母親の父親観」と「父親イメージや態度」――20年前との比較　秋田大学医学部保健学科紀要, 15 (1), 28-35.
新堂克己・相模健人・田中雄三（2002）．小学生の「家族イメージ」に関する研究　家族心理学研究, 16 (2), 67-80.
髙橋　宗（1987）．現代の父親像（1）：父親に対する調査データを手がかりとして　聖隷学園聖泉短期大学人文・社会科学論集, 1, 103-124.
登張真稲・本田時雄・保坂　亨（2007）．大学生とその父母の父親観・母親観・子ども観――2001〜2006年度収集データの分析――　人間科学研究文教大学人間科学部, 29, 91-103.

引用文献

上嶋正彦（1997）．子どもの父親観　日本教育社会学会大会発表要旨集録, **49**, 10-11.
山添　正（1995）．大学生の父親像の研究――幻滅についての男女差について――　神戸親和女子大学研究論叢, **28**, 173-186.

●第9章

有本晃子（2008）．母子・父子家庭の健康問題と支援活動　公衆衛生, **72**（9）, 717-723.
Biblarz, T. J., & Stacey, J. (2010). How does the gender of parents matter? *Journal of Marriage & the Family*, **72** (1), 3-22.
Breivik, K., & Olweus, D. (2006). Adolescents' Adjustment in Four Post-Divorce Family Structures: Single Mother, Stepfather, Joint Physical Custody and Single Father Families. *Journal of Divorce & Remarriage*, **44** (3-4), 99-124.
Breivik, K., Olweus, D., & Endresen, I. (2009). Does the quality of parent-child relationships mediate the increased risk for antisocial behavior and substance use among adolescents in single-mother and single-father families? *Journal of Divorce & Remarriage*, **50** (6), 400-426.
Broman, C. L., Li, X., & Reckase, M. (2008). Family Structure and Mediators of Adolescent Drug Use. *Journal of Family Issues*, **29** (12), 1625-1649.
DeMaris, A., & Greif, G. L. (1993). The relationship between family structure and parent-child relationship problems in single father households. *Journal of Divorce & Remarriage*, **18** (1-2), 55-77.
Downey, D. B. (1994). The school performance of children from single-mother and single-father families: Economic or interpersonal deprivation? *Journal of Family Issues*, **15** (1), 129-147.
橋口　茜（2007）．父子世帯における社会化過程に関する研究　文京学院大学人間学部研究紀要, **9**（1）, 163-175.
Heath, D. T., & Orthner, D. K. (1999). Stress and adaptation among male and female single parents. *Journal of Family Issues*, **20** (4), 557-587.
Hilton, J. M., & Desrochers, S. (2002). Children's behavior problems in single-parent and married-parent families: Development of a predictive model. *Journal of Divorce & Remarriage*, **37** (1-2), 13-36.
Hilton, J. M., Desrochers, S., & Devall, E. L. (2001). Comparison of role demands, relationships, and child functioning in single-mother, single father, and intact families. *Journal of Divorce & Remarriage*, **35** (1-2), 29-56.
Hilton, J. M., & Devall, E. L. (1998). Comparison of parenting and children's behavior in single-mother, single-father, and intact families. *Journal of Divorce & Remarriage*, **29** (3-4), 23-54.
Hoffmann, J. P. (2002). The community context of family structure and adolescent drug use. *Journal of Marriage and Family*, **64** (2), 314-330.
Hook, J. L., & Chalasani, S. (2008). Gendered expectations? Reconsidering single fathers' child-care time. *Journal of Marriage and Family*, **70** (4), 978-990.
岩田美香（2006）．父子・母子家庭の階層性――ジェンダー視点からの考察――　子ども家庭福祉学, **5**, 59-69.
柏木惠子（2003）．家族心理学――社会変動・発達・ジェンダーの視点――　東京大学出版
春日キスヨ（1989）．父子家庭を生きる――男と親の間――　勁草書房
厚生労働省（2006）．全国母子家庭等調査結果報告
Leinonen, J. A., Solantaus, T. S., & Punamäki, R-L. (2003). Social Support and the Quality of Parenting Under Economic Pressure and Workload in Finland: The Role of Family Structure and Parental Gender. *Journal of Family Psychology*, **17** (3), 409-418.
中田照子・杉本貴代栄・森田明美（2001）．日米のシングルファーザーたち――父子世帯が抱えるジェンダー問題――　ミネルヴァ書房
西　文彦・菅　まり（2007）．シングル・ファーザーの最近の状況　エストレーラ, **156**, 30-33.
Pichitino, J. P. (1983). Profile of the single father: A thematic integration of the literature. *Personnel & Guidance Journal*, **61** (5), 295-300.
Risman, B. J. (1986). Can men "mother"? Life as a single father. *Family Relations: An Interdisciplinary Journal of Applied Family Studies*, **35** (1), 95-102.
Schnayer, R., & Orr, R. R. (1989). A comparison of children living in single-mother and single-father families. *Journal of Divorce*, **12** (2), 171-184.
総務省統計局（2005）．平成17年国勢調査報告
Wagner, K. D., Ritt-Olson, A., Chou, C-P., Pokhrel, P., Duan, L., Baezconde-Garbanati, L., Soto, D.W., & Unger, J.B. (2010). Associations Between Family Structure, Family Functioning, and Substance Use Among His-

引用文献

panic/Latino Adolescents. *Psychology of Addictive Behavior*, 24 (1), 98-108.
Wen, M. (2008). Family structure and children's health and behavior: Data from the 1999 National Survey of America's Families. *Journal of Family Issues*, 29 (11), 1492-1519.

●第10章

Ainsworth, M. D. S., Bell, S. M., & Stayton, D. F. (1974). Infant-mother attachment and social development: 'Socialization' as a product of reciprocal responsiveness to signals. In M. P. M. Richards (Ed.), *The integration of a child into a social world*. Cambridge: Cambridge University Press. pp. 99-135.
朝日新聞（2010）. 育児――授業で身近に―― 11月21日朝刊
ベネッセ次世代育成研究所（2011）. 第2回乳幼児の父親についての調査 ベネッセコーポレーション
Cummings, E. M., Davies, P. T., & Campbell, S. B. (2000). *Developmental Psychopathology and family process*. New York: Guilford Press. 菅原ますみ（監訳）（2006）. 発達精神病理学――子どもの精神病理の発達と家族関係―― ミネルヴァ書房
福田佳織・宮下一博（2006）. 子どものアタッチメント安定性と夫婦関係との関連――父子接触時間の長い家庭と短い家庭での相違―― 千葉大学教育学部研究紀要, 54, 7-13.
舩橋惠子（1999）. 父親現在 渡辺秀樹（編）変容する家族と子ども 教育出版 pp. 85-105.
舩橋惠子（2004）. 現代父親役割の比較社会学的検討 黒柳春夫・山本正和・若尾祐司（編）父親と家族――父性を問う―― 早稲田大学出版部 pp. 136-168.
舩橋惠子（2006）. 家族と職業のバランス 平成16年度・17年度家庭教育に関する国際比較調査報告書 独立行政法人国立女性教育会館 pp. 157-196.
Greenberg, M. (1985). *The Birth of Father*. New York: Avon Books. 竹内 徹（訳）（1994）. 父親の誕生 メディカ出版
平山順子・柏木惠子（2001）. 中年期夫婦のコミュニケーション態度――夫と妻は異なるのか―― 発達心理学研究, 12 (3), 216-227.
平山順子・柏木惠子（2003）. 中年期夫婦のコミュニケーション――なぜ夫は威圧的か―― 柏木惠子・高橋惠子（編）心理学ジェンダー――学習と研究のために―― 有斐閣
池田政子・伊藤裕子・相良順子（2005）. 夫婦関係満足度にみるジェンダー差の分析――関係はなぜ維持されるか―― 家族心理学研究, 19 (2), 116-127.
井上義朗・深谷和子（1986）. 親になること 宮沢康人・腹ひろ子・小嶋謙四郎・小林 登（編）新しい子ども学2――育てる―― 海鳴社 pp. 72-94.
石川清美・小林正夫・清水凡生（1997）. 思春期体験学習の効果 平成8年度厚生省心身障害研究 効果的な親子のメンタルケアに関する研究, 247-254.
伊藤葉子（2003）. 中・高校生の親性準備性の発達 日本家政学会誌, 54 (10), 801-812.
伊藤葉子（2006）. 中・高校生の親性準備性の発達と保育体験学習 風間書房
伊藤祐子・相良順子・池田政子（2007）. 夫婦のコミュニケーションが関係満足度に及ぼす影響――自己開示を中心に―― 文京学院大学人間学部研究紀要, 19 (1), 1-15.
岩井紀子・稲葉昭英（2000）. 家事に参加する夫，しない夫 盛山和夫（編）日本の階層システム4――ジェンダー・市場・家族―― 東京大学出版会 pp. 193-215.
柏木惠子・平山順子（2003）. 夫婦関係 児童心理学の進歩2003年版 金子書房 pp. 85-117.
川井 尚 他（2009）. 父親の育児不安に関する基礎的研究Ⅰ――今後の父親育児不安尺度作成に向けての予備的分析―― 日本子ども家庭総合研究所紀要, 44, 257-290.
数井みゆき（2001）. 乳幼児期の保育と愛着理論――子どものより良き発達を求めて―― 母子研究, 21, 62-79.
菊地ふみ（2008）. 父親の育児2――育児経験と父親の発達―― 文京学院大学人間学部研究紀要, 10, 99-120.
小泉智恵・菅原ますみ・北村俊則（2001）. 児童を持つ共働き夫婦における仕事から家庭へのネガティブ・スピルオーバー――抑うつ，夫婦関係，子育てストレスに及ぼす影響―― 精神保健研究, 47, 65-75.
厚生労働省（2009）. 新待機児童ゼロ作戦に基づくニーズ調査（調査結果）
松田茂樹（2002）. 父親の育児参加促進の方向性 国立社会保障・人口問題研究所（編）少子社会の子育て支援 東京大学出版会 pp. 313-320.
文部科学省（2000）. 少子化と教育について（中央教育審議会報告） 2000年4月〈http://www.mext.go.jp/b_menu/shingi/12/chuuou/toushin/000401.htm〉（2011年1月27日）
森下葉子（2006）. 父親になることによる発達とそれに関わる要因 発達心理学研究, 17, 182-192.
諸井克英（1996）. 家族内労働の分担における衡平性の知覚 家族心理学研究, 10 (1), 15-30.
武籐八重子・伊藤葉子（1995）. 高校保育学習の情意評価における男女差 福島大学教育学部研究紀要, 52, 51-58.

内閣府（2009）．平成20年版男女共同参画白書
中見仁美・桂田恵美子（2008）．大学生における父親の認知と家族機能との関連　家族心理学研究, 22, 42-51.
中村由美子（2003）．養育期にある家族機能モデルの構築　日本小児看護学会誌, 12, 45-52.
難波淳子（1999）．中年期の日本人夫婦のコミュニケーションの特徴についての一考察――事例の分析を通して――　岡山大学大学院文化科学研究科紀要, 8, 69-85.
岡　洋子・上田礼子（2002）．中年期の親の主観的健康状態と子育て評価　沖縄県立看護大学紀要, 3, 94-97.
Olson, D. H. (1993). Circumplex model of marital and family systems: Assessing family functioning. In F. Walish (Ed.), *Normal family process*. 2nd ed. Guilford family therapy series. New York: Guilford Press. pp. 104-137.
大日向雅美（1999）．子育てと出会うとき　日本放送出版会
相良順子・伊藤裕子・池田政子（2008）．夫婦間結婚満足度と家事・育児分担における理想と現実のずれ　家族心理学研究, 22 (2), 119-128.
佐々木綾子・末松紀美代・町浦美智子・中井昭夫・波崎由美子・松木健一・田邊美智子（2007）．青年期の親性を育てる「乳幼児とのふれあい育児体験」の男女差に関す研究――心理・生理・内分泌学的指標による検討――　福祉大学医学部研究雑誌, 8 (第1号・第2号合併号), 17-29.
島崎志歩・田中奈緒子（2007）．父親の生活実態と発達――就労・家庭状況，子育て関与との関連――　昭和女子大学生活心理研究所紀要, 10, 109-117.
総務省統計局（2002）．平成12年国勢調査報告第3巻その1全国編
総務省統計局（2007a）．平成17年国勢調査報告第3巻その1全国編
総務省統計局（2007b）．平成18年社会生活基本調査　生活時間に関する結果
滝山佳子・斎藤一枝（1997）．中学生・高校生・大学生の親性準備性の実情　秋田大学教育学部研究紀要, 52, 39-46.
田中義人・小林正夫・石川清美（1998）．「赤ちゃん体験学習」に拒否的な生徒の研究　平成8年度厚生省心身障害研究報告　効果的な親子のメンタルケアに関する研究, 299-305.
Vannoy, D. (1996). Gender stratification and love relationships in marriage. In M. T. Segal & V. Demos (Eds.), *Advances in Gender Resarch*, vol. 1. London: JAI Press. pp. 15-46.
八木孝憲（2007）．変化する家族の形態――専業主夫家庭の実態とその生き方に関する臨床心理学的研究――　心理臨床センター紀要, 3, 95-105.
八木孝憲（2009）．家族のオルタナティブ・ライフスタイルとしての専業主夫――家事育児に専念する男性（父親）に関する質的分析――　家族研究年報, 34, 91-108.

● 第11章
朝日新聞（2011）．仕事・家庭の両立　企業連携　3月3日朝刊
小池裕子（2010）．ワーク・ライフ・バランス施策と業績の関係についての実証　経営倫理学会誌, 17, 171-179.
厚生労働省（2006）．厚生労働白書　ぎょうせい
厚生労働省（2009）．平成20年度版厚生労働白書　生涯を通じた自立と支え合い――暮らしの基盤と社会保障を考える――　〈http://www.mhlw.go.jp/wp/hakusyo/kousei/08/〉（2011年5月28日）
厚生労働省（2010）．平成21年度版厚生労働白書　暮らしと社会の安定に向けた自立支援　〈http://www.mhlw.go.jp/wp/hakusyo/kousei/09/〉（2011年6月21日）
厚生労働省雇用均等・児童家庭局職業家庭両立課啓発援助係（2011）．ファミリー・フレンドリー企業に対する表彰について　〈http://www.mhlw.go.jp/general/seido/koyou/family/〉（2011年5月28日）
許　艶鳳・首藤敏元・溝内辰夫・雲雀信子（2008）．乳幼児を持つ父親のワーク・ライフ・バランスと子育て観　日本発達心理学会第19回大会発表論文集, 397.
京須希実子・橋本鉱市（2007）．「おやじの会」と父親の育児参加（2）――B会を事例として――　東北大学大学院教育学研究科研究年報, 55 (2), 13-25.
松原光代（2008）．男性の子育て参画の現状と企業の取り組み　佐藤博樹（編）子育て支援シリーズ第2巻　ワーク・ライフ・バランス――仕事と子育ての両立支援――　ぎょうせい
三國隆子（2010）．保育者を目指す女子学生の描くワーク・ライフ・バランス　日本教育心理学会（第52回）総会発表論文集, 52, 667.
名古屋市子ども青少年局（2009）．子ども・子育て家庭　意識・生活実態調査　2009年4月13日　〈http://www.city.nagoya.jp/shisei/category/53-7-13-0-0-0-0-0-0-0.html〉（2011年6月21日）
内閣府大臣官房政府広報室（2009）．男女共同参画社会に関する世論調査世論調査報告書平成21年10月調査　〈http://www8.cao.go.jp/survey/h21/h21-danjo/index.html〉（2011年2月7日）
中村延江・木村久美（2010）．働く女性のワークライフバランスと充実感　女性心身医学, 15 (1), 91-97.

179

引用文献

中谷敬子 (2010). 高専女子卒業生の就労動向——両立スキルの一つとしてのワークライフバランスの分析—— 日本高専学会誌, 15 (4), 13-16.

日本リサーチ総合研究所 (2009). 20世紀における日本人の生活変化の諸相——デジタル・アーカイブ生活指標から—— 〈http://www.research-soken.or.jp/reports/digit_arch/index.html〉 (2011年5月27日)

尾形和男 (2010). 父親のワーク・ライフ・バランスについての一考察——夫婦関係, 家族メンバーの生活, 子どものワーク・ライフ・バランス観との関係—— 愛知教育大学研究報告 教育科学編, 59, 1-8.

岡 洋子・上田礼子 (2002). 中年期の親の主観的健康状態と子育て評価 沖縄県立看護大学紀要, 3, 94-97.

大野祥子 (2008). 育児期男性の生活スタイルの多様化——"稼ぎ手役割"にこだわらない新しい男性の出現—— 家族心理学研究, 22, 107-118.

大野祥子・平山順子・柏木惠子 (2004). 育児期男性の生活スタイルと自己の生き方への認識——仕事・家庭, 孤児的活動へのエネルギー投入割合の異なる3タイプの比較—— 発達研究, 18, 57-72.

パク・ジョアン・スックチャ (2002). 会社人間が会社をつぶす——ワーク・ライフ・バランスの提案—— 朝日新聞社

労働調査会出版局 (2008). こうして手にする仕事と生活の調和 全国労働基準関係団体連合会

労働政策研究・研修機構 (2007). 仕事と家庭の両立支援にかかわる調査 2007年8月3日 〈http://www.jil.go.jp/institute/research/2007/037.htm〉 (2011年6月21日)

労働政策研究・研修機構 (2008). スペシャルトピック「仕事と生活の調和 (ワークライフバランス)」——第5回勤労生活に関する調査結果—— 2008年3月24日 〈http://www.jil.go.jp/press/documents/20080324.pdf〉 (2011年1月30日)

坂爪洋美 (2009). ワーク・ライフ・バランス施策に対する管理職の認識がリーダーシップ行動に与える影響 経営行動科学, 22 (3), 205-221.

杉田あけみ (2009). ワークライフ・バランス (WLB) の実態とその満足度との関係 昭和女子大学女性文化研究紀要, 36, 67-80.

山西裕美 (2008). 仕事と家庭の両立支援からワーク・ライフ・バランス——子育て支援の転換と課題—— 九州保健福祉大学紀要, 9, 53-62.

矢澤澄子・国広陽子・天童綾子 (2003). 都市環境と子育て——少子化・ジェンダー・シティズンシップ—— 勁草書房

人名索引

● A
Adams, R. E.　104
Ainsworth, M. D. S.　147
赤川利枝　72
安藤智子　29
青木聡子　98
青野篤子　74
有本晃子　120
浅井春夫　3,4

● B
Bales, R. F.　55
Barnett, R. C.　38
Barret, R. L.　20,28
Baruch, G. K.　38
Baumrind, D.　22
Belsky, J.　24,96,97
Berman, P. W.　19
Biblarz, T. J.　124
Black, E.　22
Borke, J.　95
Bowlby, J.　18,94,97
Breivik, K.　125,128
Broman, C. L.　128
Bronstein, P.　28
Buchanan, A.　94,106,107
Buehler, C.　27

● C
Cabrera, N. J.　96
Carter, B.　85
Casanova, G. M.　4
Chalasani, S.　125
Chan, Y. G.　4
Chen, X.　105
Chibucos, T. R.　19,22
Clinton, F. J.　20
Cohen, R. S.　19
Coley, R. L.　106
Cowan, C. P.　28
Cox, M. J.　22
Crankey, M. S.　71
Crokenberg, S. B.　24,26
Cummings, E. M.　26,96,144

● D
DeMaris, A.　125,126
傳馬淳一郎　65
Desrochers, S.　125,128,129
Devall, E. L.　124,125,128
土肥伊都子　38
Downey, D. B.　125,127

● E
Easterbrooks, M. A.　19,26
江原由美子　8
Emery, R. E.　27
Engfer, A.　25
榎本博明　87
Erikson, E. H.　78

● F
Feiring, C.　19
Fincham, F.　27
Fleming, J. E.　99
Flouri, E.　94,106,107
Freud, S.　18
藤崎春代　59
深谷和子　136
深谷昌志　41,45
福田佳織　72,146
舩橋惠子　34,35,40,52,76,133,134
冬木春子　30,31

● G
Goeke-Morey, M. C.　96
Goldberg, W. A.　19,26
Greenberg, M.　136
Greif, G. L.　125,126
Grossmann, F. K.　21
Grych, J.　27

● H
萩原久子　94
Haley, J.　82,83
原孝成　24
原田悦子　20
Hardy, D. F.　26
Harrington, R.　99,103
長谷川麻衣　50
橋口茜　124
橋本鉱市　163
Havighurst, R. J.　78,81
Hawkins, A. J.　28
林道義　54,55
Heath, D. H.　28
Heath, D. T.　125
Heath, H. E.　28
樋口惠子　38
Hilton, J. M.　124,125,128,129
平山裕美　104
平山順子　135,140-142
平山聡子　27,105,107
菱谷純子　68
Hoffmann, J. P.　125,128
Hook, J. L.　125
堀江鈴子　112,116
細田絢　104
Huston, A.　65

● I
五十嵐哲也　94
池田政子　143

稲葉照英　135
猪野郁子　110,112,116
井上輝子　8
井上義朗　136
石川清美　138
糸魚川直祐　63
伊藤葉子　135-138
伊藤祐子　141,142
岩立京子　59
岩井紀子　135
岩松素子　7
岩田美香　120,122,123

● J
Jenkins, J.　27

● K
Kail, P. R.　19,22
神谷哲司　96-98
姜信善　110
加納尚美　72
鹿島和夫　109
柏木惠子　7,12,23,28-30,48,50,
　　　　　52,58,59,120,135,140-142
春日キスヨ　122,123,130
春日由美　110
加藤邦子　95
桂田恵美子　146
河合隼雄　55,56
川井尚　148,149
川島亜紀子　110,118
数井みゆき　96,147
Kelley, J.　97
Kennell, J. H.　18
木田淳子　95
菊地ふみ　147
菊池武剋　97
木村久美　160
Kitzmann, K. M.　27
Klaus, M. H.　18
小林佐知子　96
小玉亮子　56
小池裕子　157
小泉智恵　145
小嶋秀夫　64
Kotelchuk, M.　22
鯨岡俊　29
桑名佳代子　54,56,58,60
桑名行雄　54,56,58,60
許艶鳳　152
京須希実子　163

● L
Lamb, M. E.　17-22
Langan-Fox, J.　38
Laursen, B.　104
Leinonen, J. A.　127
Lewin, K.　67
Lewis, M.　19
Lieberman, M.　22

181

人名索引

Lindahl, K. M. 26
Lynn, D. B. 19,23

● M
間島英俊 113,114
牧野カツコ 23,24,37,38
牧野暢男 7
正高信男 37
Mash, E. J. 4,25
松原光代 164
松田茂樹 10,57,135
松平久美子 108,111
松井洋 112-114,116
McGoldrick, M. 85
目黒依子 76
目良秋子 29,97
Mikelson, K. S. 106
三國隆子 159
Milner, J. S. 6
Mitscherlich, A. 18
三浦香苗 108,111
三浦小織 72
宮本知子 59
宮中文子 73
宮下一博 7,24,25,27,29,39,96,100,102,146
森岡清美 82
森下葉子 7,59,113,147,148
森田亜希子 58
諸井克英 143
望月嵩 83,84
村上由希子 72
無藤隆 29
武藤八重子 138

● N
永久ひさ子 38
長津美代子 30
中井大介 94
中間美砂子 65
中山麻衣子 65
中見仁美 146
中村延江 160
中村由美子 145
中西雪夫 24
中野由美子 23
中田照子 120-124
中谷敬子 160
中谷素之 50
中谷奈美子 50
難波淳子 140
夏野良司 110
西文彦 120,121
西出隆紀 110

● O
落合良行 107,108
尾形和男 7,22,24-27,29,39,95,96,100-102,152,
岡洋子 46,163
岡田みゆき 55
岡堂哲雄 86,87,96
岡本祐子 25
岡野雅子 20
奥田雄一郎 68
Olson, D. H. 145
Olweus, D. 125,128
小野寺敦子 20,21,58,72,73,97
大日向雅美 4,39,40,64
大豆生田啓友 49
大野祥子 37,51,150,151
大島聖美 106
大滝ミドリ 112
Orr, R. R. 125
Orthner, D. K. 125

● P
パク・ジョアン・スックチャ 154
Paquette, D. 97
Parke, F. 19
Parson, T. 37
Parsons, T. 55
Pedersen, F. A. 19,22
Pichitino, J. P. 124
Poole, M. E. 38

● R
Risman, B. J. 124
Robinson, B. W. 20,28
Robson, K. S. 22

● S
相良順子 144
Sagi, A. 19
斎藤一枝 136
酒井厚 105
酒井えりか 110
酒井計史 57
坂爪洋美 157
佐々木綾子 138
佐々木裕子 73,96
佐々木久長 110,117,118
佐藤悦子 82,83
佐藤宏治 110,117,118
佐藤有耕 107
Schnayer, R. 125
Seiffge-Krenke, I. 104
Selman, R. L. 67
島崎志歩 147
清水嘉子 73
新道幸恵 72
新藤克己 111
汐見和恵 50
汐見稔幸 35
庄司順一 5,6
庄司一子 94
Shulman, S. 104
Smith, M. 27

Stacey, J. 124
Stein, J. A. 105
Stricland, O. L. 20
管まり 120,121
菅原ますみ 4,27,51,99
Sugawara, M. 99
杉田あけみ 158,159
諏訪きぬ 24

● T
多賀太 57,60
高橋直美 27
高橋宗 52,116
滝山佳子 136
Tamis-LeMonda, C. S. 97
田中奈緒子 147
田中佑子 51
田中由紀子 110,112,116
田中義人 138
田嶌誠一 104
登張真稲 112
湯彗云 42
津守宏 65
津島範子 72

● U
内田伸子 65
上田礼子 46,163
上嶋正彦 112-114
氏家達夫 7,27
海妻径子 63

● V
Vannoy, D. 140

● W
和田サヨ子 72
Wagner, K. D. 128
若松素子 28,29
脇坂明 58
Weaver, R. H. 71
Weiraub, M. 26
Wen, M. 125,127
Whipple, E. E. 4
White, K. M. 68,69
Williams, E. 23
Wolf, B. M. 26

● Y
八木孝憲 148
山岸裕子 65
山本聖子 71
山西裕美 153
山添正 116
柳沢志津子 72
矢澤澄子 30,150,151

● Z
Zelazo, P. R. 22

事項索引

●あ
愛着関係 94
アイデンティティ 25
アクティングアウト 128
アタッチメント 18,146
アンドロジニアス 30
アンペイドワーク 50

●い
育児・介護休業制度 158
育児・介護休業法 58,165
育児肯定因子 71
育児幸福感 73
育児支援家庭訪問事業 160
育児ストレス 25
育児性 40
育児性（親性） 135
育児疎外感 31
育児不安 5,49
イクメン 1,53
イクメンプロジェクト 1
1次的／主体的な養育者 98
一時保育 160
一般事業主行動計画 165

●え
エングロスメント 136

●お
親子の共同行動 43
親父の会 59,162

●か
学童保育 64
家族イメージ法 111
家族機能 27,41,102,145
家族システム 7,21,85,145
家族システム論 21
家族の発達課題 83
家族発達モデル 85
家族ライフサイクル 82
家族ライフサイクル段階 85
家庭支援センター 48
家庭不在 51
空の巣症候群 92
完結出生児数 64

●き
基本的信頼 vs. 基本的不信 78
共感 140
勤勉性 vs. 劣等感 79

●け
結婚満足度 143

●こ
合計特殊出生率 36
子どもの看護休暇制度 158
こんにちは赤ちゃん事業 160

●さ
先回り育児 12
サポート・センター 160
産後うつ病 89
三歳児神話 75
産褥精神病 89

●し
ジェンダー 65
自我同一性の確立 vs. 自我同一性の拡散 80
事業所内託児施設 158
自己開示 87,104,141
自己概念 46,72,99
自己肯定感 104
自己実現 104
仕事＝家庭型 151
仕事中心型 151
仕事＋余暇型 151
自主性 vs. 罪悪感 79
次世代育成支援対策推進センター 165
視点取得 67
児童館 64
児童虐待 3
児童扶養手当 123
社会的情報処理モデル 6
小1プロブレム 2
情緒的・道具的なサポート 126
女性の労働力率 36
自律性 21
自律性 vs. 恥・疑惑 79
親性 39,135
親性準備性 135
身体的虐待 3
心的外傷後ストレス障害（PTSD）4
親密性 vs. 孤立 80
心理社会的発達段階 78
親和性 21

●せ
生活保護費 124
精神的虐待 3
性的虐待 3
性別役割型 30,150
世代性 vs. 停滞 80
専業主夫 148,150

●た
待機児童 12,159
対子ども社会的自己効力感 137

第二次反抗期 103
第二反抗期 74
ダイバーシティ 165
他者肯定感 104
多重役割 33,129
縦割り保育 64
男女共同参画 52,150
単独責任感 51

●ち
地域子育て支援拠点事業 160
父親コール 76
父親肯定感 108
父親胎児愛着因子 71
父親の育児ストレス 30
父親不在 51,90

●つ
妻役割 101

●て
適応不全型 30

●と
同一視 110
道具的 37
道具的役割 55,56
統合性 vs. 絶望 80

●な
内的ワーキングモデル 94,97

●に
二元論 37
2次的な愛着対象 97
2次的／副次的な養育者 98
二重基準型 30,150
ぬれ落ち葉 52
ネグレクト 3,89

●は
発達課題 67,80
発達精神病理学 144
母親役割 101

●ひ
表出的 37
表出的役割 55
平等両立型 30,150

●ふ
ファミリーカウンセリング 93
ファミリー・フレンドリー企業 158
夫婦関係因子 71
夫婦関係満足度 144
夫婦間のコミュニケーション 140
父子家庭 121
父子関係不安 31
父子世帯 121
父性 20,37,63

183

事項索引

父性原理　55
フルタイム労働者　73

●へ
ヘリコプター・ペアレント　74

●ほ
保育体験　138
放課後子ども教室　161
放課後子どもプラン　161
放課後児童クラブ　161
母子家庭　122

母子家庭自立支援給付金　124
母子密着　50
母性　37,63
母性原理　55
母性剥奪　18

●ま
マリタルセラピー　93

●も
モラトリアム化　137

●ら
ライフコース　8
ライフスタイル　8

●り
両性具有性　124

●わ
ワーク・ライフ・バランス（Work-Life Balance）　11,57,153

執筆者一覧（執筆順）

尾形 和男	愛知教育大学教育学部	1, 2, 3, 7-2, 10-1・2・3・4, 11-1・4・5
森下 葉子	文京学院大学人間学部	4, 7-1, 8
福田 佳織	東洋学園大学人文学部	5, 6, 10-5
明石 聡子	順天堂大学保健看護学部	7-3, 9
坂西 友秀	埼玉大学教育学部	11-2・3

編者紹介

尾形和男（おがた・かずお）

1952年　青森県に生まれる
　　　　千葉大学教育学部卒業
　　　　東京学芸大学大学院教育学研究科修士課程修了
現　在　愛知教育大学教授　博士（教育学）
専門領域　発達心理学

主著・論文
　父親の育児と幼児の社会生活能力——共働き家庭と専業主婦家庭の比較——教育心理学研究, 43, 335-342.　1995年
　「講座　子どもの発達・教育・臨床Ⅰ」発達心理学と子どもの成長（共著）　八千代出版社　1996年
　父親の協力的関わりと母親のストレス，子どもの社会性発達および父親の成長（共著）　家族心理学研究, 13, 87-102.　1999年
　子どものパーソナリティと社会性の発達（共著）　北大路書房　2000年
　父親の協力的関わりと子どもの共感性および父親の自我同一性——家族機能も含めた検討——（共著）　家族心理学研究, 14 (1), 15-27.　2000年
　心の発達と教育の心理学（共著）　保育出版社　2001年
　心理学とジェンダー（共著）　有斐閣　2003年
　これからの福祉心理学（編著）　北大路書房　2003年
　家族のための心理学（共著）　保育出版社　2005年
　父親の協力的関わりと家族成員の適応——母親役割・妻役割達成感，子どもの攻撃性，父親のストレス・コーピング意図の関係——（共著）　家族心理学研究, 19, 31-45.　2005年
　家族システムにおける父親の役割に関する研究　風間書房　2007年
　父親のワーク・ライフ・バランスについての一考察——夫婦関係，家族メンバー生活，子どものワーク・ライフ・バランス観との関係——　愛知教育大学研究報告, 第59輯, 1-8.　2010年
　青年の家族アイデンティティと父親のワーク・ライフ・バランス——母親の就労形態を含めた検討——　愛知教育大学研究報告, 第60輯, 97-104.　2011年
　　　　　　　　　　　　　　　　　　　　　　　　　　　　　　　　　　　　　他

父親の心理学

| 2011年9月20日 | 初版第1刷発行 |
| 2013年6月20日 | 初版第2刷発行 |

定価はカバーに表示
してあります

編著者　尾形和男

発行所　㈱北大路書房

〒 603-8303　京都市北区紫野十二坊町 12-8
電　話　(075) 431-0361㈹
Ｆ Ａ Ｘ　(075) 431-9393
振　替　01050-4-2083

©2011　　　　　　　印刷・製本 / 創栄図書印刷㈱
検印省略　落丁・乱丁本はお取り替えいたします
　　　　　ISBN978-4-7628-2765-5　Printed in Japan

・ JCOPY 〈㈳出版者著作権管理機構 委託出版物〉
本書の無断複写は著作権法上での例外を除き禁じられています。
複写される場合は，そのつど事前に，㈳出版者著作権管理機構
(電話 03-3513-6969,FAX 03-3513-6979,e-mail: info@jcopy.or.jp)
の許諾を得てください。